浙江省哲学社会科学规划课题"浙江自由贸易试验区制度创新研究"

A STUDY ON THE INSTITUTIONAL INNOVATION
OF ZHEJIANG PILOT FREE TRADE ZONE

浙江自由贸易试验区制度创新研究

俞树彪 著

知识产权出版社

全国百佳图书出版单位

—北京—

图书在版编目（CIP）数据

浙江自由贸易试验区制度创新研究 / 俞树彪著 . —北京：知识产权出版社，2022.12
ISBN 978-7-5130-8530-4

Ⅰ.①浙… Ⅱ.①俞… Ⅲ.①自由贸易区—制度建设—研究—浙江 Ⅳ.①F752.855

中国版本图书馆 CIP 数据核字（2022）第 248229 号

责任编辑：杨　易　　　　　　　　　　　责任校对：谷　洋
封面设计：杰意飞扬·张悦　　　　　　　责任印制：孙婷婷

浙江自由贸易试验区制度创新研究

俞树彪　著

出版发行	知识产权出版社有限责任公司	网　　址	http://www.ipph.cn
社　　址	北京市海淀区气象路 50 号院	邮　　编	100081
责编电话	010-82000860 转 8789	责编邮箱	35589131@qq.com
发行电话	010-82000860 转 8101/8102	发行传真	010-82000893/82005070/82000270
印　　刷	北京九州迅驰传媒文化有限公司	经　　销	新华书店、各大网上书店及相关专业书店
开　　本	720mm×1000mm　1/16	印　　张	17.25
版　　次	2022 年 12 月第 1 版	印　　次	2022 年 12 月第 1 次印刷
字　　数	292 千字	定　　价	88.00 元

ISBN 978-7-5130-8530-4

前　言

　　建设自由贸易试验区是党中央在新时代推进改革开放的一项重要战略举措，在我国改革开放进程中具有里程碑意义。不断深化浙江自由贸易试验区建设，既是国家赋予浙江的重大使命，也是浙江全面参与国家构筑对外开放新格局，谋求新一轮对外开放新优势的重大战略选择。浙江自由贸易试验区在以油气全产业链为核心的大宗商品投资、贸易等领域先行先试，构筑了全国最活跃的油气产业发展高地，打造了全国第一大油气贸易港，搭建了具有全球影响力的国际油气产业合作平台，走出了一条产业链引领特色发展之路。

　　2017年4月1日，中国（浙江）自由贸易试验区正式挂牌成立。2020年3月，国务院出台全国首个聚焦自贸试验区全产业链系统集成的赋权文件《关于支持中国（浙江）自由贸易试验区油气全产业链开放发展的若干措施》，赋予浙江自由贸易试验区11个领域26条开放发展新举措，对推动其油气全产业链开放发展给予许多首创性、唯一性的特殊政策，在国内油气行业领域尚属首创。2020年9月，国务院出台《中国（浙江）自由贸易试验区扩展区域方案》，浙江自由贸易试验区在原有舟山区域实施范围119.95平方公里基础上，扩展区域实施范围119.5平方公里，涵盖宁波、杭州、金义三个片区，标志着浙江自由贸易试验区进入新阶段。浙江自由贸易试验区制度创新坚持以"八八战略"为统领，发挥"一带一路"建设、长江经济带发展、长三角一体化发展等叠加优势，着力打造以油气为核心的大宗商品资源配置基地、新型国际贸易中心、国际航运和物流枢纽、数字经济发展示范区和先进制造业集聚区五大功能定位。充分利用自由贸易试验区先行先试的制度优势，聚焦"创新""发展"两大关键词，深入开展首创性、差别化探索，已初步建设成为具有国际影响力的"以油气为核心的大宗商品资源配置基地"、具有较高标准的"新型国际贸易中心"、具有较强辐射力的"国际航运和物流枢纽"、具有引领性的"数字经济发展示范区"和具有地方特色的"先进制造业集聚区"，在新形势下发挥了标杆表率、服务全国的积极作用，为全国自由贸易试验区高质量发展提供更加生动的"浙江实践"和"浙江经验"。

作为最早承接落实浙江自由贸易试验区战略的区域，舟山片区立足自身特色和产业优势，按照"一中心三基地一示范区"的既定思路，聚焦油气等大宗商品产业领域改革，打造国际油气交易中心、国际油气储运基地、国际石化产业基地、国际海事服务基地和以油气为核心的大宗商品跨境贸易人民币国际化示范区，全力迈向以"两个亿吨级、三个万亿级、三个千亿级"为代表的大宗商品全球配置能力目标，即聚力建设亿吨级油气储运基地，聚力建设亿吨级铁矿石储运枢纽，聚力建设万亿级高端石化产业集群，聚力建设万亿级大宗商品贸易中心，聚力建设万亿级大宗商品现货交易市场，聚力建设千亿级国际海事服务产业集群，聚力建设千亿级金属矿石绿色加工制造基地，聚力建设千亿级农产品精深加工基地、聚力建设清洁能源绿色转化枢纽，探索形成与国际接轨的大宗商品特色自由贸易制度政策体系，极大地提升我国在全球经济治理中的制度性话语权。

当下浙江肩负建设"重要窗口"和"共同富裕示范区"的新使命。作为浙江最高能级的对外开放平台，浙江自由贸易试验区以新担当回应新时代，为推动新一轮高水平对外开放和高质量发展发挥引领和示范作用。从改革破题到开放赋能，始终秉持唯实惟先、善作善成的优良品质，以前瞻性思考、系统性观念、精准性举措，持续推动浙江自由贸易试验区建设迭代升级、创新发展，油气全产业链开放新局不断开拓，大宗商品全球资源配置显著优化，浙江与世界联通的道路越走越宽，浙江向世界开放的大门越敞越大。聚焦聚力高质量发展、竞争力提升、现代化先行，以提升服务国家大局能力和作用为目标，以标志性重大项目为硬支撑，以一流营商环境为软实力，突出特色亮点，集成放大优势，探索新模式、培育增长极。浙江自由贸易试验区将以打造共同富裕示范区标志性成果为目标，全力擦亮"油气自贸区""数字自贸区""枢纽自贸区"三张金名片，着力打造"五个自贸区"：以区域合作为纽带，加快建设平台型"油气自贸区"；以硬核力量为支撑，全力建设战略型"枢纽自贸区"；以数字变革为动力，加快建设引领型"数字自贸区"；以产业集聚为路径，加快建设创新型"智造自贸区"；以自贸片区与中东欧经贸合作示范区融合为契机，加快建设复合型"新型自贸区"。深化贸易、投资、运输、资金、人员进出"五大自由"，自由贸易试验区红利逐步释放、成效初步显现。浙江自由贸易试验区对标高水平，从先行先试到示范引领，为全国自由贸易试验区建设提供浙江范例。

习近平总书记强调，要不断提高自由贸易试验区发展水平，形成更多可复制、可推广的制度创新成果，把自由贸易试验区建设成为新时代改革开放的新高地。浙江自由贸易试验区对标国际最高标准，探索更大改革自主权，致力于打造具有中国特色的自由贸易港区先行区。浙江自由贸易试验区以制度创新为核心，坚持跳出浙江发展浙江，以宁波舟山港一体化建设和高质量发展为主抓手，深入推进高水平对外开放，加快构建开放新平台。自由贸易试验区的基本任务是创新可复制、可推广的制度成果，根本方向是围绕区域经济和产业集聚发展，探索形成自身开放特色。浙江自由贸易试验区坚持走首创性、差异化改革探索之路，特别在推进以油气全产业链为核心的大宗商品投资便利化和贸易自由化方面不断进行大胆探索实践，累计形成制度创新成果335项，其中全国首创达到113项，31项复制推广到全国。特别是舟山片区累计形成制度创新成果215项，其中全国首创达到103项，30项复制推广到全国，聚焦油气全产业链发展开展了83项制度创新，较好地体现了差异化探索。浙江自由贸易试验区大胆闯、大胆试、自主改，为国家深化改革提供了浙江经验，为扩大开放提供了浙江案例，为国家能源安全贡献了浙江力量。改革释放出的红利，浙江自由贸易试验区舟山片区交出了一份高分报表，不仅是我国加快打造新时代改革开放新高地的国家战略，也是浙江省高质量建设共同富裕示范区的排头先锋，更是舟山市高水平建设现代海洋城市的战略引领。新时代召唤新作为，新担当不负新使命。在浙江省上下奋进推进"两个先行"，建设"重要窗口"之际，浙江自由贸易试验区正处于从量变到质变的突破跨越，正处于新旧动能转换的凤凰涅槃，也正处于后来居上、走在前列的弯道超越之际。可以说，在国家战略地位和使命中，浙江自由贸易试验区以习近平总书记重要指示精神为根本遵循，忠实践行"八八战略"，不忘初心、踔厉奋发，为全面展示海岛风景线，早日实现共同富裕新舟山华丽转身，为加快建成自由贸易港区、海上花园城市而努力奋斗！

本书是浙江省哲学社会科学规划（地区性扶持）课题"浙江自由贸易试验区制度创新研究"的主要研究成果。在课题研究过程中，一大批理论与实际工作者参加了研讨。他们是：林群珠（中国共产党舟山市委政法委员会）、邵哲一〔中国（浙江）自由贸易试验区舟山管理委员会〕、黄波〔中国（浙江）自由贸易试验区舟山管理委员会〕、吴斌（舟山市法学会）、郑健（中华人民共和国舟山海事局）、何军（舟山市人民政府政策研究室）、陈国芳（舟山群岛新区决策与咨询委员会）、王燕微（舟山市统计局）、余秀宝（浙江省岱山县人民法院），以及贝静红、黄建钢、赵海峰、李隆华、叶芳、应海盛、俞树彪（浙江海洋大学）。相关领导多次参加课题讨论并提出宝贵意见，同时为课题调研提供便利条件。舟山市法学会由林群珠（副书记、副会长）带队专门为课题到中国（上海）自由贸易试验区调研，并在上海市法学会邀请专家召开课题调研咨询论证会。吴斌秘书长出色的组织协调对研究工作起到了重要作用。叶芳、应海盛老师先后参与了研究提纲的构思和大纲讨论，叶芳老师帮助收集了相关第三方评估报告，应海盛老师收集了中国（浙江）自由贸易试验区油气全产业链的有关材料，并做了文字排版校对等工作。

本书在编写出版过程中，得到了浙江省哲学社会科学发展规划领导小组办公室的关心，得到了中国（浙江）自由贸易试验区舟山管理委员会、舟山市法学会、舟山群岛新区决策与咨询委员会等调研单位的帮助，以及省内外专家和各界朋友的指导。本书还得到了浙江海洋大学马克思主义学院贝静红院长的关心和支持，以及浙江海洋大学人文社科处秦妍等老师的多方帮助。本书的出版也得到了知识产权出版社蔡虹老师和杨易老师的悉心指导和大力帮助。

在此书出版之际，向上述为该书付出辛劳的同志们表示衷心的感谢！

尽管我们竭力做到仔细和专业，但本书难免存在纰漏，诚恳希望有关部门和读者给予批评指正。

作　者

2022 年 10 月

目　录

第一章 制度创新是浙江自由贸易试验区的核心使命

建设自由贸易试验区（以下简称自贸试验区）是党中央推进新时代改革开放的重大战略举措。2017年3月，中国（浙江）自由贸易试验区（以下简称浙江自贸试验区）正式获批。国务院印发的《中国（浙江）自由贸易试验区总体方案》明确浙江自贸试验区的发展目标是经过改革探索，对接国际标准初步建成自由贸易港区先行区。2020年9月，浙江自贸试验区正式扩区，从舟山片区向宁波、杭州、金义片区扩展，总面积达239.45平方公里。浙江自贸试验区制度创新本着按照国家部署，贯彻落实党中央、国务院关于推动形成全面开放新格局的战略决策，立足大宗商品全球配置能力，紧扣"一体化"和"高质量"两个关键，围绕建设舟山自由贸易港区的战略定位，探索以油气为核心的大宗商品投资便利化和贸易自由化的制度实践，深入推动"一带一路"和长三角一体化高标准高质量发展；聚力投资、贸易、金融、人员、物流、信息等核心制度创新体系，积极探索全方位、深层次、根本性的制度创新变革，打造国内国际双循环的战略枢纽，形成开放型经济发展新动能；实施具有较强国际竞争力的开放政策和市场制度，开启争创社会主义现代化先行省的新征程，更大力度将浙江自贸试验区建设成为新时代全面展示中国特色社会主义制度优越性的"重要窗口"，推动浙江全方位高水平开放。

第一节 浙江自由贸易试验区制度创新的出场背景

建设自贸试验区是党中央、国务院着眼于国际国内发展大局，深入研究、统筹考虑、科学谋划做出的重大决策，是彰显我国扩大对外开放、积极推动经济全球化决心的重大举措。制度创新主要是建立与国际通行规则相衔接的、规范透明的基本制度体系，是我国深度参与全球经济治理体系改革、提升我国制度性话语权的重要保障，是推进国家治理体系和治理能力现代化的重要途径。制度创新的核心是坚定不移地全面扩大开放，以开放促改革、促高质量发展，打造市场化、法治化、国际化的开放环境。当前，在科技进步和生产力发展直接推动下，全球价值链和国际分工进一步向纵深发展，由此带来国际经贸规则的不断调整与重塑。我国改革开放的实践证明，只有顺应历史潮流，积极应变，主动求变，才能与时代同行。党中央提出建设更高水平开放型经济新体制，推进自贸试验区制度创新，正是对世界政治经济格局变化和我国客观经济规律及发展趋势的深刻把握。

一、制度创新是适应国际经贸新形势的现实需要

当今世界正经历百年未有之大变局，新型冠状病毒感染疫情加剧世界经济衰退，国际治理体系与国家发展格局正发生深刻变化。我国实施《区域全面经济伙伴关系协定》（RCEP），申请加入《全面与进步跨太平洋伙伴关系协定》（CPTPP），这些都给世界贸易格局带来深刻而长远的影响。在新一轮国际经贸规则议题中，传统的关税、配额等边境开放措施已不再是关注重点，知识产权保护、政府采购、电子商务等新议题成为焦点，呈现出制度创新的新特征。自贸试验区的设立，就是要建立融入全球新格局新规则的"倒逼"机制，先行先试国际经贸高标准新规则，积累新形势下参与双边、多边和区域合作的经验，为与发达国家开展投资贸易谈判提供参考依据和实证样本，进而为我国参与国际经贸规则的制定提供有力支撑。我国建设自贸试验区，主动对接国际贸易新规则，希望在新一轮国际贸易规则重构中获得主动，并释放国内的"制度红利"，推动新比较优势的形成。在这一背景下，作为勇立潮头的浙江，以自贸试验区为依托，率先探索油气全产业链的供给侧改革和制度型开放，为实现高质量发展探索新路径、积累新经验。浙江自贸试验区制度创新，充分发挥舟山片区区位和深水良港优势，突出以油气全产业链为核心的大宗商品投资便利化和贸易自由化，有利于加快完善我国大宗商品自由贸易体系，建设具有国际影响力的大宗商品贸易、交易、定价中心，提高国家能源战略储备和保障能力，增强我国全球资源配置能力，维护国家经济安全。

浙江自贸试验区作为第三批自贸试验区，承担着改革创新先行先试的战略使命，兼顾体制机制创新与经济产业发展的艰巨任务，经过五年的建设运行，取得阶段性成果，交出两份满意的"成绩单"。一是以开放促改革的"首创"制度成绩单，三十个创新案例被全国推广；二是以改革促发展的外资外贸和特定产业增量成绩单，成为全国最大、全球第五的加油港，不产一滴油的浙江成为全国的油气中心。浙江自贸试验区油气全产业链的制度创新既为本地自贸试验区建设提供制度支撑，也为全国其他地区提供先行先试的经验。总之，浙江自贸试验区制度创新，有利于深度参与国际竞争，树立我国对外开放的新形象；有利于进一步完善油气进出口贸易市场，打造我国分享经济全球化利益的平台；有利于搭建参与泛太平洋乃至全球经济竞争与合作的新窗口。

二、制度创新是持续推进高水平开放的时代主题

自贸试验区制度创新的时代主题，是在更广领域和更大空间积极探索全面深化改革新路径的内在要求，是形成与国际投资贸易通行规则相衔接的制度体系的客观需要。自贸试验区的建立，是我国实施新一轮高水平对外开放，加快构建开放型经济新体制，以对外开放的主动作为赢得经济发展和国际竞争优势，是构建我国全方位对外开放新格局的重大突破。自贸试验区的制度创新过程，是持续加码开展对外开放压力测试的过程。当下面对深刻变化的国际格局，面对个别国家保护主义、单边主义的冲击，我国主动开放油气领域，实行贸易自由化和投资便利化，既是对全球投资贸易一体化的积极响应，也是提升我国油气产业国际竞争力的有效手段。建设浙江自贸试验区，充分发挥舟山区位、资源、产业等优势，探索实施"境内关外"的监管模式，在风险可控的前提下探索与国际接轨的贸易、投资、金融、运输自由化便利化政策，打造开放层次更高、营商环境更优、辐射作用更强的对外开放新高地，有利于加快推动形成我国全面开放新格局，打造对接 RCEP、应对 CPTPP 和融入全球经济一体化的环太平洋经济圈桥头堡和对外开放新平台。

浙江自贸试验区制度创新，就是要积极融入"一带一路"、长江经济带和长三角一体化，利用好区位优势、开放优势、经济优势，强化开放门户作用，进一步放大辐射和示范功能，探索双向开放的模式和路径，着眼于沿线合作优势领域，通过进一步放宽投资准入，完善外资和对外投资服务管理体制，提升外资利用效益和水平；通过创新通关监管服务，强化通关协作机制，完善口岸服务功能，不断提升贸易便利化水平；通过推动贸易发展方式转变，完善多式联运体系，强化产业承接和贸易枢纽作用，进一步促进国际国内要素有序自由流动，资源全球高效配置，国际国内市场高度融合。围绕提升大宗商品全球配置能力，打造全球港口链，支持转口贸易、离岸贸易、数字产品贸易等国际贸易新业态、新模式的快速发展，建设区域型油气交易市场，聚集国际金融物流、信息、科技研发等高端要素，推动建立统筹国际国内市场、空港和海港资源、在岸与离岸业务、货物贸易和服务贸易全球供应链的核心枢纽。

三、制度创新是新时代全面深化改革的必然要求

我国改革开放40多年的实践证明，改革开放是党和人民大踏步赶上时代发展的重要法宝，是坚持和发展中国特色社会主义的必由之路，是决定当代中国命运的关键一招，也是决定实现"两个一百年"奋斗目标、实现社会主义现代化强国和中华民族伟大复兴的关键一招。当今世界正处于百年未有之大变局，党中央提出要加快形成新发展格局，必须更加注重推动改革和开放相互促进，以此增强发展内生动力。自贸试验区作为改革开放的试验田，突出制度创新，重塑政府与市场边界，深化与开放型经济相适应的体制机制改革。自贸试验区充分体现了开放与改革的辩证关系。中国要实现更高质量的发展，离不开更高水平的开放。开放的高水平不仅体现在开放领域的扩大，更加体现在政府治理能力和制度供给能力，只有管得好，才能放得开，这就需要我们不断深化改革。自贸试验区虽然发端于开放，但是落笔于改革，无论是负面清单，还是贸易、投资、金融的各项自由化、便利化措施，本质上都需要依靠深化改革加以推动和完善。同时，通过对标更高标准和规则，自贸试验区有力推动了国内相关领域的全面深化改革。

面对当前经济转型升级新常态，油气供给侧改革进入深水区。浙江自贸试验区积极探索以油气全产业链为核心的大宗商品投资自由化和贸易便利化，坚持市场开放、非歧视、公平竞争、高透明度等原则，为国家试制度，保障国家能源安全，不断提升大宗商品全球配置能力，更加凸显制度创新差异化的发展特点和地区特色。自贸试验区制度创新主要集中于贸易便利化、投资自由化、法治化营商环境、事中事后监管等事项，约占改革事项总数的一半以上，属于改革的核心领域。具体来看，加强投资的负面清单制度，加强与国际规则的对接，提高投资自由化水平；借鉴国内外已有经验，加强海关和

检验检疫以及分类监管等贸易监管制度建设，提升贸易便利化；推进金融制度改革创新，吸引资本和金融机构进驻，促进金融服务业发展，更好服务实体经济；加强对市场发展的事中事后监管，促进公平竞争，营造良好营商环境，等等，这些都是制度创新的改革重点。自贸试验区应更大力度地推进制度创新这一核心任务，形成更多可复制可推广的制度创新成果，增强对高端要素的吸引力，把自贸试验区建设成为新时代全面深化改革的新高地。

四、制度创新是保障高标准能源安全的战略选择

21 世纪以来，石油竞争的高政治敏感性、高投资风险性和高市场投机性进一步凸显，以油气供应为主要内容的能源安全问题已成为经济发展、社会生活和国家安全的焦点议题。对我国而言，能源经济安全的重要方面是要有充足而可靠的以油气为主的能源供应、合理的价格，使国家的核心利益不受损害。简而言之，油气资源要做到买得到、买得起、运得回、储得下。国际能源的价格走势不仅影响世界经济发展的基本走向，同时也在客观上反映国际能源市场供需，是推进政治经济格局变化的关键力量。我国石油需求量大，对外依存度高，石油战略储备规模只有 30 天左右，难以满足国家建立 90 天以上战略储备的需求。业内人士测算，若国际市场原油价格上涨 1 美元 / 桶，中国每年将多支付 130 亿元。推进我国油气领域价格体制市场化改革，推出以人民币计价的原油期货有利于增强中国原油竞价的全球地位，提升原油和其他大宗商品定价话语权。

布局油品全产业链，是浙江自贸试验区的核心亮点。浙江自贸试验区的主要任务是在保障国家能源安全的前提下，立足油气全产业链投资贸易便利化的制度创新，形成石油进口、储备、加工、补给、交易"五位一体"功能布局，努力建设国际油气交易中心、国际油气储运基地、国际绿色石化基地、国际海事服务基地和人民币国际化示范区，极大提升我国在全球经济治理中的制度性话语权。浙江自贸试验区建设以油气为核心的大宗商品资源配置基地，是与世界油商一道，共享"一带一路"和浙江自贸试验区带来的发展机遇，全面深化在储备、中转、加工、交易和补给配套服务等油气全产业链上的对接合作，积极探索以油气全产业链为核心的大宗商品投资便利化和贸易自由化。坚持共商、共建、共享的原则，共同推动油气贸易和金融服务创新，为推进油气产业发展和世界石油行业发展做出应有贡献。总之，浙江自贸试

验区牢牢把握服务国家能源战略大局，坚持市场开放，内外需协调，引资、引技、引智并举，公平竞争、高透明度等原则，建立油气全产业链创新发展平台，积极探索与国际通行规则相衔接的制度安排和政策设计，有利于形成我国深度探索构建开放型经济新体制和对外开放的新格局新优势，不断扩大全面开放格局，提升大宗商品全球配置能力和市场定价权。

五、制度创新是赋能高质量发展动力的实践引擎

高质量发展是"十四五"乃至更长时期我国经济社会发展的主题，关系我国社会主义现代化建设全局。实现高质量发展的关键是创新，核心是制度创新。创新是灵魂、是动能，解决的是发展动力问题。站在新的起点上，必须要坚信改革创新是发展的第一动力。唯有解放思想、开阔视野、深化改革，全面推进制度创新，加快改革转型步伐，实现思维理念、平台建设、活力机制等方面的融合发展，才能使制度创新真正成为高质量发展的"最大增量"。在全国21个自贸试验区雁形格局中，浙江自贸试验区要脱颖而出，须不断深化改革创新，强化制度系统集成，打造国际一流营商环境新高地。浙江自贸试验区紧扣国家战略，立足油气全产业链制度创新，主动融入长三角一体化大格局，充分发挥中央赋予的更大改革自主权，以高水平的创新推动经济高质量发展，实践解答油气产业领域的开放模式，为提升我国大宗商品全球配置能力和构建开放型经济新体制做出有效探索。顺应长三角一体化发展国家战略和浙江"四大"建设（大湾区、大花园、大通道、大都市区建设），依托浙江已有各类国家战略平台和对外开放平台，更好地发挥自贸试验区的引擎作用，全力建设新时代高能级开放平台。创建自贸试验区联动创新区，推动"自贸试验区＋全省开放大平台"的整体发展，以更好地实现国家开放战略、区域战略和产业战略的空间匹配，获取政策叠加效应，发挥更大的示范引领与辐射带动作用。加快推动自贸试验区与宁波舟山港、世界小商品之都、"义新欧"中欧班列、世界电子贸易平台（eWTP）、义甬舟开放大通道等联动建设、协同发展，构筑浙江全方位开放格局。

浙江自贸试验区拥有全国唯一的16平方公里的海洋锚地，创新发展海上保税油加注和海事服务试验地，形成海上开放区，打造成一个综合性的开放锚地，意味着从开放陆地向开放海洋挺进，拓展自贸试验区空间开放新样本和高质量发展新空间。通过赋予其更大改革自主权，可以将创新成果在更

大范围进行复制推广，可以推动更多领域和产业对外开放，可以在制度型开放领域开展更多探索和尝试，彰显改革开放试验田标杆示范带动引领作用。着力构建以国际经济合作与竞争相适应的现代治理体系，对照世界银行营商环境标准评价体系，围绕推动政府服务全链条和企业经营全生命周期的便利化，进一步加强系统化、集成化的创新，推动各类投资项目准入便利化。实施"证照分离""多评合一""先建后验""一企一证"等综合的配套改革，打造与国际接轨的政府服务环境。

第二节 浙江自由贸易试验区制度创新的功能定位

自贸试验区一直肩负着服务国家战略的使命，是国家深化改革、加快构建双循环发展新格局的压力测试区、综合改革区、特殊功能区，也是供给侧结构性改革的重要平台，是探索制度创新的试验田和引领高质量发展的火车头。自贸试验区本身承载着国家深化改革和开放合作平台的作用，同时很多自贸试验区所在区域也叠加承担着很多其他的国家战略，应充分发挥这些国家战略的政策优势，进一步加强优化整合，结合已有的新兴产业、技术创新等基础，以及很多企业总部所在地，打造一些具有特色的对外开放合作的载体，既是促进资源要素积聚的需要，也是提升影响力的重要举措。自贸试验区各片区应当根据国家确定的功能定位，坚持首创性和差别化发展，突出自身特色，加强联动协同，实现优势互补、相互促进。浙江自贸试验区自挂牌以来，紧紧围绕油气全产业链"131"目标，以"小切口"撬动"大改革"，走出了特色化、差别化探索的道路。

一、国际规则的试验平台

作为对标自由贸易区（FTA）的试验平台，自贸试验区为我国参与国际经贸新规则谈判和全球经济治理积累了经验。党中央设立自贸试验区的初心，即要通过自贸试验区的先行先试为我国参与新一轮FTA谈判做准备，加快培育参与和引领国际经济合作竞争新优势，以开放促改革。[1]自贸试验区要成为开放风险压力测试的平台，不断推进国际经贸规则的风险压力测试。风险压

---

[1] 黄奇帆.加入CPTPP是应对新变局的战略选择［J］.中国改革，2020（6）：28-30.

力测试和自贸试验区建设一开始就相伴而生，自贸试验区开放程度越高、开放领域越多、开放步子越快，对自贸试验区压力测试要求就越高。自贸试验区作为单边自主开放的重要试验平台，既可先行试验高标准的国际经贸规则，开展对外开放的压力测试，为规则谈判提供实践依据；也可主动改变、建立新型经贸规则，探索最佳治理和开放模式。紧抓 RCEP 生效有利时机，把握好"放得开"与"管得住"的辩证关系。做好压力测试有利于积累自贸试验区制度运行和风险防范经验。同时，压力测试也是处理好"放"与"管"二者辩证关系的主要抓手。为了能够实现高水平开放，必须建立与其相适应的风险防控体系，这就是自贸试验区建设必须坚持的"管得住才能放得开"基本原则的重要体现。压力测试作用就是在总体可控条件下，在局部范围和局部领域先行先试，探索"放得开"实践路径、积累"管得住"风险防范经验，为更大力度、更广范围和更高层次开放做好"管得住"准备。

中国先后申请加入 CPTPP 和《数字经济伙伴关系协定》（DEPA），还需经过相应压力测试，才可找到我国扩大开放与 CPTPP、DEPA 规则融合融通的路径。总体来看，国际经贸规则演进方向是三零，即"零关税""零壁垒"和"零补贴"，由边境外措施向边境后措施开放转变，更加强调营商环境的法治化。这就要求浙江自贸试验区以更大的力度、更高的标准和更实的举措开展创新探索和压力测试，重点围绕高水平经贸规则所涉及的准入前国民待遇、负面清单管理、知识产权保护、生态环境保护、劳动权利保护、竞争中性、数字贸易以及教育、医疗公共服务开放等方面形成突破，加快打造市场化、法治化、国际化营商环境，为中国参与国际经贸新规则谈判和全球经济治理探索新经验、形成新示范。浙江自贸试验区制度创新必须以改革为主旨、以创新为动力，以国际通行自由贸易规则为标杆，在舟山这个特定区域，在油品全产业链这个特定领域，对贸易制度、投资制度、金融制度、运输制度、监管制度、税收制度、法治制度、行政管理制度等方面进行改革探索。

二、国内国际双循环枢纽

加快形成以国内大循环为主体、国内国际双循环相互促进的新发展格局，是根据我国发展阶段、环境、条件变化做出的战略决策，是事关全局的系统性深层次变革，对内可使我国获得高质量发展新动力，对外可重塑我国参与经济全球化途径和继续保持竞争优势。在构筑国内国际双循环新发展格局的背景下，要促进各要素资源在全国统一市场自由流动，推进并深化各领域开放与改革。双循环新发展格局要求我国的生产、分配、流通、消费等各环节必须进一步深度融入国际分工体系，在更好地利用国内国际两个市场、两种资源的基础上实现既加强国内经济大循环，又在更高开放水平上与国际经济大循环对接。在这一过程中，自贸试验区扮演着重要角色，在促进贸易、投资、金融、运输、人员、数据流动自由化的先行先试中，能够形成通过融入国际循环促进国内循环、以畅通国内循环支撑国际循环的新经验；能够在充分挖掘国内市场潜能的同时，让国内市场更大程度发挥对国际商品和要素资源的吸引力，从而拓展新时代对外开放的高度、深度和广度，为国内国际双循环良性互动贡献力量。

自贸试验区的核心是制度创新，关键是深化要素市场化配置改革，促进要素自主有序流动，提高要素配置效率，推动经济发展质量变革、效率变革、动力变革。市场经济是以市场作为资源配置的基础性手段，市场要素能够自由地流动是市场经济的内在要求。对于以开放为基调的自贸试验区来说，建立全国统一大市场更是进一步释放发展潜力、培育参与国际竞争合作新优势的关键。市场是当今世界最稀缺的资源，也是我国参与国际竞争合作最重要的资本。尽管我国拥有超大规模市场优势，要把优势转化为实实在在的红利，亟须打破各类低水平封闭小循环，创造要素自由高效流动的市场共同体。自贸试验区要成为要素资源顺畅流动的载体。市场经济本质上是流量经济，自贸试验区的流量必须要依托公平的投资环境和便利的贸易渠道来支撑。推进要素市场化改革，不断优化要素市场化配置。以要素市场化配置改革为重点，加快建设统一开放、竞争有序的市场体系，推进要素市场制度建设，实现要素价格市场决定、流动自主有序、配置高效公平，这是更好地建设自贸试验区的题中之义。自贸试验区要积极探索推动要素在区域间的自由流动，破除制约要素流动的体制机制障碍，建立健全统一开放的要素市场，积极搭建资本、土地、人才、技术、信息和数据等自由便利交流、交易平台，推进要素价格市场化改革，创新要素市场化配置方式，推进商品和服务市场提质增效，构建一体化的设施和技术共享机制。加强与腹地联系，着力实现区域联动发展，为自贸试验区发展走向深入提供重要支撑。浙江自贸试验区制度创新，以全面落实《中共中央　国务院关于加快建设全国统一大市场的意见》为统领，畅通市场循环，疏通政策堵点，挖掘"特殊监管区＋自贸试验区＋国际强港"叠加优势,推动产业链现代化、价值链高端化、供应链国际化,提高经济发展密度,提升开放竞争力和服务辐射力,成为国内国际双循环战略重要节点和链接大通道。

三、全面深化改革试验田

自贸试验区是我国制度改革的试验田,实行自主性与差异性制度探索,以制度创新为核心,以可复制可推广为基本要求,取得了丰硕成果。自贸试验区肩负着加快政府职能转变、积极探索管理模式创新、促进贸易和投资便利化的重要使命。立足自身区位优势,结合地缘特色和产业特点开展多种制度创新,一大批制度成果成功复制到全国。作为全面深化改革的试验田,通过区域经济发展、产业链和动力集合三大引擎,对自贸试验区外的经济发展产生辐射带动。既可以辐射带动自贸试验区所在区域经济循环,还可以辐射带动全国、全球经济循环。

自贸试验区通过改革创新推动政府职能转变,不断突破政府与市场的作用边界,打造现代市场经济体系示范平台,并依托该平台向全国复制推广改革试点形成的先进制度范式,推动中国加快建立现代化市场经济体系。以负面清单管理为核心,实现外资管理体制的重大变革;以国际贸易"单一窗口"为突破,基本形成与国际通行规则接轨的贸易监管体系;以"放管服"改革为抓手,初步建立现代化政府治理体系;以自由贸易账户为代表,陆续推出金融领域开放创新举措;以服务国家战略为根本,推动对外开放区域布局不断优化。建设自贸试验区,需重点打造创新功能,孵化功能,集聚金融、研发、人才等各种资源、要素的功能,推动自贸试验区制度创新从点上突破,向打造拓展延伸产业链及其生态系统培育上转型。从产业链及其生态系统构建出发,集合所有资源激发自贸试验区内制度创新。浙江自贸试验区集聚全球各种要素,打造创新等功能,培育动力源,充分发挥引领、示范和辐射带动作用,在推动构建新发展格局中发挥战略支点等作用。

四、全球生产力前沿基地

作为国家高水平开放平台,自贸试验区要成为全球生产力布局的前沿,浙江自贸试验区有力支撑了国家重大战略实施。面对全球经济增长下滑的预期,中国为进一步扩大开放而推进的自贸试验区建设,正成为地区经济在稳增长的基础上实现高质量发展的引擎。自贸试验区要成为全球生产力布局的前沿，意味着要在科技创新、先进制造、新兴产业领域积极布局，代表中国占领全球价值链高端，参与全球竞争。

浙江自贸试验区立足自身的战略定位和资源特点，进一步集聚国内外优质要素，加快培育油气特色优势产业，将自贸试验区建设与稳住产业链和供应链、扩大内需、深化供给侧结构性改革、区域发展有机结合起来，打造产业自贸试验区。拓展和延伸产业链，培育好自贸试验区产业链生态系统，充分发挥自贸试验区的引擎、引领和示范、辐射带动作用，加快推动形成新发展格局。集聚最优质的开放产业集群，加强产业精准招商，聚焦数字经济、国际贸易、高端制造、航运物流、跨境供应链、科技创新等新业态，精准招引一批总部型项目，构建具有竞争力的产业链、价值链、创新链，形成产业集群效应。浙江自贸试验区充分发挥宁波舟山港作为全球第一大港的优势，积极开展江海联运、水水中转，将长江经济带与"一带一路"有效贯通起来。浙江与上海共同开发小洋山港区，服务上海临港新片区，助推长三角一体化。浙江自贸试验区聚焦油气全产业链，以制度创新为核心，推动大宗商品贸易自由化和投资便利化，在油气储运、炼化加工、贸易交易、海事服务等领域深入推进制度创新，累计形成215项制度创新成果，其中30项面向全国复制推广，推动形成了万亿级油气产业格局。

五、高标准营商环境样板

自贸试验区要成为高标准营商环境样板，为我国构建新发展格局提供示范引领。营商环境是一个地区的核心竞争力，也是自贸试验区制度创新的共性任务。国际自由贸易竞争主要表现在制度的竞争，良好的营商环境、有竞争力的税负和清廉高效的行政机制是必不可少的。自贸试验区的主要任务之一是建立起以贸易自由化和投资便利化为核心的制度体系创新。制度创新是自贸试验区最大的魅力，而这种魅力归根结底靠优越的营商环境支撑。营商环境是全面推进制度创新的关键所在，市场主体的满意度、获得感是检验自贸试验区营商环境建设成败的首要标准。营商环境也是一个城市提升竞争力的重要环节，是市场繁荣、企业生存发展的土壤，是提升人民群众满意度的重要指标，更是构建现代化经济体系的重要基础。进一步优化营商环境，是建设现代化经济体系、促进高质量发展的重要基础，也是政府提供公共服务的重要内容。

可以说，优化营商环境就是解放生产力、提高综合竞争力。自贸试验区应对标建设国际一流营商环境的要求，围绕市场化、法治化、国际化的一系列目标要求，找出自身不足，有针对性地加以改进。浙江自贸试验区聚焦"最多跑一次"改革，依托海关特殊监管区域，围绕贸易、投资、资金、运输、人员、数据六个方面进行了不同程度的探索试验，成为名副其实的改革开放新高地。舟山片区五年来，大胆试、大胆闯、自主改，在保税船用燃料油的经营、原油非国营贸易等方面都做了非常好的探索，在推动油气全产业链开放发展方面持续发力优化服务，落实政策和助企纾困，探索审批服务模式改革，不断打造营商环境"新样板"。

第三节　浙江自由贸易试验区制度创新的发展环境

面对百年未遇之大变局和新型冠状病毒感染疫情及国际地缘政治的影响，特别是中美经贸摩擦的不确定性，世界经贸格局加速重构，加快探索建立高水平的自由贸易政策体系，为我国参与全球经济治理探路。浙江自贸试验区制度创新放在中华民族伟大复兴战略全局、世界百年未有之大变局这两个大局中加以谋划，放在构建以国内大循环为主体、国内国际双循环相互促进的新发展格局中考量，进一步实现以高水平开放倒逼深层次改革，以高效能治理保障创新发展、绿色发展和高质量发展。

一、国际环境

从国际环境看，世界经济动荡变革，双边和多边协定加速落地，浙江自贸试验区要率先对标。一方面，世界经济增长受地缘政治、贸易摩擦、新型冠状病毒感染疫情等影响持续放缓，经济全球化遭遇逆流，势必影响我国经济增长步伐；另一方面，新一轮科技革命推动国际产业分工重塑，全球产业链、供应链、价值链加速区域化、本土化整合，全球供应链体系正在进入"以我为主"新发展格局。加入 RCEP 等也给我国企业重构供应链、成为供应链核心提供了机遇，为我国与相关国家共同建设"一带一路"以及中资企业对外投资创造了广阔的发展前景，有利于我国企业加快迈向价值链高端。完成中欧全面投资协定谈判并申请加入 CPTPP、DEPA 等为浙江自贸试验区对标高标准国际投资贸易规则提供了更为广阔的实践平台。

国际经贸规则重构伴随全球化进程在动态演进，全球投资规则谈判替代贸易规则谈判成为主流；服务贸易规则谈判替代货物贸易规则谈判成为重点；双边和区域自由贸易区谈判成为国际经贸规则重构的主要平台。投资、电子商务、政府采购、竞争、环境、劳工、知识产权、监管一致性等国际经贸规则成为重点议题，并出现具体化、向边境后转移、向虚拟经济领域延伸等特点。国际经验表明，游离于国际经贸秩序之外的大国难以成为真正的强国，美国、英国当年的崛起也都是伴随着国际经贸秩序的剧烈调整，未来中国要由当前经贸大国向强国转变，必然离不开对接国际经贸秩序的调整与优化。因此，重点研究高标准国际经贸规则，以制度创新为核心，持续释放改革红利，打造对外开放新高地是自贸区的一项重要使命。在新一轮高水平对外开放中，浙江自贸试验区理应承担改革开放的主力军和先行者。在借鉴吸收国际先进规则和做法基础上，充分发挥主观能动性和创造性，积极探索行之有效、可复制推广的对外开放规则；建立和完善市场化、法治化、国际化营商环境，增加高质量和高标准制度供给，推动高水平对外开放。

二、国内环境

从国内环境看，我国已进入高质量发展阶段，社会主要矛盾已经转化为人民日益增长的美好生活需要和不平衡不充分的发展之间的矛盾。随着人民对美好生活的要求不断提高，消费对经济发展基础性作用进一步彰显，国内大循环将成为国民经济强大支撑。同时，经济发展也面临结构性、体制性、周期性问题相互交织所带来的困难和挑战，加上新型冠状病毒感染疫情冲击，扩大内需面临较大压力。党中央、国务院为稳住经济基本盘，扎实做好"六稳"工作，并把"六保"作为"六稳"工作的着力点，使各类经济指标出现边际改善，形势正逐步向好的方向转变，一个以国内循环为主、国际国内互促的双循环发展新格局正在形成。从上海自贸试验区到上海自贸试验区临港新片区、海南自由贸易港看出，对外政策逐步放开，产业更加高端，融入和参与重构全球产业链、供应链，努力将自贸试验区和中国特色自由贸易港建设成为链接双循环的重要平台。同时，我国经济长期向好基本面没有改变，仍然处于重要战略机遇期。我国已开启全面建设社会主义现代化国家新征程，进一步加大开放力度、提升开放水平、优化开放环境，要求更大范围、更宽领域、更深层次的对外开放，重点推进规则、规制、管理、标准等制度型开放，加快培育新形势下我国参与国际合作与竞争新优势。

三、区域环境

从区域环境看，浙江是长三角一体化和长江经济带的重要交汇点，在推动长三角一体化、促进东西部合作中应有更重要的地位、发挥更重大的作用。中国自贸试验区建设全面铺开，已覆盖 21 个省市，既形成了可复制可推广创新格局，也为区域间在更高层次竞争与合作提供了新的平台。差异化探索发展已成为新阶段自贸试验区建设的重中之重。各地资源禀赋、区位优势不同，立足特色优势和比较优势，找准差异化竞争的发力点，在服务国家战略大局中发挥差异化功能，已成为各地自贸试验区改革的重点。自贸试验区建设要在深度和广度上实现更大突破，尤其在差别化、集成化制度创新上实现后发先至，对浙江是一个挑战，更是一大机遇。2020 年 3 月 29 日至 4 月 1 日，习近平总书记来浙江考察，赋予"努力成为新时代全面展示中国特色社会主义制度优越性的重要窗口"❶的新目标新定位，迫切需要浙江自贸试验区发挥"试验田"作用，打造以数字经济、新型贸易等战略性新兴产业链集群，为全省、全国新一轮发展担当更加重大的历史使命。创新突破，是浙江自贸试验区与生俱来的"基因"。浙江自贸试验区不仅率先实现赋权扩区，大胆实践长三角自贸试验区联动发展，更实现了浙江自贸试验区联动创新区省域全覆盖。继续深入推进高水平制度创新，赋予自贸试验区更大改革自主权，加强改革创新系统集成，统筹开放和安全，及时总结经验并复制推广，努力建成具有国际影响力和竞争力的自贸试验区。

四、产业环境

受全球疫情影响，货物贸易传统形态和全球供应链管理受到严重冲击，跨境消费、跨境交付、自然人移动等服务贸易形态也将发生重大结构性变化，"万物互联"的数字化时代已经来临。从产业变革看，服务贸易竞争加剧，数

---

❶ 中共浙江省委关于深入学习贯彻习近平总书记考察浙江重要讲话精神 努力建设新时代全面展示中国特色社会主义制度优越性重要窗口的决议 [J].今日浙江，2020（12）：20-26.

字经济异军突起，浙江自贸试验区制度创新要争取弯道超车。以自贸试验区为依托，率先探索油气全产业链的供给侧改革和制度创新，为实现高质量发展探索新路径、积累新经验。各国产业在全球价值链中的竞争力依赖于能否获得有竞争性的中间品和技术。全球价值链发展对构建新一代国际贸易和投资规则带来的重要启示是强调参与价值链的国家应当具有开放、透明的贸易投资政策体系，从而吸引更多国际供应商、投资者和生产者等。当前，以互联网产业化和工业智能化为代表的第四次工业革命方兴未艾，我国已跟上此次工业革命的步伐，更大程度上的产业开放成为可能。可以说，我国既面临弯道超车的重要机遇，也面对培育竞争新优势的重要挑战，其核心是要实现经济增长新旧动能转换，并在新的经济全球化变局中占据规则竞争的制高点。这就需要在自贸试验区这个局部地区，进行产业开放的风险评估和压力测试，从而进一步融入世界市场，倒逼国内改革与产业升级，提升我国产业在全球价值链中的地位；这就需要在自贸试验区这个试验田，营造高标准的制度环境，包括良好的营商环境、高效的政府治理环境、公平正义的法制环境等，从而加速高端要素聚集，增强经济内生增长动力；这就需要在自贸试验区这个风险可控区域，进一步进行制度创新和先行先试，围绕贸易投资领域高标准国际规则，设计基本框架和事中事后监管体系，从而适应当前经济新形势，从货物贸易大国向服务贸易大国转变，从重视外资"引进来"向"引进来"与"走出去"并重转变，特别是助推"一带一路"沿线国家的"政策沟通""贸易畅通"和"资金融通"；这就需要在自贸试验区这个改革资源密集平台，研究下一步制度创新的突破口和我国有比较优势的FTA议题，从国际经贸规则的"旁观者、跟随者"向"参与者、引领者"转变。

五、开放环境

通过对自贸试验区建设理念的强化认同，以物理扩区促进功能扩区，推动战略联动和政策叠加。自贸试验区建设面临周边环境复杂多变、区域竞争形势日趋激烈、发展不平衡不充分等挑战，处在深化改革、扩大开放、加快发展的关键期。紧密结合浙江发展定位和区位优势，用全面、辩证、长远的眼光，深刻认识制度创新的"变"与"不变"，科学研判对外开放的"时"与"势"，辩证把握跨越发展的"危"与"机"，加快推进制度型开放，优化发展格局，再造竞争优势，以自贸试验区高水平开放推动高质量发展。从开放环境看，主要体现在开放内容、开放方式、开放利益、开放格局等方面。从开放内容看，深化扩大开放的领域应实现进一步拓展。主要涉及关境政策、服务贸易和投资政策及横向规则。浙江自贸试验区制度创新要考虑继续推动关境政策优化试点，需在数字贸易、农产品贸易、传统海洋产业、知识产权等领域试验更高标准，顺应国际经贸规则革新潮流。从开放方式看，深化扩大开放的手段应更强调贸易投资联动效应，注重形成政策合力。全球价值链呈现贸易投资双轮驱动特征，客观要求贸易和投资开放联动推进。这就要求浙江自贸试验区在下一步深化扩大开放中更加重视开放创新的联动效应。一是在推动外商投资开放的同时，加大在贸易领域的开放力度；二是在促进服务投资市场开放的同时，推动跨境服务贸易市场开放；三是在开展对外商事中事后监管实践基础上，考虑关注横向规则对贸易和投资的促进作用。从开放利益看，深化扩大开放要注重探索"中国议题"和"中国方案"。浙江自贸试验区深化扩大开放除关注本地区贸易投资实际增长外，也要重视油气全产业链开放创新反映中国自身利益，探索"一带一路"能源合作和全球经贸治理的"中国议题"和"中国方案"。从发展格局看，共建"一带一路"扎实推进，内外循环重构新局，浙江自贸试验区有条件成为枢纽节点。亟须我们在国际经贸新形势和开放新格局中，全面深刻探索并把握浙江自贸试验区更大改革"自主权"，为浙江经济发展注入新动能，为新一轮改革提供"浙江方案"。

第四节　浙江自由贸易试验区制度创新的目标任务

浙江自贸试验区积极对标国际高水平经贸规则和国内先进自贸试验区，推进贸易、投资、跨境资金、人员进出、运输往来自由便利和数据安全有序流动，加快现代前沿产业聚集发展，促进长三角自贸试验区协同发展和联动创新，为全国自贸试验区深化改革和扩大开放做出浙江贡献。率先探索形成新发展格局，形成一批大宗商品、新型国际贸易、航运物流、数字经济、先进制造业等领域制度成果，成为制度创新的引领区。

一、大宗商品全球配置能力显著提升

以"一中心三基地一示范区"为抓手打造以油气为核心的大宗商品资

源配置基地。加快打造国际一流的万亿级石化集群，重点提升大宗商品全球资源配置能力，实现一亿吨油气储备能力、一亿吨炼油能力以及一亿吨交易能力，油气交易额达 1 万亿元，铁矿石混配矿量达 2200 万吨，液化天然气（LNG）接收规模达 2300 万吨 / 年。完善以原油为主要品种的油气储备体系，开展原油、汽油、柴油、航空煤油、液化天然气等储备，建立国家储备、企业储备相结合的储存体系和运作模式，健全油气储存应急调峰机制和国家储备轮换机制。按照国际标准建设油气接卸泊位、储运罐区、输油管道等设施，开展油气储备国际合作，与国际供应商共建油气储运基地，形成国际油气保税交割体系。优化原油精炼、油品加工、精细化工产业布局，完善石化产业上下游一体化产业链，按照规定扩大油气加工领域投资开放。鼓励和支持国内外投资者以资源、资金、技术等形式参与石化基地的建设和经营。依托依法设立的大宗商品交易场所，开展油气、矿石、煤炭、金属、化工品、粮食等大宗商品现货交易，发展大宗商品交割、仓储、保税业务。鼓励在自贸试验区内的大宗商品交易场所开展场外交易，推进产能预售、订单交易等交易模式创新，建设符合国际惯例的大宗商品场外交易市场。鼓励境内外金融机构、金融技术企业、金融信息服务企业在自贸试验区内参与大宗商品交易市场建设。支持自贸试验区开展铁矿石、铜精矿等矿石储备，依托国家储备，推动矿石贸易。建立政府储备和企业储备相结合的粮食储备体系，增强粮食安全保障能力。加快 LNG 接收中心建设，推动六横至宁波 LNG 外输管道接入省内天然气管网规划，适时接入国家管网。加快建设国际油气能源供应链中心，形成具有国际影响力的油气贸易和定价中心。

二、国际航运物流枢纽实力持续增强

打造国际航运和物流枢纽，强化海港、陆港、空港、信息港"四港"联动、推进中欧班列民营化高质量运营、构建国际物流运输体系。集装箱泊位总长度达 1 万米，集装箱吞吐量达 3500 万标箱，航空货运量达 120 万吨，快递业务量达 150 亿件，新增 10 个以上头部航运服务机构。港口，作为连接货物通达世界的航运和物流枢纽，是浙江自贸试验区高水平对外开放的基础和支撑。宁波舟山港首次跃居全国油气吞吐量第一大港，建成全球唯一拥有双"千万箱级"单体集装箱码头的港口，"硬核"力量进一步提升。打造国际航运和物流枢纽，是浙江自贸试验区的"五大功能定位"之一。致力于"让物

流变得更简单"，以海港为龙头、陆港为基础、空港为特色、信息港为纽带，
"四港"联动智慧物流云平台应运而生，为建设世界一流强港注入更多"智慧"基因。在全国首创并率先实施的外国籍船舶"港口国监督远程检查"机制，则是浙江自贸试验区彰显"硬核"实力的又一力证。随着该制度在全国及亚太地区 21 个成员国（地区）运行，这份来自浙江的首创已经成为改变国际规则的"浙江方案"。建立高度开放的国际运输管理体系，形成具有国际竞争力的航运发展运作模式，建设全球智能物流枢纽。加强与口岸监管部门的协作配合，推动数字口岸信息互通互融，实现港航、物流等企业与口岸监管部门之间数据联通、即时共享。与"一带一路"相关国家和地区建立航运物流合作机制，在通关、检验检疫、认证认可、标准计量等方面开展合作与交流，优化航运物流的发展环境，保障贸易供应链安全。开展国际中转、集拼、分拨业务，设立国际转口集拼中转业务仓库，建设国际中转集拼中心。加快拓展国际航运服务，集聚船舶管理、航运交易、航运信息、航运保险、航运仲裁、海损理算、邮轮游艇旅游等国际航运现代服务产业，提升国际航运服务功能。

三、数字经济全球示范引领作用彰显

全国第一部以促进数字经济发展为主题的地方性法规——《浙江省数字经济促进条例》正式实施。这部重要创制性法规的出台，为浙江自贸试验区打造数字经济发展示范区，加快数字基础设施建设，创新数字经济业态新模式，加快数字经济领域规则制定，提供了法治保障和政策依据。浙江省数字经济核心产业增加值占 GDP 比重达 18%，数字贸易额达 7500 亿元，培育 5 家以上具有国际影响力的数字贸易平台企业，建成全球数字产业基地、国际领先的"数据大脑"和世界级"数字湾区"。浙江自贸试验区大力发展平台经济、网络经济和总部经济等新经济形态，为数字经济发展提供基础和平台支撑；加快推动数字产业化和产业数字化的融合，推动数字化生产，通过数字技术带来新的产品和服务；通过数字化生产实现生产过程、供应、消费端智能互联，提升资源的配置效率；等等。同时，积极推动实体经济和数字经济的深度融合、协调发展，打造具有国际竞争力的数字经济产业集群。推进数字经济创新发展，全面拓展数字产业化、产业数字化、数字生活新服务，打造全要素、全产业链、全价值链连接的数字经济发展示范区。根据片区特色

和实际，优化新型数字基础设施布局，推进物联网、工业互联网、新一代移动通信网、数据中心等建设，加快交通、物流、能源、市政等传统基础设施的数字化改造，促进传统基础设施和新型数字基础设施融合发展。通过规划引导、政策支持、市场主体培育等方式，加快建设新一代信息技术产业集群，发展高端软件、数字安防、集成电路、网络通信、智能计算等产业。以数字化、品质化、全球化为主线，推进电子商务、新零售、跨境电商、服务贸易、数字自贸区建设及传统贸易数字化转型。加强数字贸易规则研究和国际合作，探索数字确权。

四、新型国际贸易中心地位全面巩固

浙江自贸试验区打造新型国际贸易中心，创新发展跨境电商、大力发展数字贸易、深化市场采购贸易、探索发展易货贸易，新型国际贸易总额达 1.2 万亿元，占国际贸易额比重的三分之一，eWTP 布点国家和地区超过 30 个。新型国际贸易主要体现在贸易方式、贸易主体和贸易对象三大方面。从贸易方式来看，新型国际贸易主要包括跨境电子商务、外贸综合服务、绿色低碳贸易、易货贸易、保税直购、市场采购贸易等。从贸易主体来看，新型国际贸易主要包括国际中转集拼、保税维修和再制造、国际分拨、离岸型总部经济等。从贸易对象角度划分，新型货物贸易主要包括基于供应链管理演进的离岸贸易、转口贸易和跨境电商等；新型服务贸易则包括基于数字平台的知识密集型服务业，以及货物服务融合型产业等；完全基于互联网载体的“数字贸易”发展也呈方兴未艾之势。各类新型国际贸易虽形态各异，但均呈现出显著的规模经济与范围经济，“本地市场效应”成为竞争优势的重要来源。目前，全球经贸规则重构持续演进，正为新型国际贸易发展提供制度保障，具体包括“负面清单”成为市场开放典型模式，新型贸易要求各类“边境措施”更趋自由化；国内监管顺应新型贸易发展，“边境后措施”衔接市场开放新要求。

为打造新型国际贸易中心，浙江自贸试验区建立适应跨境电子商务贸易特点的海关、税务、外汇、邮政等管理制度，推动跨境电子商务创新发展。建立完善跨境电子商务零售退货处理机制，开展全球库存同仓存储、自由调配，实现内外贸货物、退换货商品一仓调配。推进服务贸易数字化转型，促进旅游、文化、运输等服务业和跨境电子商务融合，整合移动支付、关税、外汇等服务，建设数字服务贸易综合平台，支持企业开展以数字内容为载体的服务贸易和数字技术贸易，推动数字服务贸易发展。完善市场采购贸易机制，健全多种贸易拼箱货物运输单证签发、流转制度，规范组货人管理，并建立相应的监管措施。制定支持外贸综合服务发展的政策措施，创新出口退税监管方式，建立完善外贸综合服务绩效评价指标体系，引导外贸综合服务企业按照国家标准、行业标准和地方标准开展经营业务。自贸试验区内企业按照综合保税区维修产品目录和国家规定开展保税维修业务。发展离岸贸易。加快重点市场海外仓布局，完善全球服务网络，建立自主运输销售渠道。支持拥有海外仓的企业拓展外贸新业务，建立完善物流体系，向供应链上下游延伸服务，提升海外仓增值服务功能。鼓励企业通过海外智慧物流平台对接海外仓供应与需求信息，提高海外仓资源的管理和利用效率。以"一带一路"沿线国家和地区为重点，整合境内仓、海外仓和结算等全球供应链服务体系，建设供应链易货贸易服务平台和中非交流合作综合服务平台。

五、先进制造业综合实力进一步跃升

浙江自贸试验区打造先进制造业集聚区，增强制造业创新能力，建设制造产业集群，推进产业配套建设，综合实力进一步跃升。建设 5 个先进制造业产业集群，浙江省制造业世界 500 强企业 6 家，规模以上制造业工业增加值增速超过 6%。实施制造业产业基础再造和产业链提升工程，运用大数据智能优化产业网络，做优做强自主可控、安全高效的标志性产业链。提升产业链龙头企业核心环节能级，推动产业并购，提高全球供应链协同和配置资源能力。实施制造业首台套提升工程，推进关键核心技术产品产业化应用。深化品牌、标准化、知识产权战略，推动质量革命，全面打响"浙江制造"。深入推进传统产业改造提升，提升小微企业园、创新服务综合体，发展智能制造、服务型制造，培育经典时尚产业。实施产业集群培育升级行动，打造数字安防、汽车及零部件、绿色化工等万亿级世界先进制造业集群，培育一批千亿级特色优势集群，打造一批百亿级"新星"产业群，改造提升一批既有产业集群。做优做强战略性新兴产业和未来产业。大力培育新一代信息技术、生物技术、新材料、高端装备、新能源及智能汽车、绿色环保、航空航天、海洋装备等产业，加快形成一批战略性新兴产业集群。大力培育生命健康产业，推动信息技术与生物技术融合创新，打造全国生命健康产品制造中心、

服务中心和信息技术中心。大力培育新材料产业，谋划布局前沿领域新材料，打造新材料产业创新中心。促进平台经济、共享经济健康发展。超前布局发展人工智能、生物工程、第三代半导体、类脑芯片、柔性电子、前沿新材料、量子信息等未来产业，加快建设未来产业先导区。推动智能制造技术创新应用，支持区内企业拓宽人工智能应用场景，通过网络协同制造、数字化车间、智能工厂等方式，促进制造业融合化、集群化、生态化发展。自贸试验区应当制定政策，促进区内企业开展协同研发，加大产业共性基础技术研发投入，组织建设共性技术服务平台和开放性专业实验室，推动生物技术、新材料、智能制造等领域的核心技术攻关。支持国内外知名高校、科研机构和高新技术企业在自贸试验区内设立研发机构，建立离岸研发、就地转化的产学研合作机制，推动科研成果转化和制造业优化升级。

第五节　浙江自由贸易试验区制度创新的探索方向

新一轮开放就是制度性开放，浙江自贸试验区聚焦制度创新，通过创造更加自由化、法治化和国际化的贸易投资环境，加快产业技术创新，增强产业实力，推动产业服务化、科技化、国际化和特色化，切实提升自贸试验区发展能级和竞争力。立足规则创新、产业创新、数字创新、协同创新、战略创新，对标和引领国际经贸新规则，服务和融入国家重大战略，加快完善以贸易自由化和投资便利化为核心的政策制度，建设一批世界领先的产业集群，推动制度创新更好地服务产业高质量发展。

一、规则创新，对标和引领国际经贸新规则

开放是当代中国的鲜明标识。自贸试验区对标高标准国际经贸规则，深入推进高水平制度型开放，加快对外开放高地建设。争取在自贸试验区内先行先试 RCEP 软约束规则，加快对标 CPTPP 和 DEPA 等经贸新规则，在货物贸易、服务贸易、电子商务、知识产权等领域加大探索力度，推动制度型开放。制度型开放体现为规则、规制、管理、标准等高水平开放。适应新形势、把握新特点，着力推动规则、规制、管理、标准制度型开放，是自贸试验区孜孜不倦的追求。浙江自贸试验区制度创新，以申请加入 CPTPP 和 DEPA 为

契机，对接国际高标准经贸规则开展先行先试，提升各类要素跨境流动的便利化水平。扩大开放水平，加快建立统一开放市场体系。在全国推进实施跨境服务贸易负面清单。用好 RCEP 实施带来的重要开放机遇，扩大与各成员国的服务贸易规模。创新发展模式，加大传统服务贸易领域数字化改造力度，支持智慧物流、线上办展、远程医疗等领域发展，提高服务可贸易性，推动保税研发、检测、艺术品展示交易等新兴服务贸易发展。鼓励国内急需的节能降碳、环境保护等技术和服务进口，扩大绿色低碳技术出口。提升发展平台。推进全面深化服务贸易创新发展试点各项政策举措持续落地见效。

二、产业创新，推动油气全产业链转型升级

浙江自贸试验区推动制度创新更好地服务产业高质量发展，建设一批世界领先的以油气为核心的大宗商品资源配置基地和产业集群。自贸试验区作为新时代改革开放新高地和"重要窗口"示范区，把自贸试验区建设与构建新发展格局衔接起来，以制度创新为核心，以数字变革为动力，主动服务构建新发展格局，尽快取得突破性进展和标志性成果。自贸试验区应当贯彻绿色、低碳发展战略，通过科技创新与产业提升，推动油气全产业链向绿色、低碳转型，实现高质量发展。全面推进"五大功能定位"建设，聚焦能源和粮食安全，努力建设"131"目标，即具有国际影响力的国际油气交易中心和国际油气储运基地、全球一流的国际石化产业基地和国际海事服务基地，努力成为我国大宗商品跨境贸易人民币国际化示范区。率先落实 RCEP 相关开放举措，全面对标 CPTPP 中的高标准条款，加大对外开放压力测试。围绕油气储备体制改革、全球数字贸易中心、新型国际贸易监管模式等，开展差别化探索，形成更多制度创新成果。特别要推进数字自贸区先行突破，推进制度型开放。落实支持自贸试验区的政策意见，着力推进浙江石油化工有限公司（以下简称浙石化）三期、国际能源贸易交易和结算中心等重大项目建设。加强自贸试验区对外推介，吸引全球技术、人才、资本等高端要素集聚，高质量培育打造一批国家战略平台和重要产业链集群，打造引领经济高质量发展的增长极。

三、数字创新，以先行先试塑造竞争新优势

数字经济作为当下最活跃的经济形态，正在深刻改变世界经济的版图。

随着 2021 年 9 月全国首单基于区块链的数据知识产权质押在浙江自贸试验区杭州片区落地，数据资产已经从构想走向现实。这是浙江自贸试验区以数字化改革撬动数据高效利用的一大创新之举。浙江自贸试验区在加强数字经济领域国际规则、标准研究制定，推动标准行业互信互认等方面深入探索，建设符合中国国情的数据隐私保护、数据跨境流动和数据本地化等方面的规制。支持优势数字企业的全球化布局，通过企业的全球化带动中国数字经济规则国际化，参与到数字经济领先的国家市场竞争中，提出能够集聚更多国际共识的数字经济中国方案。完善法律法规体系，促进数字经济有序发展。探索跨境数据流动分类监管，开展数据跨境运输安全管理试点。建立全链条信用监管机制，探索信用评估和信用修复制度。鼓励自贸试验区在数据交互、业务互通、监管互认、服务共享等方面加强国际合作，推动制定和实施数据资源权益、数据产品交易、数据跨境流动分类监管、数据跨境安全等方面的标准和规则，推进数据交易中心建设。自贸试验区应当根据功能定位和区位特色优势，结合企业需求，依托一体化、智能化公共数据平台，在贸易、投资、金融等领域构建特色应用场景，推动开发数据衍生产品，提高数字服务水平。自贸试验区应当完善综合监管体系，整合监管信息资源，加强贸易、投资、生态环境、安全生产、金融、数据等重点领域监管，依托一体化、智能化公共数据平台，实现监管数据共享，提升风险防范和安全监管水平。自贸试验区要主动对标国际规则，主动承担压力测试，争取数字经济国际话语权。在做好电子支付等领先优势领域国内规则国际化的同时，做好现有国际规则在国内的试点实施测试，为中国参与数字经济国际规则谈判提供实践参考。

四、协同创新，强化区域内外合作联动发展

加强浙江省自由贸易区域联动发展。以义甬舟开放大通道和大湾区为基础，形成"自贸试验区＋联动创新区＋辐射带动区"的改革创新高质量发展新格局。加强自贸试验区和周边区域、开放平台的联动发展，构建长三角港口群跨港区供油体系，合力打造东北亚保税燃料油加注中心。强化长三角自贸试验区的对接合作，把自贸试验区建设与落实长三角一体化发展、长江经济带发展、"一带一路"建设等相贯通，在对标国际社会自由贸易协定相关条款、全面推行自由准入的体制和机制改革等方面协同创新，促进产业、行业、企业、项目对接，形成优势互补、各具特色、共建共享的协同发展格局。深

化与宁波、杭州、义乌等地在产业发展、项目合作、资源共享上的联动。探索与义乌在小商品贸易、市场采购、跨境电商等领域联动，提升贸易便利化。加强自贸试验区与联动创新区联动发展。紧扣浙江省八大万亿支柱产业和战略新兴产业，加强与联动创新区联动试验和系统集成，探索在油气、海洋科技、数字经济、民营经济、智能制造、小商品贸易等领域改革联动协同创新，争取形成一批跨区域、跨部门、跨层级的改革创新成果。加快联动创新区建设，积极复制推广自贸试验区制度创新经验，共享制度和政策红利。鼓励自贸试验区与联动创新区开展平台、产业、项目、人才等方面的深度合作，推动产业优势互补、协调联动、错位发展。加快推进产业链上下游的联动创新、协同创新，通过强化科技政策支持，调动市场主体积极参与建立多层次产学研协同创新体系，形成协同研发创新的联盟体系。紧抓长三角一体化发展，加强与上海自贸试验区临港新片区联动，共同探索建设长三角自贸试验区协作区、期现一体化油气交易市场和"数字长三角"。探索在小洋山北侧区域建立长三角自贸试验区协作区，借助临港新片区和洋山特殊综保区政策，强化"两区"在大宗商品交易、保税船用燃料油、高端港航服务、国际贸易加工、离岸跨境金融等领域的直联互动。

五、战略创新，建设衢山自由贸易港先行区

坚持主动融入和服务国家重大战略，坚持为加快构建新发展格局探索路径、积累经验，是各自贸试验区的共同选择。服务区域重大战略和区域协调发展战略、优化区域经济布局是自贸试验区建设的应有之意。浙江自贸试验区按照国家战略布局，合理规划油气储运、保税燃料油加注、石化产业、矿石中转、粮食中转加工等区域布局，加强岸线、海域等资源要素保障，完善港口、码头、管网、储罐、堆场、航道、锚地、地下油库等基础设施，推动油气全产业链投资便利化和贸易自由化。着眼国内国际双循环，坚持"引进来""走出去"并重，加快打造对外开放新高地。优化全方位开放格局，深度对接国际标准规则，积极融入共建"一带一路"高质量发展。巩固传统市场，拓展区域全面经济伙伴关系协定成员国、拉美、非洲等新兴市场，推进更高水平制度型开放。建设高能级开放平台，精心谋划建设自由贸易港，探索建设衢山自由贸易港先行区。衢山岛海岸线长，离岛资源丰富，经济体量小，有利于控制风险，是国内最适合探索实施国际自由港开放政策的区域之一。

借鉴新加坡沙盒监管模式，先行先试投资自由、贸易自由、资金自由、人员自由、航运自由等相关深度开放政策，经验成熟后在自由贸易片区推广实施。探索发展"离岸经济"，实施对标国际的特殊政策，吸引全球 VIE（可变利益实体）模式企业在衢山岛注册，打造特殊经济功能区。建设国际滨海新城，打造与新加坡类似的国际旅游度假区，为自由进出的国际高端人才提供工作、生活配套。推动沪甬舟共建自由贸易港。依托强大的港口优势和市场需求，重点发展大宗商品交易、国际航运、海事服务、转口贸易、数字贸易等产业，打造全球资源配置枢纽、全球航运核心枢纽和全球新型国际贸易中心。

第二章　浙江自由贸易试验区制度创新理论基础

我国自由贸易试验区战略是我国推进全面深化改革和高水平对外开放"试验田"，是我国经济转向高质量发展的发力点。建设目的在于发挥制度创新优势、削减贸易交易成本、对接国际经贸规则、深化与周边国家和地区合作，形成可在全国范围内复制推广的经验，促进我国对外贸易进一步发展。进入新发展阶段，贯彻新发展理念，构建新发展格局，需要深入梳理总结自贸试验区探索经验，立足自由贸易试验区制度创新理论基础，把握自由贸易试验区内涵要求，从多维度解答自由贸易试验区制度创新理论逻辑，进一步发挥自贸试验区作为高水平开放平台试验田作用，通过实施更大范围、更宽领域、更深层次的对外开放，加快建立更高水平开放型经济新体制，增强我国参与国际经济合作和竞争的新优势、新动能。

第一节　自由贸易试验区制度创新理论依据

自由贸易试验区制度创新是一项国际化的复杂系统工程，任何单一经济理论都不能有效支撑自贸试验区制度创新，必须在实践基础上对成功经验进行总结归纳、凝练提升，再结合理论进行多学科交叉融合，形成中国特色自贸试验区制度创新理论。为了适应国际贸易新规则和新格局，需要借鉴马克思主义开放经济理论、自由贸易理论、交易成本理论、产业集群理论、制度创新理论等基本理论。

一、马克思主义开放经济理论

马克思对于经济开放、国际贸易的思想基于对国际分工、对外贸易和世界市场的理论分析而形成。马克思认为，"机器发明之后分工才有了巨大进步，……由于机器和蒸汽的应用，分工的规模已使大工业脱离了本国基地，完全依赖于世界市场、国际交换和国际分工"。❶国际贸易与开放对于一国的经济发展具有重要意义。具体到自由贸易和关税保护方面，马克思从无产阶级的立场批判了资本主义经济学理论中关于建立贸易壁垒，使用关税保护一国经济的理论。马克思认为，"在当今社会条件下，到底什么是自由贸易呢？这就是资本的自由。排除一些仍然阻碍着资本自由发展的民族障碍，只不过是让资本能充分地自由活动罢了"。❷"保护关税制度对于任何一个有希望获得成功而力求在世界市场上取得独立地位的国家都会变成不能忍受的镣铐。"❸这充分表明了马克思对自由贸易的积极态度。马克思对外开放相关经济理论对于我国经济发展与政策设计影响深远。中华人民共和国成立以来，在不断实践和摸索的基础上，将马克思主义对外开放思想中国化，最终形成中国自由贸易试验区建设的理论基础之一。马克思主义政治经济学本质上是用劳动价值论和剩余价值论剖析市场权力结构的理论体系。针对比较优势理论的主要缺陷，应当从对外开放目标、国际市场权力体系和产业辩证发展路径等方面，以马克思主义市场权力分析为基础，努力建立以公有制为主体、各种所有制形式共同发展，以实现社会主义现代化强国为目标的国民经济体系，以此确定我国的对外开放战略。只有改革开放才能发展中国、发展社会主义、发展马克思主义。中国特色社会主义在改革开放中产生，也必将在改革开放中发展壮大。

二、自由贸易理论

自由贸易就是最大限度地把各国绝对优势以及比较优势更高效转化为生产者和消费者的福利的过程，这也是贸易便利化产生的根源。古典贸易理论主要以亚当·斯密（Adam Smith）和大卫·李嘉图（David Ricardo）为代表。

---

❶ 马克思恩格斯全集：第 4 卷［M］.中共中央马克思恩格斯列宁斯大林著作编译局，译.北京：人民出版社，1958：168–169.

❷ 马克思恩格斯选集：第 1 卷［M］.中共中央马克思恩格斯列宁斯大林著作编译局，编译.3 版.北京：人民出版社，2012：373.

❸ 马克思恩格斯全集：第 21 卷［M］.中共中央马克思恩格斯列宁斯大林著作编译局，译.北京：人民出版社，1965：431.

亚当·斯密提出绝对优势理论，主张每个国家生产并出口具有绝对优势的商品。大卫·李嘉图最早提出比较优势贸易理论，大大放宽了亚当·斯密绝对优势理论关于开展国际贸易的前提条件。绝对优势理论要求参与国际贸易的每个国家都必须有自己在生产成本上占绝对优势的商品，而比较优势理论认为，只要两种商品在两国的相对劳动成本或相对劳动生产率存在差异，两国就存在进行互惠贸易的基础。比较优势理论的核心就是"两利相权取其重，两弊相衡取其轻"，每个国家应该集中生产优势最大或劣势最小的产品，然后进行国际贸易。该理论为世界各国开展国际贸易、参与国际分工奠定了理论基础。二战后，国际贸易发生了许多新变化，产业内贸易迅速增加，跨国公司内部化和对外直接投资兴起，因此产生现代国际贸易理论。现代自由贸易理论从要素禀赋角度深化了比较优势理论，认为要素价格会随贸易发展逐渐趋同，从而可能改变国家间比较优势。当代贸易理论则从人力资本、技术进步、产业和产品生命周期的角度拓展。

作为自贸试验区建设发展的理论依据，新自由主义理论强调大范围开放国际市场，不断寻求全世界范围内自由贸易，持续深入专业化国际分工。我国自贸试验区布局正是主动融入全球化经济的重大战略之一，自贸试验区主动进行制度创新，就是为了通过更加开放与高标准的监管制度、贸易制度、投资制度、准入制度的安排，形成相较于国内其他未设立地区的高度开放化、国际化市场，充分协调与完善当地政府与市场之间关系，努力推进贸易自由、投资自由，推动跨国境的产品、服务、人员、资金以及高新技术和信息的充分流动，形成较低交易成本，从而推进自贸试验区甚至是我国在全球竞争中掌握更多机遇，进一步提高区域经济发展自由化的水平。自贸试验区依靠制度创新，借助国际化投资、贸易活动对全球资源进行整合，实现自贸试验区生产、投资与贸易的全球化发展。

三、交易成本理论

交易成本理论是由罗纳德·哈里·科斯（Ronald H. Coase，1937）提出的，之后经过肯尼斯·约瑟夫·阿罗（Kenneth J. Arrow，1969）和奥利弗·伊顿·威廉森（Oliver E. Williamson，1975）完善。主要内容是在经济研究中，除了生产商品需要的成本外，在贸易过程中由于信息不对称、履约不确定性等因素，会产生信息搜寻成本、交易协商成本、违约成本等贯穿于整个贸易过程，即所有贸易过程中都存在交易成本。就目前来看，交易成本已成为影响国际贸易的重要因素。国际贸易中不仅会因为国家间距离导致原本就存在的信息不确性和运输仓储成本提高，而且会因为国家海关存在，增加关税支付、进出口手续提交等问题，导致费用成本和时间成本都增加。随着经济全球化和区域经济一体化的不断推进，世界各国开始积极构建双边、多边等贸易协定，关税水平有所下降，非关税贸易壁垒也逐渐减少，贸易更加自由化和透明化；但各国基础设施、行政管理效率、金融服务以及智能化窗口应用等依然是国际贸易成本的重要影响因素。

自贸试验区正是通过向全世界开放，扩大了在此集聚的生产者和消费者的贸易选择集。通过自贸试验区平台，贸易主体能够快速获得全球贸易资讯，以最优惠价格，在最恰当时间，把原材料和制成品用最便捷方式精准运至目的地。同时，自贸试验区的开放度和自由度与其设区国的经济制度密切相关。自贸试验区作为一种复杂的制度集合，既包含保证自由的制度，也包含限制自由的制度。自贸试验区的自由是受制度保障的自由，是有明确边界的自由。在国际贸易中常见限制自由的制度，诸如进出口禁令、进出口配额、关税等传统贸易壁垒，以及以技术性贸易壁垒为核心的新贸易壁垒。当一个国家和地区设立自贸试验区时，意味着其在该区域内基本上放弃了设置关税壁垒和针对商品流通的各种数量限制，但各国或地区出于不同原因，也会有例外。总体而言，科斯确认了交易成本在制度创新中的作用与地位，从某种意义上说，交易成本的高低，决定着对制度创新的需求强度，决定着制度创新能否发生以及如何发生。

四、产业集群理论

产业集群理论诞生于 20 世纪 80 年代，是由迈克尔·波特（Michael E. Porter, 1990）提出的产业集群（industry cluster）相关概念而创立的。由于对不同产业的发展历程与原因有着较为权威的解释力，产业集群理论一直都是区域经济学研究中的热门议题。产业集群有着非常强劲的竞争优势，产业集群理论是我国自贸试验区建设的理论依据之一。一方面作为集群中相关企业，通过分工合作与共享内部各要素，组建专业化区域网络，带来外部经济效益与生产成本降低；另一方面通过共同的产业文化背景，有效减少交易风险。

浙江自贸试验区制度创新的实际依据就是以油气全产业链为出发点与落

脚点，针对性、系统性地制度改良与实践创新。各片区通过针对性的配套相关基础设施，不仅可以有效加强片区及周边交通、公共服务机构、信息等基础设施建设，还可以进行制度环境创新和优化人才环境，不断吸引各个相关产业要素在自贸试验区内集聚，从而形成具有强大竞争力的产业集群，最后通过产业集聚关联效应，推动产业链条前后向发展，进而促进浙江自贸试验区、整个浙江的发展与区域经济增长。

五、制度创新理论

制度创新理论是制度经济学与熊彼特创新理论两个学术流派的融合。对制度创新概念及内容的完整表述是由道格拉斯·诺斯（Douglass C. North）、兰斯·戴维斯（Lance E. Davis）、罗伯特·汤玛斯（Robert P. Thomus）给出的。制度创新指的是能够使创新者获得追加或额外利益的、对现存制度（指具体的政治经济制度，如金融组织、银行制度、公司制度、工会制度、税收制度、教育制度等）的变革。促成制度创新的因素有三种：市场规模的变化、生产技术的发展，以及由此引起的一定社会集团或个人对自己收入预期的变化。1968年10月，诺斯在《政治经济学杂志》上发表《1600—1850年海洋运输生产率变化的原因》一文，认为是制度创新理论产生过程中重要的开创性论著。1971年，诺斯和戴维斯合著并由剑桥大学出版社出版的《制度变革与美国经济增长》一书被认为是制度创新理论的重要代表作，也是西方经济学界第一部比较系统地阐述制度创新的著作。随后，在制度创新理论的研究领域内不断出现一些新的著作。诺斯的研究领域是制度及其变迁，认为经济增长的关键因素在于制度，一种能够提供个人刺激的有效制度是使经济增长的决定性因素，在诸多因素中，产权的作用最为突出。在诺斯看来，有效率的组织需要在制度上做出安排和确立所有权，以便造成一种刺激，将个人的经济努力变成私人收益率接近社会收益率的活动。诺斯认为，科学技术的进步对经济的发展虽然起重要作用，但真正起关键作用的是制度，包括所有制、分配、机构、管理、法律、政策等。制度是促进经济发展和创造更多财富的保证，若社会群体发现现有制度已不能促进发展，就应当酝酿建立新制度，否则经济就会处于停滞状态。科斯关于制度变化的观点，可以被称为需求引致理论，即认为制度是在变化所得利益超过变化所需成本时改变。这种观点确认交易成本在影响制度安排选择中的重要性，得到普遍认可和支持，很多关于制度经济学研究方面的重要著作，就是循着科斯这一观点展开和深化。

制度经济学认为，制度作为经济发展的内生变量，与其他物品一样，都有供给与需求。制度创新的过程，实际是制度这一产品的供给与需求不断在动态变化中达到均衡的过程。关于制度创新的供给，制度经济学认为，由于制度具有公共产品性质，因而制度的供给主要取决于政治体系，具体说，就是取决于政治体系提供新制度安排的能力和意愿。一个政治体系的这种能力和意愿，受制于很多因素。这些因素主要包括：制度设计成本、现有知识积累、实施新安排的预期成本、宪法秩序、现存制度安排、规范性行为准则、公众的意识、居于支配地位的上层决策集团的预期净利益等。关于制度创新的需求，制度经济学进行更为详细的分析。按照戴维·菲尼（David Feeny）的分析，影响制度创新需求的重要因素有：相对产品和要素价格、宪法秩序、技术和市场规模。新制度经济学利用经典经济学方法来解决经济制度问题，非常注重建构制度来解决经济活动的关键问题，如产权问题、交易成本问题、外部性问题等。制度创新对经济发展的促进作用就是在要素配置组合内将要素结构向对经济有力的方向调整。自贸试验区经济发展中制度创新发挥了决定性的作用，自贸试验区是国际化的示范区，制度创新必须以国际社会的通行规则接轨为核心，为了吸引更多"企业法人"在自贸试验区内从事"经济活动"，需要对自贸试验区的不同企业的产权进行界定，以确保人权、物权、财产权、知识产权不受侵犯，自贸试验区在产权和信用上的制度保障，能够大大降低企业的交易成本。自贸试验区实际上就是推动制度的创新以提升我国的开放程度，从而有力地推进经济的发展。

第二节　自由贸易试验区内涵

自由贸易试验区是以试验、推广改革开放过程中各项创新性举措为主的试点区域，这一定位使得我国自由贸易试验区概念不同于国际上一般的自由贸易区。自由贸易区是一个在国内外研究报告和政策法规中广泛使用的词汇。但这个术语在汉语语境中存在歧义，因为翻译的问题，Free Trade Area（FTA）和 Free Trade Zone（FTZ）都可以表述为自由贸易区。为避免概念混乱，根据中国商务部和海关总署在商国际函［2008］15号中给出的建议，将 Free Trade

Area 统一翻译为"自由贸易区"，Free Trade Zone 统一翻译为"自由贸易园区"。自由贸易试验区一个显著特点是通过制度层面创新，推动我国新一轮对外开放进程，从而促进我国经济发展，改善升级我国产业结构以及各个产业发展质量，进而提高我国在国际市场的竞争力与话语权。对于当前我国自由贸易试验区，其建设区位通常是选在海关特殊监管的区域，并以此为中心对周边区域进行扩张，从而探索贸易投资便利化，进行制度创新并形成可推广可复制的经验，进而进行全国范围的推广实践，促进各地区共同发展。

一、自由贸易区

自由贸易区（Free Trade Area，FTA）属于广义的自由贸易区概念，是指通过双边或多边谈判而签订的国家间自由贸易协定，是涉及国家经济主权让渡的国际间区域制度安排，通过减少乃至取消彼此间贸易壁垒，促进区域经济一体化形成。其来源于世界贸易组织（WTO）关于"自由贸易区"的相关规定，最早出自《关税及贸易总协定》（GATT，1947）第 24 条第 8 款（b）对自由贸易区的专门解释："自由贸易区是涉及两个或两个以上独立关税主体之间为推动贸易自由化而采取取消关税及其他限制性国际贸易壁垒等措施。"自由贸易区（FTA）是 WTO 多边贸易体制中最惠国待遇原则的一个例外，具有"互惠性"（区内成员之间要取消关税和其他贸易限制性法规）和"排他性"（FTA 区外的其他 WTO 成员不能通过多边贸易体制中最惠国待遇原则享有区内成员享有的特殊优惠待遇）两大特征。

二、自由贸易园区

自由贸易园区（Free Trade Zone，FTZ）属于传统狭义的自由贸易区，是指一个国家或者地区在特定区域设立具有"境内关外"性质的单独隔离区域。在自由贸易园区内可进行进出口贸易、货品加工等业务，并可在关税、配额和许可证等方面享受特殊优惠政策，旨在推动投资自由及贸易便利为目的的多样化功能集成的特殊经济区。其来源于世界海关组织（WCO）在 1973 年颁布的《关于简化和协调海关业务制度的国际公约》（简称《京都公约》）中有关"自由区"的规定："自由区是公约签署方境内的一部分，进入该区的任何货物，一般视为在关境之外。"其特点是单一主权国家或地区的单方面行为，在本国内划定一个特殊区域，实施物理围网隔离管理，并对从境外入区货物的实行免税或保税特殊政策，但并非降低关税。

三、自由贸易试验区

自由贸易试验区（Pilot Free Trade Zone，PFTZ）是指以制度创新为核心，以试验、推广投资自由化、贸易便利化、金融国际化、环境法治化、治理现代化等在岸一体化举措为主，发展离岸业务为辅的试点区域。我国作为一个大型、发展中转轨经济体，面临制度转型和产业升级的艰巨任务，这一国情决定了我国建设自由贸易试验区的初衷与国际上那些制度转型已完成、产业已占据国际分工高端的发达国家建设自由贸易区（包括 FTA 和 FTZ）的目的存在较大差异，在高质量发展新阶段也不同于我国已有各类经济功能区的建设目的。首先，我国作为一个转轨经济体，制度改革与创新一直是核心任务，也是推动我国经济发展的源动力；其次，作为一个发展中大国，我国的技术创新水平还较低、产业发展仍比较落后、在全球价值链分工网络中仍处于不利地位；最后，我国原有的经济驱动力正在不断减弱以及国际经济竞争环境的巨大变化，使得我国产业转型升级迫在眉睫。基本国情决定了我国自由贸易试验区建设的使命在于以制度创新为核心，进而为推动我国产业高端化和经济转型积累经验；而贸易规模扩大虽然可能作为副产品出现，但并非现阶段我国自由贸易试验区建设应该追求的核心目标。

四、自由贸易区相关概念辨析

自由贸易试验区（PFTZ）属于一国主权内的制度安排，是一种"境内关外"区域和境内试验区兼有的特殊区域。自由贸易试验区（PFTZ）是自由贸易区（FTA）与自由贸易园区（FTZ）两者兼容的制度创新，即在国家自由贸易区（FTA）战略指引下，顺应国内经济转型发展方向和新一轮扩大对外开放，率先在离岸自由贸易园区（FTZ）内试行国际投资贸易金融制度安排最新规则，进而扩展到在岸试验区，探索新思路和新途径，是国家自由贸易区（FTA）战略新构思的"试验田"、先行者、排头兵。在试验可行的基础上，通过由点到面的渐进式路径逐步在全国或部分地区复制推广，引领全国对外开放升级，力图以尽可能小的改革成本获取最大的自由贸易区战略效应。

1. 自由贸易区（FTA）与自由贸易园区（FTZ）的区别

虽然自由贸易区（FTA）与自由贸易园区（FTZ）都旨在通过扩大开放，

降低乃至消除贸易壁垒，但是自由贸易区（FTA）与自由贸易园区（FTZ）存在的区别主要表现为：①惯例依据不同。自由贸易区（FTA）属于世界贸易组织（WTO）惯例范畴，自由贸易园区（FTZ）属于世界海关组织（WCO）惯例范畴。②内涵本质不同。自由贸易区（FTA）是属于国际间的区域贸易制度安排，自由贸易园区（FTZ）属于国家内部的扩大开放制度安排。③设立主体不同。自由贸易区（FTA）涉及两个及以上主权国家（地区），自由贸易园区（FTZ）只涉及单一主权国家（地区）。④覆盖范围不同。自由贸易区（FTA）涉及两个及以上关境的全部地区，自由贸易园区（FTZ）仅限于同一关境内的部分区域。⑤功能定位不同。自由贸易区（FTA）通过区域贸易制度安排减少乃至取消彼此间的贸易壁垒，自由贸易园区（FTZ）是通过实施保税、免税等特殊优惠政策破除贸易壁垒。⑥法律依据不同。自由贸易区（FTA）依据双边或多边贸易协定，自由贸易园区（FTZ）依据国内立法。⑦主权让渡不同。自由贸易区（FTA）涉及部分主权让渡，而自由贸易园区（FTZ）则不涉及主权让渡。

2. 自由贸易试验区（PFTZ）与自由贸易区（FTA）的区别

我国自由贸易试验区与国际间自由贸易区在开放模式、开放目的等方面存在根本区别。首先，在开放模式上，我国自由贸易试验区与国际间自由贸易区存在本质的差异。国家之间自由贸易区是国家（或经济体）之间通过签订双边或多边协议的形式，约定会员国（或经济体）之间相互减免关税，达到在世界若干国家（或经济体）之间实现自由贸易的一种区域经济一体化的组织形式。因此，国际之间自由贸易区属于会员国（或经济体）之间协议开放，会员国（或经济体）之间通过协议约定双方的权利与义务。而自由贸易试验区是我国根据改革开放客观需要单方面推出的开放举措，属于自主开放模式，无需要求其他国家对等开放，是我国为深化改革开放、对接高标准国际经贸新规则而实施的单方面自主开放模式。同时约束我国自由贸易试验区的法律依据是我国国内相关的法律法规。其次，在开放目的上，国际之间自由贸易区的主要目的是在世界局部区域内率先实现区域经济一体化，即在世界局部区域内实现自由贸易，尤其实现在会员国（或经济体）之间货物等资源的自由流动。我国自由贸易试验区开放的目的是为对接国际高标准经贸新规则而进行制度创新，不仅可以为我国对接国际高标准的经贸新规则进行压力测试，还可以为我国营造优越营商环境先行先试，积累可复制可推广的制度创新经验。

3. 自由贸易试验区（PFTZ）与自由贸易园区（FTZ）关系的认识误区

一些观点认为，我国自由贸易试验区与国外自由贸易园区属于同一概念。显然，这是对我国自由贸易试验区的认识误区，这种认识误区混淆了我国自由贸易试验区与国外自由贸易园区核心功能的差别。我国自由贸易试验区与国际上的自由贸易园区均属于单方面的自主开放，两者有相同之处：①都在一个国家或地区内划出一个特定的区域。②都实施负面清单管理和准国民待遇。③都有一定的关税减免政策。但自由贸易园区的核心功能并不是进行制度创新，这与我国的自由贸易试验区存在较大差别：①名称不同。与世界上其他自由贸易园区不同，中国自由贸易试验区在正式名称上加了"试验"二字，翻译成英文为 Pilot Free Trade Zone。Pilot 既有试验的意思，又有领航之意。②政策不同。从目前中国自贸试验区的政策看，更多侧重于投资制度、贸易制度、审批制度的创新，也不同于国际上传统意义的自由贸易园区。国外自由贸易园区往往实施海关保税、免税为主，辅以所得税优惠等政策，从而促进转口贸易、离岸贸易的发展，达到在全球范围内优化资源配置的目的。我国自由贸易试验区原则上不实施免税等优惠手段。虽然在我国部分自贸片区也有一些税收返还等优惠手段，但这种优惠一般只针对高端人才，其受众范围往往较小，不具备普遍意义。③功能不同。世界上自由贸易园区更多侧重带动投资和贸易的发展，政策不注重可复制性，而中国自由贸易试验区要突破传统自由贸易园区功能，更加注重制度试验的功能，希望有可推广示范作用，形成可复制可推广的经验。④监管不同。中国自由贸易试验区离真正的"一线放开、二线管住、区内自由"还有不少距离，它更如一个海关特殊监管区。甚至它的政策优惠度还不如综合保税区。它不是政策洼地，而是制度创新的高地。

五、自由贸易港

自由贸易港是自由贸易区的一种形式，一般来说自由贸易港是指设在国家与地区境内、海关管理关卡之外，允许境外货物、资金自由进出的港口区。对进出港区的全部或大部分货物免征关税，并且准许在自由贸易港内，开展货物自由储存、展览、拆卸、改装、重新包装、整理、加工和制造等业务活动。中国香港和新加坡是制度完善、发展成熟的自由贸易港。其目的在于吸引国际船只与货物的进出与过境，吸收国外资金、先进的科学技术与管理经验，促使外商兴办各种经济与金融产业，以获取运费、装卸费、港务费、堆栈费与各种加工费等收益，并带动当地及邻近地区经济迅速发展。此外，自由贸易港允许银行吸收非居民资金进行非居民的金融服务，发展离岸贸易以及离岸金融等离岸业务。与自由贸易试验区相比，自由贸易港具有更高层次的开放、更大的改革自主权。自由贸易试验区和自由贸易港都是以"制度创新"为核心，以建立现代开放型营商环境为目标。面向对外开放，两者的侧重点有所不同。自由贸易试验区对标一流开放标准，自由贸易港对标国际最高开放标准。自由贸易试验区强调可复制可推广，着重于"二线渗透"，为全国性政策制定探索铺路；自由贸易港则强调"一线放开"，构建货物、服务、资本和人才的汇聚地。自由贸易试验区着重"在岸"业务的开放，自由贸易港则争取"离岸"业务的突破。前者实现的路径是简化行政措施，后者是在此基础上提供优惠的税收制度。两者之间的关系是：自由贸易试验区是建设自由贸易港的基础，自由贸易港则是自由贸易试验区发展的更高阶段。自由贸易港属于"境内关外"的特殊监管区，可以形成离岸贸易与金融发展，需要进行资本项目自由化和商务自然人流动等领域的创新和改革，减少对要素流动的限制，实现资源的更加合理配置。另外，自由贸易港还是地区乃至世界交通枢纽，除贸易功能外，通常会结合区域特点，构建不同的功能平台，从世界市场吸收各种资源，高级生产要素不断汇聚，以此来形成面向全球高端生产和服务的发展合力。可以看出，中国自由贸易试验区发展目标应是自由贸易港。中国自由贸易试验区战略实施到现在，已经到了"转型升级"阶段，建设自由贸易港则是下一个重点发展目标。

第三节　制度创新类型和特征

制度创新既是一个理论问题，也是一个实践问题。制度创新内生动力一般有两个来源，一个是实践层面的问题导向，另一个是理论层面的顶层设计。问题导向为制度创新带来活力，顶层设计为制度创新确定框架。纵观我国自由贸易试验区发展历程，正是以实践中存在的具体问题为突破口，不断解决改革开放中的一个又一个难题，在此基础上系统梳理和总结升华，又为理论突破、顶层设计奠定基础；在顶层设计的引领下，改革开放以更坚定的步伐向前推进。浙江自贸试验区通过制度创新，结合我国"放管服"简政放权，不断释放制度红利，打造高标准的市场化、法治化、国际化的营商环境，进而形成可复制可推广的制度创新经验，不仅起着融入国际经贸新规则的试金石的作用，而且为全国新一轮高质量的改革开放奠定了基础。

一、制度

马克思主义经济学认为社会发展是由生产力和生产关系的矛盾推动的，从而得出资本主义制度发展和灭亡是必然的。将制度作为一个概念赋予内涵并且发展的当属经济学中的制度学派，其中制度学派分为旧制度学派与新制度学派两种派别。旧制度经济学以凡勃伦与康芒斯为代表。凡勃伦在《有闲阶级论》中阐述"制度实质上就是个人或社会对有关的某些关系或某些作用的一般思想习惯；而生活方式所构成的是在某一时期或社会发展的某一阶段通行的制度的综合，因此从心理学的方面来说，可以概括地把它说成是一种流行的精神态度或生活理论"。❶ 由此可以看出，凡勃伦对制度的定义是从社会学角度出发的，看到了制度是思想习惯或生活方式背后强大的约束作用，一定程度上具备了庸俗经济学的色彩，用受心理与精神支配的制度对社会的正式制度做了简单的替代。康芒斯在《制度经济学》中，将制度界定为遵守相同规则交易活动的集合，是"集体行动左右个体行为"的举动。康芒斯从集体行动的逻辑出发解释制度的来源，依然带有社会学色彩；同时康芒斯认为资本主义是法律制度促成经济制度进化的产物，这也将法律制度纳入制度学分析框架当中。将制度作为经济学的研究对象是新制度经济学对传统经济理论的一场革命。经济理论的三大传统柱石是天赋要素、技术和偏好。随着经济研究的深入，人们越来越认识到仅有这三大柱石是不够的。新制度经济学家以强有力的证据向人们表明，制度是经济理论的第四大柱石，制度至关重要。土地、劳动和资本这些要素，有了制度才得以发挥功能。根据新经济史代表人物诺斯和新制度经济学代表人物科斯的观点，经济学意义上的制度，诺斯定义为"制度是一系列被制定出来的规则、服从程序和道德、伦理的行

---

❶ 凡勃伦.有闲阶级论［M］.蔡受百，译.北京：商务印书馆，1964：139.

为规范或博弈规则，这些规范或规则旨在约束逐利行为"。**❶** 制度促进可预见性，并防止混乱和任意行为，从而维持并巩固复杂的人际交往关系网。制度的存在规范了人们的行为，从而一方面使各种生产过程和交易活动变得有序和具有可预见性，另一方面增强了人们之间的信任。实际上，人们之间的交往，包括经济生活中的相互交往，都基于某种信任。由于信任是以某种秩序为基础的，因而要维护这种秩序，就要依靠规则、规范等制度来禁止或约束各种不可预见的行为和机会主义行为。

制度是一个社会的博弈规则，或是一些人为设计的，形塑人们互动关系的约束，制度由三个维度构成：正式规则、非正式约束与其实施特征。一般而言，制度就是经济主体在经济活动中应遵守的、能够降低经济活动中交易费用、规范市场秩序、优化资源配置的正式规则。制度具备配置功能、激励功能、节约功能、约束功能等。由此可推断，改革开放促使经济增长的关键因素是制度。制度是从全方位角度看问题，具有稳定性和根本性。想要自贸试验区发展得有特色、有高度，最重要的就是要进行制度创新。将自贸试验区建设成为制度创新高地，是自贸试验区与经济特区、开发区的根本区别，这也是实现探索和改革自贸试验区这一问题的重要战略目标和一定要达到的要求。制度应适应实践发展需要，打破从前的制度束缚，紧跟时代步伐进行开拓创新，改革可以靠开放倒逼，发展也同样可以依靠改革促进，发展能够释放活力，最终为国家战略服务，维护国家的核心利益。自贸试验区作为改革试验田，就是要勇于尝试，积极实行自主改革，为改革当好排头兵，当好创新实践的带头者。

二、创新

"创新"这一概念是熊彼特（1912）在《经济发展理论》一书中提出的，创新是指把一种从来没有过的关于生产要素的"新组合"引入生产体系，以现有的知识和物质，在特定的环境中，改进或创造新的事物（包括但不限于各种方法、元素、路径、环境等），并能获得一定有益效果的行为。**❷** 20世纪70年代起，新制度经济学研究者在继承熊彼特的观点基础上做出了进一步发

---

❶ 诺思.经济史中的结构与变迁［M］.陈郁，罗华平，等译.上海：上海人民出版社，1994：185.

❷ 熊彼特.经济发展理论［M］.郭武军，吕阳，译.北京：华夏出版社，2015：62.

展。美国经济学家诺斯和戴维斯（1971）在《制度变革和美国经济增长》一书中继承熊彼特的理论，并且通过对制度变革过程和原因的研究，提出制度创新模型，丰富制度创新理论。道格拉斯·诺斯提出由于市场扩大和技术不断发展，现有制度阻碍了潜在获利机会，从而产生制度创新需求。当创新新制度的成本小于潜在利润时，新的制度安排就会出现。20世纪80年代末，英国经济学家库克教授将制度创新与技术创新相结合对区域创新理论体系进行研究，并且强调了区域政府在创新中发挥的作用。自20世纪80年代起，制度经济学与熊彼特的创新理论出现融合趋势，理查德·R.纳尔逊（Richard R. Nelson）等制度经济学家开始强调国家在创新系统中的重要作用。他们认为，制度创新不只是企业自发的行为，而应该是以国家为行动主题，从整体角度考量，为了促进国家生产和运行效率而进行的。因此，政府效率的提高能够从顶层更好地推动创新的发展。浙江自贸试验区强调制度创新的作用，以制度创新推动改革深入，正是对上述理论的一次实践。

三、制度创新

制度创新，顾名思义就是在制度层面上的创新，是党政机关、企事业单位和社会组织或者个人对制度进行有目的的改进和优化，或者根据需要达到的目标对现有的制度结构进行渐进式调整或者对制度内容进行渐进式边际优化。诺斯明确指出，制度创新实质就是对人们的权责利益关系进行边际优化和调整，从而产生一种新的制度结构使得可以获得一种框架之外的潜在利益。新制度经济学认为制度创新，是主体为了追求更大的利益充分激发潜力而对现行制度进行措施与政策上的改进。对潜在利益的追求是进行制度创新的根本原因。制度创新会在潜在利益发生改变的同时降低成本，从而使制度安排达到预期的经济效果，这也是诺斯认为会引发和推动制度创新的两种情况。在制度创新的过程中，成本与收益之比发挥着关键作用，只有在预期收益大于预期成本的情况下，行为主体才会推动并且实现制度的创新。区域融合的最终目的就是形成统一的市场，而促进区域深度融合的制度创新也将致力于促进区域内要素的自由流动、贸易的自由化和产业的分工细化，这就是制度创新的主要内容。

作为一种创新行为，必然存在以行为主体、行为客体、作用机制、外部环境等因素组成的理论框架。从主体上看，制度创新的主体是各国政府。制度创新是一国政府为适应新环境需求、提升经济效率，扬弃低效率制度，创造高效率制度的一系列正向制度安排。简而言之，制度创新就是政府主导的，为经济增长服务的一系列正向经济制度变迁。从行为客体上看，制度创新的对象是各领域根据原则和实践经验形成的各级制度。这些制度构成了国家运行的基本"骨架"，当前经济社会运转的所有规则都来源于这些制度。站在自贸试验区建设的角度来说，要解决的是自由开放的贸易制度、"一线放开、二线管住"的海关监管制度、中国特色的港口制度和统筹协调高效的管理制度等。同时，保障制度有弹性，在对外贸易过程中，保持应有的热情态度和对事的包容理解，向国际展现中国的周到服务和快捷流程。从作用机制上看，制度创新既是自上而下的，也是自下而上的。制度本身是上层建筑，设立一个有效且恰当的制度需要多角度思考和设计。由上至下，各层级、各单位应落实上一级政府的规划，以指导精神为指引，以地区特点和问题为主要抓手，探索创新发展。由下至上，在实践中反馈获取的信息，即时让上级政府了解政策落实的效果和出现的新问题，从而及时转变政策导向，减少损失，推动更好更快发展。从外部环境上看，当前世界经济下滑，我国正处于以国内大循环为主体、国内国际双循环相互促进的新发展格局。一方面，推进自贸试验区制度创新能加快国际商品和要素流动，简化事项审批手续，扩大我国开放的影响力，实现我国持久发展；另一方面，推进自贸试验区制度创新对于当地的经济发展有显著的促进作用，对于提升地区产业影响力和商品在国内市场的需求份额，增加国内市场优质资源的供给，满足国内人民美好生活需求有着重要影响。

四、制度创新类型

制度经济学认为，制度创新基本上可分为两种类型：一种是诱致性制度变迁，另一种是强制性制度变迁。诱致性制度变迁指的是现行制度安排的变更或替代，或者是新制度安排的创造，它由个人或一群人，在响应获利机会时自发倡导、组织和实行。发生诱致性制度变迁，必须要有某些来自制度不均衡的获利机会。也就是说，由于某种原因，现行制度安排不再是这个制度安排选择集合中最有效的一个。从某个起始均衡点开始，有四种原因能引起制度不均衡：①制度选择集合改变；②技术改变；③制度服务的需求改变；④其他制度安排改变。这些因素引发的制度不均衡会产生获利机会，为得到由获利机会带来的好处，新的制度安排被创造出来（当然，这种创新是否发生，取决于个别创新者的预期收益和费用）。因为制度结构由一个个制度安排构成，所以一个特定的制度安排不均衡就意味整个制度结构不均衡。许多制度安排是紧密相关的，一个特定制度安排的变迁，也会引起其他相关制度安排不均衡。因此，当发生不均衡时，制度变迁过程最大可能是从一个制度安排开始，并只能渐渐地传到其他制度安排上。制度变迁过程中，大多数制度安排都可以从以前的制度结构中继承下来。虽然某个制度结构中的基本特性在个别制度安排变迁累积到一个临界点时会发生变化，但制度变迁的过程仍类似于一种进化的过程。强制性制度变迁由政府命令和法律引入和实行。国家是一种在某个给定地区内对合法使用强制性手段具有垄断权的制度安排。国家的基本功能是提供法律和秩序，并保护产权以换取税收。由于在使用强制力时有很大的规模经济，所以国家属于自然垄断的范畴。作为垄断者，国家可以比竞争性组织以低得多的费用提供制度性服务。诱致性制度变迁必须由某种在原有制度安排下无法得到的获利机会引起。然而，强制性制度变迁可以纯粹因在不同区域或群体集团之间对现有收入进行再分配而发生。而且国家有能力去设计和强制推行由诱致性制度变迁过程所不能提供的、适当的制度安排。

从某种意义上来讲，自贸试验区建设的核心不仅是产业和功能的选择，更是制度和政策的设计。自由贸易制度是高度复杂的国际贸易制度框架中的一部分，同时也是一系列规范自由贸易活动的行为规范的集合。以自贸试验区的强制性与诱致性相结合的渐进式制度变迁路径为例，把通过政府行政力量推行的各种正式规则归纳为强制性制度变迁举措，把企业在强制性制度变迁规划的制度框架下自行探索、试点的各项创新举措总结为诱致性制度变迁举措。探索强制性与诱致性的制度分类以及二者相互补充和不同作用，保障自贸试验区点轴渐进式扩大贸易开放路径的连续性、稳定性与可复制性。浙江自贸试验区通过深化投资领域改革，加快贸易便利化，推动金融领域开放创新以及积极融入"一带一路"建设，以外部开放推动改革，避免基于集体行动选择的制度变迁外部性，打破既有利益集团、部门间的均衡状态或改革藩篱，通过各类规模较小组织的选择性激励，诱致经济制度逐步向更高水平开放型经济体系变迁。

五、制度创新集成特征

制度集成创新，是浙江自贸区制度创新体系的鲜明特点，也是浙江自贸区建设高质量高标准推进的重要支撑。相较以往的单项制度突破，制度集成创新是根据系统集成改革的要求，注重把握各项制度之间的内在联系和辩证关系，站在整体和全局高度，统筹协调和推动各领域、各子项、各事项间的制度创新，避免出现"碎片化""分散化""单打独斗""创新成果相互抵消"等不利局面，是一种更为注重顶层设计和内部协同，比单项制度创新涉及面更广、系统整体性更强，是更复杂的创新，也是最能彻底解决矛盾问题、达成制度创新初衷的一种改革。围绕全面深化改革总目标，党的十八届三中全会明确提出以全局观念和系统思维抓改革。抓顶层设计和系统集成，注重改革的整体谋划、协调推进和联动集成，成为新时代深化改革必须坚持的重要原则和方法。自贸试验区建设本身是一个全面深化改革开放的过程，承担着为我国全面深化改革开放蹚出一条新路子的重任。对标国际高水平经贸规则，建立以贸易投资自由便利为重点的自贸试验区政策制度体系，乃至在推动规则、规制、管理、标准等制度型开放方面先行一步，对浙江而言，无疑是一场从政府到市场、从规则到法律的全方位系统性变革。

作为系统集成改革的一种思路方法，制度集成创新具有系统性、整体性、协同性、便利性和示范性的特征。一是系统性。通过横向拓展纵向联动，解决改革创新碎片化、长短腿、不配套等问题，不断提升改革的系统性、整体性、协调性，整合形成一批内容丰富、功能齐全的制度创新集群。自贸试验区政策和制度体系是一个紧密相连、相互协调的庞大制度系统，建立和完善这个大系统，是将贸易自由便利、投资自由便利、跨境资金流动自由便利、人员进出自由便利、运输来往自由便利、数据安全有序流动等制度和若干子项制度有机地组合起来，形成一个分工合理、协调运转的整体。二是整体性。自贸试验区政策制度体系的整体性属性，决定了建立更加灵活高效的法律法规、监管模式和管理体制，破除阻碍生产要素流动的体制机制障碍。浙江自贸试验区探索新的管理模式，不断提高行政效率，把省级经济事权下放到片区实施，实现企业办事不出区，为全国起到示范作用。三是协同性。自贸试验区各制度之间是环环相扣、相互交织，既相互促进又相互制衡的关系，每一项制度都会对其他制度产生影响，同时又需要其他制度的跟进配套、协同配合。通过全流程、全场景、跨部门的系统集成改革，形成有效的新平台、新规制、新流程，充分利用区块链技术提高效能，突出对外合作，发挥浙江深化改革开放试验田的作用。四是便利性。浙江自贸试验区通过国际贸易单一窗口，创新海关通关便利化措施，提高贸易便利化水平和通关水平。五是示范性。浙江自贸试验区充分利用舟山江海联运服务中心大数据服务企业，保税燃料油加注形成示范带动效应等做得非常好，通过新的平台增强自贸试验区的竞争力。

第四节　自由贸易试验区制度创新理论逻辑

自贸试验区制度创新是由国家顶层设计，自上而下要求各自贸试验区融合国家战略方针政策，在风险可控的范围内，根据实际问题，且以国际标准为准则，以可复制可推广为基本要求，对现有的贸易规则、投资规则、金融开放规则、政府管理规则、法治化规则等进行体制机制上的突破创新，其实质是深化政府与市场关系的改革，构建开放型经济新体制，努力营造市场化、法治化、国际化的营商环境。浙江自贸试验区自挂牌成立以来，以制度创新为核心任务，在政府职能转变、投资管理、贸易便利化、金融创新与开放、综合监管等领域推动改革创新，建立起自贸试验区的基本制度框架。浙江自贸试验区扩区以来，仍然强调制度创新是自贸试验区深化改革开放的核心任务，继续解放思想，聚焦若干个核心制度和基础性制度，注重系统集成，加大压力测试，加强与国家战略的联动，切实有效防控风险，探索更高水平对外开放和更深层次改革创新。

一、自贸试验区制度创新的现实诉求

自贸试验区实质是制度创新，不仅是带动经济的全新驱动力，更是各项制度先行先试地。我国自贸试验区有别于国外自由贸易区。国外自由贸易区以税收优惠和海关特殊监管政策为主要措施，以此实现经贸投资便利化。我国自贸试验区主要侧重于制度创新的发展，尽快实现政府职能的转变和行政体制的改革，为以后制度创新找到可供学习的借鉴经验和路径依赖，而非以政策优惠拉动地区经济发展，同时要满足一定的国家宏观战略要求。探索建

立与我国经济转型升级相适应的新制度是战略要求。为建立新体制机制不断学习使用国际贸易新规则是重点要求。从 GATT 到 WTO，倡导贸易规则一体化，促进全球货物贸易量快速增长。再到 CPTPP、《服务贸易协定》（TISA）和《跨大西洋贸易与投资伙伴协议》（TTIP），成为新一代国际贸易投资的标榜。接着亚太地区签署 RCEP，达成亚太地区规模最大的一项贸易协定。这些高标准国际贸易新规则，需要自贸试验区大胆尝试与其衔接的制度改革，形成可复制推广的创新成果是基本要求。自贸试验区实施制度创新主要目的是给其他地区做榜样，提供可复制的改革创新方法，以适应新情况、新变化，从而达到深化市场机制体制改革、引领经济持续稳步发展的目的。中央对自贸试验区总体要求是做到"五个坚持"，即坚持制度创新、坚持对外开放、坚持服务国家战略、坚持服务区域发展和坚持守住风险底线。其中，打造制度创新高地、在我国经济转型发展中发挥示范引领作用是自贸试验区的核心任务。自贸试验区一定要强调"试验"属性，通过对标更高标准和规则，自贸试验区能够有力推动国内相关领域的改革。自贸试验区制度创新要激发市场和企业的活力。自贸试验区既要成为自主开放的开放型经济新体制先行区，还要成为参与全球投资贸易规则重构的试验平台，为国家更好地推动协议开放开展压力测试。为了更好地跟踪测试国际投资贸易新规则，浙江自贸试验区扩区就营商环境、知识产权保护、法治环境、人才管理、劳动者权益、环境保护等新议题提出明确的制度创新方向。

二、自贸试验区制度创新的基本特点

自贸试验区作为"改革开放排头兵，创新发展先行者"，核心任务就是"制度创新"，即围绕中国新一轮开放过程中的重点、难点和关键节点开展试验，形成可复制可推广的经验。中国要形成新的竞争优势必须依靠制度创新，通过体制变革实现高端要素的高效配置，才有可能形成新的竞争能力和发展动力。然而越是高端要素，对制度环境越是敏感，无论是技术研发，还是高端服务，都离不开完善的市场机制、有效的产权保护、高效率的政府服务和公平正义的法制环境。要形成高质量的制度环境，就需要进一步触及体制机制层面的瓶颈和障碍，依靠改革形成"制度红利"，这也是"开放倒逼改革"的应有之意。制度创新是自贸试验区的核心任务，是在更广领域和更大空间积极探索全面深化改革新路径的内在要求，是形成与国际投资贸易通行规则相衔接的制度体系的客观需要。能否做好制度创新这篇大文章，直接关系到自贸试验区各项工作的成败。从当前实践来看，自贸试验区制度创新主要有以下四个特点：一是主动对接国际高标准投资贸易规则，在面积有限、开放度较高、管理基础较好的区域开展风险测试和压力测试，以积累经验。二是坚持深化改革和对内对外开放双轮驱动，重点改革阻碍投资贸易便利化的政府管理理念和方式，提高行政服务水平，降低社会运营成本；重点对外资和民营企业放开金融、商贸、文化、社会服务等现代服务业和一般制造业准入限制，实施负面清单管理模式。三是改革的落脚点在于营造市场化、法治化、国际化的营商环境，使改革试验成果制度化、常态化，推动政府治理体系和治理能力的现代化，为新经济增长点的涌现和经济转型升级提供强劲的制度动力。四是改革试验成果及时在全国复制推广，以产生良好的示范带动效应。

三、自贸试验区制度创新的制约难题

建设自贸试验区是我国推进新一轮改革开放的重要举措，自贸试验区以制度创新为核心，主动服务国家战略大局，在多个领域实现了重要突破。但是无论是从国际经济竞争的新形势，还是从国内全面深化改革的总要求来看，自贸试验区仍然存在较大的改革空间，在发展过程中仍然存在多方面的制约和挑战。一是如何对标更高规则标准。国际经贸规则重构是今后一个时期中国深度参与全球经济治理和国际经济竞争难以回避的重要因素。"对标更高标准"，建立与国际贸易和投资规则相适应的规则体系也是自贸试验区的重要使命。当前，以 WTO–X（WTO–extra）为代表的第二代贸易和投资规则正在快速形成，其关注点逐步从"出口利益"转向"公平竞争"，从边境措施转向边境内措施，诸如竞争中立、监管一致性、知识产权等议题都涉及经济体制改革的深层次问题。现有自贸试验区总体上对于"新议题"的研究、对接和试验仍然不足，这就直接降低自贸试验区的试验效果和借鉴意义。在对接国际高标准过程中，现有自贸试验区更多倾向于"放开手脚"的试验，例如简化程序、放宽准入等，但是很多属于对政府和企业约束性的规则标准却试验不足，例如更严格的环境、产权保护要求，以及对政府干预的约束等，"困住手脚"的试验需要更多关注。二是如何更有效实现制度创新。制度创新是自贸试验区的核心任务，地方政府是制度创新的主体，但是大量制度创新措施涉及中央事权，相当部分改革事项仍然需要自贸试验区逐项逐条进行协调，而

向自贸试验区整体授权不足，这就直接限制试验的效率和内容。三是如何更好实现统筹发展。随着自贸试验区进一步扩容，各个自贸试验区都推出多项各具特色的改革试验，与此同时国家层面各项改革创新试点也在积极推进，有些政策试点并不一定在自贸试验区内开展，而各个自贸试验区开展政策试点也并不一致，这就容易造成自贸试验区创新试验的碎片化。自贸试验区内"试什么"以及"怎么试"，一方面需要自贸试验区有明确的定位和规划；另一方面要加强顶层设计，统筹规划不同领域、不同地域的试验任务，同时加强后续的评估和总结。四是如何实现政府治理能力的进一步提升。自贸试验区的各项改革试验，从根本上说有赖于政府治理能力的提升。目前很多地区都在积极推进和争取扩大开放相关的各类政策，但是"放得开"的前提是"管得住"，在研究推进各类开放政策的过程中，必须更加注重对事中事后监管措施的研究和设计，才能更容易取得各方面的改革共识，其经验才更加具有复制和推广的价值。浙江自贸试验区如何在自贸试验区的组团中结合自身优势形成一批有利于加快改革创新和扩大开放的"舟山经验"成为下一步的主要任务。

四、自贸试验区制度创新的关系处理

自贸试验区制度创新是我国推进高水平对外开放的重大举措。截至 2020 年年底，我国已经有 21 个自贸试验区正式挂牌设立，各自贸试验区建设的核心是国际化制度创新，因此我国自贸试验区需要建设良好国际营商环境和更高水平开放型经济新体制。对比国务院发布的全国各个自贸试验区的总体方案不难发现：制度创新对每一个自贸试验区而言既要完成共性的任务，即改革投资管理体制、推进贸易发展方式转变、推进金融领域开放创新、加快转变政府职能、健全法治保障体系等五个方面；也要结合自身产业特点和区位优势，推出差异化试验任务，如推动"一带一路"建设、推动长江经济带发展等。个性化的试点任务则为各地自贸试验区实施国家战略部署提供了充分的保障。自贸试验区紧扣制度创新的核心任务，在构建开放型经济新体制，探索区域经济合作新模式，塑造市场化、法治化、国际化营商环境方面先行先试，形成了各具特色的改革创新经验。同时，通过制定"自贸试验区条例"等地方立法为自贸试验区先行先试提供法治保障，也成为各地的探索重点。

自贸试验区是我国主动适应经济发展新趋势和国际经贸规则新变化、以

开放促改革促发展的试验田。推进制度创新要正确处理好以下四个关系。一是处理好点和面的关系，即要处理好自贸试验区点上"压力测试"和全国面上复制推广的关系。着力提高自贸试验区建设质量，应以深化制度创新、加强复制推广为遵循，但不能因为要复制推广就禁锢了思想、捆住了手脚，就不敢进行更大开放力度的"压力测试"。二是处理好内和外的关系，即要处理好自贸试验区自主开放和自由贸易协定双边或多边开放的关系。一方面，对于双边或多边自贸协定谈判中的焦点议题，只要是符合我国改革方向和风险总体可控的，可考虑放在自贸试验区先行先试积累经验；另一方面，对于我国期望主导推动的规则体系，可在自贸试验区先行探索形成一整套经验。三是处理好个性和共性的关系，即要处理好对各地自贸试验区差异化赋权和整体性赋权的关系，开展差异化、特色化探索。四是处理好放与管的关系，即要处理好高度开放与高效监管的关系。高度开放以高效监管为前提，开放程度的高低取决于监管能力的高低。各地自贸试验区在推动制度型开放的同时，应坚持以总体国家安全观为指引，着力加强事中事后监管体系和监管能力的建设。可把对外自由贸易区谈判中具有共性的难点、焦点问题，在自贸试验区内先行先试，通过在局部地区进行压力测试，积累防控和化解风险的经验，探索最佳开放模式，为对外谈判提供实践依据。自贸试验区要在应对全球经济的全新发展形势上发挥更大的作用，尤其是聚焦国家战略需要的领域，聚焦国际贸易投资的前沿领域，把制度创新成果转化为市场化的新动能，实现自贸试验区高质量发展要体现出"三个新"：主动参与国际经贸规则制定，实现新开放；清理制度性障碍，推动新经济发展；提升国际资源配置能力，塑造新格局。

五、自贸试验区制度创新的渐进路径

自贸试验区建设是党中央、国务院的重要战略部署，是国家战略的体现，承担国家使命和任务，各地自贸试验区被赋予自主试验的权限和各具特色的试验任务，地方提出政策诉求和创新举措，中央进行统筹把控并在更大范围内及时复制推广，逐步形成地方与中央协同推动制度创新的双向渐进路径。随着我国改革进入攻坚期和深水区，更加具有复杂性、系统性和全局性的特点。要实现更高水平的开放，关键是要解决好"开什么"和"如何开"的问题，针对一些敏感领域和规则标准，需要经过局部的风险评估和压力测试，从而为进一步的开放积累经验。建设自贸试验区的目的正是要充分发挥特定区域风险可控的特点，在局部地区进行压力测试，积累防控和化解风险的经验，探索最佳开放模式。自贸试验区逐步形成了改革顶层设计与底层推动的双向路径。今后一段时期，自贸试验区改革创新的重点集中在建立以投资贸易自由化为核心的制度体系、建立全面风险管理制度、建设具有国际市场竞争力的开放型产业体系等方面。推动这些领域的改革创新，不仅需要多部门加强协调配合，也需要加大对自贸试验区的赋权力度，赋予自贸试验区更大的改革自主权。开展从促进货物贸易开放制度增长极到服务贸易开放制度增长极培育的渐进式制度变迁路径的探索，以带动我国贸易发展模式的转型；通过点轴渐进式开发路径，对接 CPTPP、DEPA 和 TISA 谈判倡导的高标准国际经贸最新规则，以强制性与诱致性相结合的制度变迁方式逐步复制推广到全国各地。有效地引领全国走上渐进式扩大贸易开放道路，为我国经济发展注入新动力、拓展新空间。

我国自贸试验区的渐进式制度变迁具有以下特征：①渐进式模式特征：先试点后推广。②渐进式体制特征：新旧两种体制同时运行。自贸试验区内实行"区内关外"新体制，而区外仍保留原有的旧体制。在渐进式制度变迁过程中，区内区外的新旧两种体制并非完全对立割裂，而是相互兼容、互相促进。"双轨制"新旧体制同步运行的渐进式路径，有效规避激进式改革的突变风险，极大减少体制改革的摩擦成本。③渐进式内容特征：从增量改革到存量改革。我国从保税区到自贸试验区的渐进式扩大贸易开放路径，是从增量改革开始，伴随着增量比例逐步增加，使得存量比例相应减少，继而过渡到存量改革，实现体制平稳转换，保证我国扩大贸易开放路径的有序性和可持续性。④渐进式方式特征：强制性与诱致性相结合。⑤渐进式机制特征：顶层设计与摸着石头过河相结合。为国家试政策与为地方谋发展之间取得合理平衡。

第五节　浙江自贸试验区制度创新分析框架

当前自贸试验区建设也面临制度创新和制度型开放的双重要求。新一轮开放就是制度性开放，主要要义是通过自贸试验区聚焦制度创新，加大联动试验和系统集成，以防范风险为底线，紧扣市场化、法治化、国际化营商环境建设任务，聚力市场准入制度、通关监管机制、金融开放创新、贸易投资便利化、体制机制保障五大核心制度创新体系，以系统性制度开放促进高水平对外开放。浙江自贸试验区作为浙江深化改革的重要引擎和扩大开放的主体平台，必将迎来更多的发展新机遇，为浙江省创新驱动发展提供新动能。自贸试验区制度创新要善于借力抓路径突破，一手抓行政审批改革等共性内容的创新，一手抓油品全产业链发展等个性内容的突破，主动对接和融入国家发展战略，全力突破，对标新加坡等先进国家，进一步优化制度供给，争取在新一轮国际贸易和投资规则中，成为全球标准的制定者，赢得更多话语权。

一、从国家战略部署认识制度创新

当前，经济全球化发展出现了一些新形势、新特点，中国也进入到新一轮高水平开放的新阶段，即由商品和要素流动型开放向规则等制度型开放转变。本质上看，制度型开放就是从以往"边境开放"向"境内开放"的拓展、延伸和深化，在促进规则变革和优化制度设计中，形成与国际经贸活动中通行规则相衔接的基本规则和制度体系，是对新一轮高标准化的国际经贸规则调整和完善具有引领作用的先进制度安排。制度创新应注重做好顶层设计，加快政府职能转变、积极探索管理模式创新、促进贸易和投资便利化，从而为全面深化改革和扩大开放探索新途径、积累新经验。浙江对标国际标准对应企业的需求，以更高站位高水平建设浙江自贸试验区，打造自贸试验区建设服务国家战略的"浙江样本"。浙江建设自贸试验区要以探索建设自由贸易港为战略制度目标，充分借鉴国际自由贸易港建设经验，在财税、金融、通关等关键领域创新体制机制，取得更多对接国际标准的制度创新成果，特别是要努力营造与国际油品交易市场相同或相似的制度环境。据此，加快建立与国际经贸规则相衔接的国内改革机制，加快并以更大力度实施"负面清单"制度，进一步优化营商环境，以及积极为国际经贸规则调整和完善做出应有贡献等，是自贸试验区转向制度型开放的必由之路。

二、从赋权扩区高度谋划制度创新

赋予自贸试验区更大改革自主权，可以有针对性地解决制度创新中的堵点和难点，推动跨区域、跨部门协同制度创新，联动配合政策突破，实现制度创新系统集成水平和实践效果的最大化，有利于加强重大制度创新充分联动和衔接配套，形成制度创新系统集成合力，提升制度创新效能，更好发挥制度创新优势，激活高质量发展新动力，进一步推动自贸试验区改革开放和高质量发展。充分发挥自贸试验区辐射带动作用，需要与自贸试验区外挂接，建立联动区、合作区域。这些合作区域既是支持自贸试验区发展的底盘，又是自贸试验区发挥辐射带动作用的空间。对外，探索"一国一产业合作"或者"多国一产业合作"发展模式。根据已有的产业基础和合作基础，与外国一一对接，开展主题合作。针对合作的主题，出台合作所需要的包括贸易、投资、人才、教育、金融等一揽子政策，积极营造与合作相关的各种便利条件。一方面，突出先行先试，着力创造更多可复制可推广的制度经验。浙江自贸试验区承担着国家对外开放体制机制创新的重要任务，继续大胆试、大胆闯、自主改，积极创造更多的制度创新成果，及时向浙江省其他地方推广。另一方面，做强开放型经济，用发展实力、发展质量说话。自贸试验区等开放开发平台，要全域规划，做好腾挪空间、盘活存量的文章，做好集聚高端要素、扩大增量的文章。以建设国际先进水平的国际贸易"单一窗口"为目标，实现对国际贸易全环节［从进出口货物和进出境船舶申报到外贸企业资质办理、贸易许可、原产地证办理、出口退税、税费支付、结（付）汇等国际贸易主要环节］、全方式（从一般贸易方式商品到所有进出口商品，包括跨境电商商品、海运快件、邮递物品等）、全载体（从船舶出入境到飞机出入境等）的全覆盖，并不断完善信息服务功能，打造与贸易强国建设相适应的外贸制度体系。

三、从高质量发展来把握制度创新

浙江自贸试验区从高质量发展来把握制度创新，以竞争中性原则作为精准制度创新的终极目标，打造一流营商环境作为建设的重要内容。参照经济合作与发展组织（OECD）的标准，尝试在舟山片区逐步率先确认竞争中性原则，使舟山成为全球投资者竞相追逐的目标地。坚持需求导向，从基层发现制度创新的突破口。制度创新要注重社会效应，只有让市场主体切身体会到制度创新的意义和改革举措带来的获得感、幸福感，制度创新改革才是成功的、有意义的。浙江自贸试验区以制度创新为核心，推动政策性优惠向体制性开放转变，积极探索国际国内两类规则的有效衔接，在构建开放型经济新体制中贡献浙江智慧。舟山片区聚焦建设目标挂图作战，力争加快启动一批可看的项目，创造一批可学的经验，形成一批可展示的试点，加快建成政策领先、监管便利、制度创新的开放高地。发挥党的领导核心作用，调动各方面参与探索建设和改革创新的积极性，处理好对标国际先进水平与加强风险防范管理之间的关系，确保自贸试验区建设的正确政治方向。加快建设完善法律制度，保障社会力量的广泛参与，在激发人民参与、尊重群众首创精神的基础上，实现政府主导与多方有序参与的有机结合，上下互动、形成合力、共同推进，形成自贸试验区建设的强大合力。进一步加强各项制度之间的内在联系，以系统和集成化原则开展具体工作。建立"企业主体、市场导向、系统集成、部门联动"的制度创新体系，加强创新部门的联动，从产业链全链条优化的视角进行"一篮子"的制度创新，推出耦合性高的制度组合，提高制度竞争力。完善开放型经济相适应的风险防控制度。完善金融风险防控制度，加强对大规模短期资本跨境流动的监测和管理。加强部门间协同联动防控，确保不发生区域性和系统性风险。

四、从产业集群视角深化制度创新

推进浙江自贸试验区创新发展，关键在于率先探索油气全产业链的供给侧改革和制度型开放，激发市场主体活力，为新一轮改革开放提供"浙江方案"。自贸试验区发展，要打造主题产业和特色产业。基于现有的产业基础，拓展和延伸产业，形成产业特色鲜明的自贸试验区。浙江自贸试验区重点打造油气产业，包括油气贸易、炼化加工、结算、储备运输、油品检测、大宗商品交易等，不断挖掘分工经济、规模经济和范围经济潜力。加强自贸试验区区内产业与区外产业对接。将自贸试验区相关产业链拓展至自贸试验区的所在地方、省（市）或周边省份、全国、全球，自贸试验区重点发展产业链的中高端。自贸试验区作为连接国内外的重要桥梁和纽带，充分发挥其在对接供需中的作用。浙江建设自贸试验区要聚焦战略产业链，大力提升以油品为核心的大宗商品全球配置能力。在保障国际经济安全的前提下，突出油品安全产业链投资便利化和贸易自由化，争取成为全球油品交易主体的聚焦地，争取在全球油品交易中占据一定的份额，并且要扩大这个份额。浙江建设自贸试验区要争取具备参与全球大宗商品交易规则制定的能力，争取建立与全球大宗商品交易相适应的金融功能，为提高中国在全球经济治理中的制度性话语权做出浙江贡献。重视从产业链的视角构思新的制度创新举措，为国内其他自贸区深化改革提供先行先试的经验。

五、从区域协同要求布置制度创新

在构建新发展格局中，自贸试验区基于枢纽和重要节点、桥梁地位，要打造好平台，为对接全球商品、投资、人才、技术、资金、服务等，创造各种便利条件。浙江自贸试验区建设聚焦辐射的带动力，将自贸试验区建设与对接"一带一路"和长江经济带结合起来，推动浙江各项改革措施落地见效，加强改革试点经验系统的集成，加快培育发展新动能和国际竞争新优势，释放改革红利。建设浙江自贸试验区是推动长三角一体化发展、构筑区域开放新格局的重大部署。立足全局发展浙江、跳出浙江发展浙江。以区域协同制度创新为着力点，重在提升软实力，推动共建"一带一路"国际合作新平台。"一带一路"倡议以开放为导向，致力于打造开放型合作平台，维护和发展开放型世界经济，共同创造有利于开放发展的环境，推动构建公正、合理、透明的国际经贸投资规则体系，促进生产要素有序流动、资源高效配置、市场深度融合。加快融入长三角区域一体化。以接轨上海为龙头，全方位融入长三角。做好浙沪自贸试验区联动发展文章，研究谋划自贸试验区一体化协作的新机制。做好基础设施对接文章，争取北向大通道、大洋山开发等纳入长三角一体化发展规划，推进小洋山北侧内支线码头建设，积极融入上海大都市圈。做好产业协作文章，主动承接上海辐射，强化航运、航空、石化、金融、高新科技、大宗商品交易等领域合作。积极参与大湾区大花园大通道大都市区建设，申报创建典型示范建设区，打造石化、航空两个万亩千亿大平台，谋划推进宁波舟山一体化发展，推动两地在基础设施、平台共建、产业协同、服务共享等方面一体化融合，加快融入宁波都市圈，共同建设全球海洋中心城市。

第三章 浙江自由贸易试验区制度创新
具体指向

  自贸试验区的战略定位，可以概括为两个核心词：一个是国家战略，一个是制度创新。始终站在国家战略的高度，抓住制度创新的重大亮点，是浙江自贸试验区建设的逻辑主线。自贸试验区是深化改革开放探路先锋，自贸试验区发展一直坚持以制度创新为核心，形成可复制可推广的经验这一基本定位。通过自贸试验区的制度试验，加快政府职能转变，扩大投资领域开放，推进贸易方式转变，深化金融开放创新，完善法治保障，实现"五化"，即治理现代化、投资自由化、贸易便利化、金融国际化、环境法治化。浙江自贸试验区制度创新具体指向，聚焦治理、投资、贸易、金融，事中事后监管领域，围绕处理好政府与市场的关系、发展与开放的关系，探索形成与开放型市场经济相适应的政府治理制度；以负面清单管理为核心的投资管理制度；以贸易便利化为重点的贸易监管制度；以资本项目可兑换和人民币国际化为目标的金融开放创新制度；探索形成自贸试验区营商环境的法治保障制度。

第一节　探索与开放型经济相适应的治理现代化制度创新

  21世纪以来，全球贸易投资规则正发生深刻重构，新一轮区域主义倡导高标准国际贸易新规则。主动对标高标准国际贸易新规则是今后一段时期我国构建开放型经济新体制、深度参与全球治理的必然要求，也是自贸试验区制度创新的重要方向。从行政许可的视角看，负面清单模式，就是从传统的逐一许可制到例外情形许可制（或原则上的备案制）的转变。浙江自贸试验区探索以油品为核心的大宗商品投资便利化和贸易自由化的制度实践，推动总体方案各项试点任务落地，凸显自贸试验区制度创新的浙江特色，力争加快探索建成舟山自由贸易港。

一、推动以简政放权为重点行政审批减量提速

政府职能转变是深化行政体制改革的核心，政府治理创新必须抓住政府职能转变这条主线，进一步激发市场、社会的创造活力，增强内生动力，不断释放改革红利，打造中国经济升级版。浙江自贸试验区政府职能转变是以简政放权为重点，加快构建"双循环"新发展格局，推动行政审批减量提速，成为政府治理的标杆。政府职能转变目标是按照市场化、法治化、国际化要求，建立与国际高标准投资和贸易规则体系相适应的行政管理体系。行政管理体系是由行政目标、行政组织与人员、行政过程与活动、行政方法和技术等子系统构成的一个有机整体。行政管理体系需要根据不同的环境和目标持续改进。加快推进简政放权，深化行政审批制度改革。坚持市场化、法治化、国际化原则，政府管理和服务要行"简约"之道，程序、要件等都要删繁就简、便民利企。一是推动简政放权向纵深发展。抓好工程建设审批制度改革。协同推进"放管服"改革和更大规模减税降费，形成优化营商环境合力。以厘清政府、市场、社会关系为重点，进一步取消和简化审批事项，最大限度地给市场放权。推动实现市场准入、执业资格等领域的管理方式转变。调整完善省级管理权限下放方式，推动关联、相近类别审批事项全链条取消、下放或委托。将更多后置审批事项由串联审批改为并联审批，将更多单项审查与验收改为综合审查与验收，进一步减少检验、检测、认定、认证事项。二是加强信息公开。推进政府服务标准化、透明化。健全综合审批信息平台和国家企业信用信息公示系统，推行行政审批标准化、模块化，加强部门间信息共享和业务协同，实现相同信息"一次采集、一档管理"。三是深化证照分离改革。大力缩减市场准入负面清单，深化"证照分离"改革，企业注册开办时间减到1个工作日以内。最大限度利用电子证照管理信息系统等支撑，实现"证""照"各管理部门的信息共享。四是加快建设法治政府。重点加强政府权力清单、责任清单、市场准入负面清单和信息公开清单"四张清单"建设，探索建立自贸试验区相关法律、法规调整的发现机制。尤其是建立健全权责清单动态调整和长效管理机制。同时，推进政务诚信建设，实现

优化公共服务与培育社会诚信并举。重点是加强"互联网＋政务服务"建设，推进"三全工程"，即企业市场准入"全网通办"、个人社区事务"全区通办"、政府政务信息"全域共享"。进一步统筹和整合自贸试验区各方面力量和资源，建立和完善自贸试验区建设督促检查工作机制和总结评估推广工作制度。

二、以"最多跑一次"改革为牵引推动政务服务落地见实

以"最多跑一次改革"为牵引，以现代信息技术为引擎，着力推进政府工作流程再造，促进公共数据整合共享开放，探索政府政务服务的新平台、新机制和新模式。一是深入推进"最多跑一次改革"。深入推进"互联网＋政务服务"，推动企业专属网页与各级政府部门系统对接，整合资源与数据，加快构建一体化互联网政务服务平台。涉及企业注册登记、年度报告、项目投资、生产经营、商标专利、资质认定、税费办理、安全生产等方面的政务服务事项，最大限度实行网上受理、网上办理、网上反馈。二是优化政务服务。打造政务服务"一张网"，在更大范围内实现"一网通办"、异地可办。三是寓管理于服务，打造"服务政府"。建立"一表申请、一口受理、并联办事"的服务模式，实施注册资本认缴制、"先照后证"登记制、证照分离制，统一区内各种不同经济主体的营业执照等改革，有效提高营商便利程度，逐步与国际通行规则接轨。建立以备案制为主的境外投资管理方式改革，提高办事效率。四是简化通关手续，落实"一线放开"，建设国际贸易"单一窗口"。加强政策体系的系统性、整体性、协同性，围绕深化投资管理体制改革、优化贸易监管服务体系、完善创新促进机制，统筹各环节改革，增强各部门协同，注重改革举措的配套组合，有效破解束缚创新的瓶颈，更大程度激发市场活力。五是建设数字政府。通过数据的整合、开放、共享，为群众提供个性化、高效、便捷的服务。明确公共数据资源开放的范围，通过信息共享、公开，利用大数据带来的信息化变革，加速推进公共管理转型，提升政府治理现代化水平。

三、建立以"非违规不干预"为原则的社会多元共治机制

加强社会信用体系，降低制度成本，整合政府部门、行业协会、企业、社会公众等力量，建立社会多元共治机制，促进社会治理现代化。一是建立

"非违规不干预"监管体系。推进"双随机、一公开"监管和信用监管、重点监管等结合，推行"非违规不干预"监管。推进社会信用体系建设和企业自律承诺制。二是建立基于大数据的高效监管模式。推动各部门审批系统、证照系统、监管系统信息交换与共享，建立基于大数据的高效监管模式。健全跨部门联合抽查监管制度。完善风险防控机制，重点防控市场开放和业务创新等方面风险。建设单一窗口（浙江自贸试验区）特色功能平台暨舟山数字口岸，推进船舶联合登临系统应用项目试点。重点建设口岸协同监管平台、智慧物流服务平台和智能应用服务平台，实现口岸辅助监管服务协同、口岸物流服务延伸和贸易便利化服务拓展。三是深化综合行政执法体制改革。规范行政执法，对所有市场主体一视同仁，促进公平竞争。按照探索建立新的政府经济管理体制要求，深化分类综合执法改革，围绕审批、监管、执法适度分离，完善市场监管、城市管理领域的综合执法改革。推进相对集中行政许可权改革试点。健全商事法律综合服务平台，加强仲裁、调解等服务。

四、以政府职能转变为核心的事中事后监管制度探索

浙江自贸试验区从注重事前审批转向注重事中事后监管，打造"监管政府"。出台《关于协调推进自贸试验区各区块工作的若干意见》，制定可追溯事中事后监管体系，建立区块管理运行体系、统计监测工作体系，明确中国（浙江）自由贸易试验区管理委员会（以下简称浙江自贸试验区管委会）与各区块工作联动机制。从"重审批、轻监管"到"宽准入、严监管"，是浙江自贸试验区政府职能转变的重要方面。推进事中事后监管，需将优化营商环境作为政府机构设置和流程设计的重要导向，优化政府机构设置，推动管理流程再造。特别是在加强事中事后监管方面，应当根据监管流程，对相关部门进行组织重构，在编制、人员、资金等资源调配上真正向监管工作转移和集中。同时，优化政府行政管理流程，以最大限度便利企业为导向，换位思考，加快推进相关政府部门的管理流程再造。建立一口受理、综合审批和高效运作的服务模式。提高行政透明度，完善体现投资者参与、符合国际规则的信息公开机制。加强事中事后监管措施系统集成，进一步创新事中事后监管方式，加快制定监管执法信息共享标准，强化监管信息化平台建设，实现部门信息资源开放共享、互联互通；构建以企业诚信为基础的监管机制，注重建立监管诚信档案，并在企业监管信息共享的基础上，探索以大数据、云计算、

物联网等现代信息技术为支撑，对企业的商业轨迹进行整理和分析，全面、客观地评估企业的经营状况，构建企业信用监管与风险监测预警指标体系，探索建立信息互联共享、证照监管协同、诚信自律结合、行业社会共治、风险预警及时的事中事后综合监管体系，提高监管效能。以完善各级政府权责清单、加快机构改革、提高政府信息化建设水平为重点，着力提高政府行政效能；以打造"小政府、大市场、大社会"为重点降低制度性交易成本，全面清理事前审批事项，全面清理政府承担的技术性、非公共服务性职能，将其交给社会和市场承担，大力培育发展社会组织。进一步转变政府职能，推动简政放权、放管结合、优化服务改革向纵深发展，创新事中事后监管方式，形成与国际贸易投资规则相适应的体制机制。

五、完善以"可复制、可推广"为导向的制度创新体系

对于进一步扩大开放、对接高标准国际经贸规则等压力测试事项，积极探索经验，为国家推进构建双边、多边经贸合作新格局做好政策储备。对于市场准入、贸易便利化、政府管理模式、创新发展体制机制等领域改革，加快形成可以在全国复制推广的经验。自 2017 年以来，浙江自贸试验区舟山片区制度创新，坚持大胆试、大胆闯、自主改，以"最多跑一次"改革为牵引，以"可复制可推广"为导向，探索形成 215 项制度创新成果，其中全国首创 103 项，30 项被国务院复制推广，走在第三批自贸试验区前列。围绕建设国际大宗商品贸易自由化先导区和具有国际影响力的资源配置基地的战略定位和目标，在继续深化油品全产业链制度创新的基础上，加强天然气、矿砂、粮油、煤炭、高端水产品等全品类大宗商品制度创新力度。开展压力测试，探索在区内大宗商品交易场所试点放宽现货交易模式限制，允许开展保税船用燃料油中远期和场外衍生品交易。以服务大宗商品贸易自由化为目标，推进金融领域创新，完善人民币国际化、投融资资金自由收付与自由兑换、投资收益自由转换等领域制度创新，推动境内外联动投融资、融资租赁、特殊风险保险等业务领域创新。探索建立完善具有油气特色的浙江自贸试验区统计指标体系，通过数字化推进长三角一体化及大宗商品贸易便利化，形成线上线下融合，全流程无缝对接，数据驱动、平台支撑、高效协同响应的经济生态系统。深化"放管服"改革，推进政府职能转变，对提升政府治理能力的规则进行先行先试，从而进一步完善事中事后监管制度，优化营商环境，

建立与国际接轨的公平竞争、知识产权、国际仲裁和商事调解机制，释放更多制度红利，探索更多可复制可推广的经验。自贸试验区实践经验的复制推广是其使命所在。逻辑起点必须是以服务实体经济为目的。成立复制推广专家顾问小组，建立健全决策咨询制度，推进政府治理体系和治理能力现代化。在中国（浙江）自由贸易试验区建设领导小组下设投资、贸易、金融、监管和法治五个工作小组。工作小组负责制度顶层设计及具体实施，推动投资领域、贸易领域、金融领域、政府职能和营商环境的系统集成制度创新。以重大制度基础设施为突破口，形成系统集成制度创新的载体和平台。对标国际高水平自由贸易区，提出可操作性的标杆体系、执行主体和实现线路图。重大制度创新必须建立以系统集成作为重大基础设施的突破口，打破原来单个政府部门的封闭系统，形成部委间系统对接、信息共享的新集成系统，构建适应21世纪贸易投资规则下的新监管系统。建立部门间统一的数据资源共享平台。建立基于行业协会和典型企业抽样调查基础上的自贸试验区政策效果动态评估机制。官方编制和发布自贸试验区营商环境指数、货物贸易便利化指数、金融与服务自由化指数、产业竞争力指数、法制化水平指数等，动态反映自贸试验区制度创新政策效果。

第二节　探索形成以负面清单为核心的投资便利管理制度

中央对自贸试验区的要求是全面深化改革、扩大开放和服务国家战略。以开放促进改革，围绕"开放发展"展开"试验"，实现货物、服务、资本、人员的自由流动并促进竞争、效率与国际经济一体化。浙江自贸试验区遵循当地自然禀赋、特色产业，发挥自身地理优势和禀赋优势，找到开放发展的定位，探索对外商投资实行准入前国民待遇加负面清单管理制度，按照内外资一致、竞争中性的原则，建立相适应的事中事后监管制度。

一、探索完善外商投资准入的全方位开放制度

党的十九大提出，全面实行准入前国民待遇加负面清单管理制度。这是我国构建开放型经济新体制的重要举措。投资领域的制度创新，集中的体现

就是负面清单和准入前国民待遇规则的适用、国家安全制度的实施。浙江自贸试验区实施高度透明开放的市场准入制度，完善外商投资准入前国民待遇加负面清单制度，推行极简负面清单。建立更加开放的投资准入制度，放宽市场准入，对内资与外资均实行准入前国民待遇，实行投资备案制，提高自贸试验区外商投资负面清单开放度和透明度。实施公平竞争审查制度，放宽注册资本、投资方式等限制，清理和取消资质资格获取、招投标、权益保护等方面存在的差别化待遇，实现各类市场主体依法平等准入清单之外的行业、领域和业务。按照"竞争中性"原则，研究出台《中国（浙江）自由贸易试验区企业促进条例》。实施外商投资安全审查制度。进一步优化、简化办事环节和流程，对业务牌照和资质申请统一审核标准和时限，促进公平竞争。加大油气产业、海事服务、金融服务等领域的开放力度，加速油气进口、储运、加工、贸易、交易、服务全产业链发展。实施商事主体登记确认制、企业简易注销制度，深化"证照分离"改革。积极引入国际油品贸易商、国际交易所、投资银行、金融科技公司等战略投资者入驻，加强油气贸易等大宗商品经营主体集聚。

二、探索以负面清单为核心的外商投资管理制度

深化投资管理制度创新，推动负面清单制度成为市场准入管理的主要方式。以外商投资负面清单和市场准入负面清单为核心，进一步放宽市场准入，提高透明度，提升企业获得感。深入开展市场准入负面清单制度试点。制定市场准入负面清单涉及的区级行政审批事项目录，并根据行政审批改革情况进行动态调整。深化商事登记制度改革。率先开展企业名称登记制度改革，探索市场准入负面清单管理下市场主体经营范围改革，探索法人资格与经营资格分离改革。落实国家新版自贸试验区外商投资负面清单，研究提出新一轮扩大开放措施。根据国务院《关于扩大对外开放积极利用外资若干措施的通知》，制定出台自贸试验区完善总部经济认定等方面招商引资政策。进一步提升和拓展自贸试验区境外投资服务联盟平台功能，推动国内制造业与境外融资租赁相结合。随着投资空间的拓展，以负面清单为主的管理制度也在不断进行优化，给予外商投资者更多的自由与便利，使自贸试验区整个供应链体系更加完整，提升了供应链体系各节点企业各方面的自主创新能力与竞争力，进而使价值链从中低端向高端升级，最终实现利益共享。落实外资的各

项保护措施，清理和取消资质资格获取、招投标、权益保护等方面的差别化待遇，确保外资企业同等享受各项助企政策。坚持引进外资外智并重。研究有针对性的措施，在引进外资的同时，加大引进外智工作力度，做到引进外资外智同部署、同推进。依托现有外资企业平台，引进培育人才、技术和管理团队，发挥好外资外智的综合效应。实施海洋产业投资负面清单管理模式，按照内外资一致的原则，列出禁止或限制发展的产业负面清单，其他的产业投资一律自由。对外商投资海洋高端制造业不设领域、股比、主体等限制，加快放开船舶（含分段）的修理、设计与制造由中方控股的限制，支持外商独资进行通用飞机和民用直升机的设计、制造与维修，放开海洋工程装备（含模块）制造与修理的外资股比限制。内外资投资项目均实行备案制（国务院规定需保留核准的除外），由浙江省负责办理。支持外资企业对本地制造业企业进行股权投资，不设股比限制。加快实施具有国际竞争力的产业发展政策。自贸试验区应当建立健全外商投资企业投诉工作机制，及时处理外商投资企业或者其投资者反映的问题，协调完善相关政策措施。

三、探索以"一带一路"为引领的双向投资合作制度

"一带一路"倡议的实施，为浙江自贸试验区建设提供强大支撑和发展契机。浙江自贸试验区探索与"一带一路"沿线重点城市建立经贸合作关系，构建国际自由投资贸易网络，推动实物、技术、规则、服务、信息、资金及人才等领域的互联互通；打造海上合作支点，探索建立与国际通行做法接轨的"引进来"和"走出去"投资管理方式。浙江自贸试验区的发展目标，就是围绕大宗商品资源配置基地等五大功能定位，开展制度创新。首先是呼应各个自由贸易协议的进展。自贸试验区的发展近期应当与RECP规则兼容，中期与中日韩一体化自由贸易区和中欧双边投资协议框架兼容，最终目标是实现高标准的三零，即零关税、零壁垒、零补贴，并获得主流国家对中国市场经济地位的认可。因此要减少产业保护政策，减少障碍壁垒；开放当前限制领域的市场进入；提高透明度、监管环境的可预测性与公平性。在投资方面，全面实施准入前国民待遇和负面清单管理。非禁即入，除了负面清单规定不能干的，其他都可以干，特别针对的是服务业——金融服务、航运服务、商贸服务、专业服务、社会服务、文化服务，六大领域全部开放。浙江自贸试验区内投资大部分实行备案制，取消外资持股比例或经营范围等诸多限制。

船舶运输、资信调查、融资租赁、检测维修、演出经纪、电信增值、娱乐文化、教育培训、医疗保健等众多现代生产型和生活型服务性行业，都对内外资实施公平的准入标准，吸引国内民营资本和海外直接投资。大力推进"走出去"，鼓励国内资本从自贸试验区向"一带一路"沿线国家直接投资。鼓励成立对外私募股权投资基金，探索发展并购投资基金、风险投资基金产品创新，逐步开展个人境外直接投资试点，并提供相应的中介服务，支持富余产能向境外有序转移，让自贸试验区同时成为中国资本走向世界的平台。此外，在区内有可能会创新外汇储备的运用方式，例如拓展外汇储备委托贷款平台和商业银行转贷款渠道，综合运用多种方式为用汇主体提供融资支持。对标投资领域的负面清单、资本项目可兑换等规则，提升投资自由化便利化水平。在自贸试验区实行产业链供地，对产业链关键环节、核心项目涉及的多宗土地实行整体供应。

四、探索以国际产能合作为重点的投资发展制度

自 2020 年 9 月率先扩区以来，浙江自贸试验区围绕"五大功能定位"建设，着力打造油气自贸区、数字自贸区、枢纽自贸区三张"金名片"，吸引集聚全球高端要素，一批重大项目加快推进。不管是将油气自贸区打造为我国大宗商品跨境贸易人民币国际化示范区，还是将数字自贸区打造成数字化的国际一流营商环境，亦或是将枢纽自贸区打造成具有国际竞争力的先进制造业集群，强化产业链供应链畅通的制造枢纽，其根本指向就是对标国际经贸规则，全面推进制度创新。坚持规划引领，探索以国际产能合作为重点投资发展制度。注重国际合作园区的合理布局，组织浙江自贸试验区相关片区以目标国或地区为产业合作目标，充分研究外方的投资环境和法律法规，结合本地产业特色、资源禀赋和基础条件，认真编制国际合作园区规划建设方案，做到与所在地国土空间规划的有机衔接，将双方优势产业和要素资源相结合，高标准建设专业化、特色化、高端化国际合作园区。坚持绿色集约发展，加大对环保、节能等领域产业的招商选资，引进层次高、理念新、带动作用明显的绿色项目。大力发展循环经济产业，提高土地节约集约利用率，围绕现有主导产业打造全链条产品体系，实现产业链内物料、产品的循环利用，全面提升自贸试验区可持续发展水平。加快推进交易场所等市场基础设施建设，依托大宗商品、国际农产品、航运等优势，加快建立现代化、国际化的交易

场所。增加人民币计价的交易种类，逐步增强我国对某些产品的国际定价权；吸引纽交所、伦交所、港交所等国际知名交易所投资浙江自贸试验区交易场所；创新现货交易方式，在有效监管、风险可控前提下，试点开展原油、成品油、保税燃料油等大宗商品"期现合作"交易模式，构建期现一体化交易体系。支持符合条件的清算机构在自贸试验区设立分支机构，开展相关业务。引入国际化技术与管理人才，采取国际化标准，实行国际化管理。

五、探索建立与国际规则相衔接投资自由制度

自贸试验区是我国对标国际高水平贸易投资规则、探索制度型开放的重要载体，高标准高质量建设自贸试验区是新时代推进改革开放的重大举措。这一轮自贸试验区建设要探索实现更高水平的贸易、投资便利化，包括投资便利、贸易便利、资金便利、运输便利、人员从业便利、国际互联网数据跨境安全有序流动，为我国推进同更多国家商签高标准自由贸易协定和区域贸易协定先行探路。对标世界自由贸易区的通行规则，参照其先进经验与做法，与国际上自由贸易区域接轨，真正做到"境内关外"，为建立公开、开放、透明的市场规则奠定良好的基础。积极对接国际经贸谈判，参与相关国际贸易投资规则的制订或修改。针对CPTPP、《美国－墨西哥－加拿大协定》（USMCA）等高水平经贸协议中的"边境后"议题和措施，浙江自贸试验区应在知识产权保护、竞争中性、技术转让、环境保护等领域，进行力度更大的压力测试，并在压力测试的基础上，提炼出相应的制度和规则。构建与国际高标准规则相接轨的基本投资制度框架。探索建立最高标准的市场准入制度。缩短简化负面清单，除了把国家安全作为投资开放底线外，扩大制造业、服务业开放，允许更多领域实行外资独资经营，放宽外资股比限制。以审批代替监管的行业许可，与扩大开放的领域同步开放，逐步探索放开股权比例和业务经营限制。

第三节　探索形成以贸易自由为重点的
高效贸易监管制度

自贸试验区在贸易监管领域创新主要体现在海关、检验检疫等部门出台

大量政策，包括国际贸易"单一窗口"建设、原产地证书管理创新等一系列促进贸易便利化、推动货物贸易转型升级、促进服务贸易发展和拓展新型贸易方式等措施。通过这些贸易措施，企业成本降低，贸易监管效率提高。对标国际最高标准，实施更高标准的"一线放开""二线安全高效管住"贸易监管制度。根据国家授权实行集约管理体制，在口岸风险有效防控的前提下，依托信息化监管手段，取消或最大程度简化入区货物的贸易管制措施，最大程度简化一线申报手续。探索实施符合国际通行做法的金融、外汇、投资和出入境管理制度，建立和完善风险防控体系。在"放得开"的同时，构建"管得住"的监管体制，防范各类风险。浙江自贸试验区舟山片区聚焦油气全产业链等大宗商品贸易便利化，深化改革探索，从全国率先实施油品"批发无仓储"经营，到原油非国营贸易进口，再到创新"海关通关一体化"监管模式等，先行先试打造国际大宗商品贸易自由化先导区，有效推动油气流通领域市场化改革进程。

一、建立以贸易便利化为重点的贸易监管制度创新体系

贸易便利化的措施促进了中国对外贸易的发展，不仅使比较优势得到进一步发挥，而且提升了出口产品的竞争力。加强贸易便利化改革举措的系统集成，推进贸易发展方式转变。对标国际高标准，建立完善一整套与国际投资贸易通行规则相衔接的制度创新体系，使之逐步定型、成熟、完善。一是推进通关综合监管改革。重点是继续深化"一线放开，二线安全高效管住"。二是深化货物状态分类监管制度。探索将货物状态分类监管试点从仓储企业、一般贸易企业扩大到生产加工企业。三是全面优化国际贸易"单一窗口"，重点是按照联合国相关标准优化，并不断丰富功能。四是增强贸易航运功能。建立高度自律的海关监管方式。实行"分线管理、分类监管"，以"双自由、双便利"为目标，探索实行"一线放开、二线管理、人货分离、分类监管"的海关监管模式。例如，在充分保障企业经济自由的同时，制定完备的法律法规并严格执法，实现"宽松的准入＋事后监管＋最严格法治"；采用最先进监管技术对港口进行全方位的管理，提高货物、人员的通关便利化和智慧化；以强化统一性、独立性、专业性为目标，调整优化市场监管机构，建立大监管体制。根据油气体制改革进程和产业需要，研究赋予自贸试验区内符合条件的企业原油进口资质、成品油出口资质。发挥离岛优势，支持自贸试验区

企业开展油气等大宗商品转口贸易和离岸贸易。浙江自贸试验区挂牌至今，海关、国检、海事、边检等口岸监管单位聚焦油气全产业链，探索通关便利化，陆续出台支持浙江自贸试验区建设的意见，贸易监管通关便利化举措落地发力。

二、聚焦油气产业探索高标准的国际贸易单一窗口

国际贸易"单一窗口"为各国政府和贸易界带来了客观的效益，是世界贸易改革的新浪潮。借鉴联合国国际贸易"单一窗口"标准，实施贸易数据协同、简化和标准化。加快建设具有国际先进水平的浙江自贸试验区国际贸易"单一窗口"。探索推动将国际贸易"单一窗口"拓展至技术贸易、服务外包、维修服务等服务贸易领域，待条件成熟后逐步将服务贸易出口退（免）税申报纳入"单一窗口"管理。推进进出口产品质量溯源体系建设，拓展可追溯商品种类。纳入海港、空港和海关特殊监管区域的物流作业功能，通过银行机构或非银行支付机构建立收费账单功能，便利企业办理支付和查询。实现物流和监管等信息的交换共享，为进出口货物质量安全追溯信息的管理和查询提供便利。扩大第三方检验结果采信商品和机构范围。拓展货物暂准进口单证册制度适用范围，延长单证册的有效期。创新出口货物专利纠纷担保放行方式。对标国际性管理标准，降低大宗商品贸易边境内壁垒。对符合条件的境内外大宗商品贸易企业所需的货物给予包括减少或优先接受海关查验等优惠；借鉴新加坡商贸通计划（Trade Xchange），将涉及贸易监管的海关、检验、检疫、海事、口岸、边检、外汇、税收、支付等监管部门纳入"单一窗口"作业平台。浙江自贸试验区基于联通国家25个部委的国际贸易"单一窗口"底版，率先创新船舶通关"一单多报"改革，将过去4套系统4次申报优化为一次填报，海关、边检、海事等部门并联审批、即时反馈。每单数据从1113项压缩到338项，时间从16小时缩短至2小时以内。以30万吨油轮为例，每节省1天，可带来8万美元直接经济效益。首创无纸全流程通关。为解决电子与纸质材料并存的问题，主动争取国家部委授权浙江自贸试验区先行先试，取消原有纸质单证97种，实现船舶进出境、引航调度、燃油加注、物料补给、清洗仓等全流程无纸化通关，从原先至少跑14次减少到最多跑1次。创新成果被国家口岸管理办公室称为"舟山样板"。

三、加快发展新型贸易业态的贸易监管制度创新

助推外贸转型升级，大力发展新型贸易业态，加快服务贸易创新。浙江自贸试验区全面开放和深化改革对标国际高标准自贸规则体系，打造开放型经济高地，在适用国内自贸试验区各项开放创新措施的基础上，以投资经营自由、货物贸易自由、资金收付自由、人员流动自由、物流开放便利、服务智慧快捷为重点，建立更加开放的自由贸易体系。自贸试验区对跨境服务贸易实行负面清单管理制度，放宽服务贸易市场准入，扩大优质服务进口，推进服务贸易自由化。跨境服务贸易负面清单按照国家有关规定执行。对标跨境服务贸易的支付与转移规则，提升跨境服务贸易结算速度。CPTPP、USMCA、RCEP 等国际经贸新规则注重各成员国跨境业务转移和支付的时效性，并在诸多领域细化支付与转移规则，在跨境服务贸易领域，旨在实现"零延迟"的跨境服务贸易支付和转移。自贸试验区在跨境支付结算过程中简化环节和手续，提升区内的国际结算速度。

浙江自贸试验区利用国际海岛旅游大会永久会址条件，扩大与国际海岛旅游国家和地区的交流合作。支持内外资平等进入海洋旅游相关产业，放开外资建设、经营主题公园和开展商务飞行、空中游览等通用航空业务。发展邮轮、游艇经济，放宽国际邮轮公司注册条件和购置、光租外国籍邮轮船限制，放开游艇船舶登记所有人住所限制。支持开展中资邮轮试点工作，放宽对台航线审批，支持区内注册的内资企业所属"方便旗"邮轮，经批准从事国内国际邮轮运输。建设邮轮旅游岸上国际配送中心，创建与国际配送业务相适应的海关监管制度。支持邮轮、游艇国际展示交易中心建设，允许舟山相关海域经营游艇业务，允许开展境内外二手邮轮、游艇及装备交易，放宽船龄、出入境管理等政策限制，简化检验登记等手续。对国际邮轮游客、国际旅游团游客、包机航班游客等，授权舟山公安部门直接办理落地签证，探索逐步实行免签证。研究在舟山国际邮轮码头口岸实施国际邮轮入境外国旅游团 3 天免签政策。推动软件信息、管理咨询、数据服务等外包业务发展。鼓励设立第三方检验鉴定机构，按照国际惯例采信其检测结果。支持在区内开展海洋科学研究和技术服务，推动成立国际海洋科技研发和成果转化中心。加快培育跨境电子商务服务功能，试点建立与之相适应的海关监管、检验检疫、退税、跨境支付、物流等支撑系统。加快形成国际海洋人才培养和集聚

的机制，对区内企业以股份或出资比例等股权形式给予企业高端人才和紧缺人才的奖励，实行股权激励个人所得税分期纳税政策。

四、增强国际航运服务功能的口岸服务机制创新

创新口岸服务机制，进一步简化程序，增强国际航运和口岸服务功能，促进货物贸易自由。探索海关两线设置，取消一线不必要的监管、许可和程序要求，实施更高水平的贸易自由化便利化政策和制度。增强国际航运和口岸服务功能，开放航运市场，促进国际运输自由。在沿海捎带、国际船舶登记、国际航权开放等方面加强探索，提高对国际航线、大宗货物资源的集聚和配置能力。逐步放开船舶法定检验，支持以"中国舟山港"为船籍港的国际船舶登记制度试点。在确保有效监管、风险可控前提下，对境内制造船舶在"中国舟山港"登记从事国际运输的，视同出口，给予出口退税。研究普陀山国际机场与"一带一路"沿线国家和地区扩大包括第五航权在内的航权安排，吸引相关国家和地区航空公司开辟经停航线。建立与国际船舶供应业务相适应的海关监管制度，支持自贸试验区扩大海关"开放式申报＋验证式监管"的适用范围，向食品、物料、备件等其他供应服务拓展。支持以舟山江海联运服务中心为载体，充分发挥海、陆、空等多种运输方式组合效应，创新多式联运模式。深化国际船舶登记制度创新，推动国际船舶登记配套制度改革。开放中国籍国际航行船舶入级检验。加强与国际船舶管理公司合作，逐步形成专业化第三方船舶管理市场。发挥离岛优势，支持自贸试验区企业开展油气等大宗商品转口贸易和离岸贸易。大力发展离岸贸易和转口贸易，放宽海运货物直接运输判定标准。支持设立地方法人性质航运保险机构。支持建设自贸试验区至国际通信出入口局的国际互联网数据专用通道。完善舟山国际海员出入境互换功能，提高国际海员通关效率。支持舟山港口岸成为汽车整车、食用水生动物、肉类进口指定口岸以及邮件、快件转运口岸。创建大数据平台。通过国际贸易"单一窗口"与舟山江海联运服务中心信息平台互联互通，累计归集涉海、涉江、涉港、涉船数据160多万条，涉及数据项3000多个，与口岸监管单位、引航调度部门、物流运输企业、沿江沿海港口码头等进行数据共享80多万条。

目前，舟山数字口岸已具有运输工具、货物仓单、税费支付、企业资质等16大类和保税油加注"一口受理"等4大项特色集成功能，初步建成覆盖

跨境贸易管理全过程的"一站式"服务平台，并不断延展"数字口岸"生态链。首推船舶通关一体化。针对各口岸大量的重复申报查验等问题，浙江自贸试验区率先提出船舶（含人员）长三角通关一体化暨信息互换、监管互认、执法互助改革，获国家口岸管理办公室等三部委支持。作为试点，联动宁波、江苏张家港开展先期探索，通过系统对接实现数据复用互换，数据从 338 项减至 57 项，申报时间从过去 1 小时减至 5 分钟。经国家口岸管理办公室同意，该经验做法在全国推广。

五、打造便捷高效通关环境的通关监管模式创新

通过通关监管制度的创新，在特定领域和产业上对标国际最高水平，建立一系列流动性、便利性的制度平台，打造一批具有国际影响力的标杆性功能平台，形成开放型经济的品牌效应；通过通关监管上的先行先试，使自贸试验区形成与国际海关体系规则相互衔接和基本制度框架，成为我国进一步融入贸易全球化的重要载体；对于正在深化改革和转型期的中国而言，探索出一条可复制可推广的制度创新路径，为全国其他自贸试验区的通关监管创新奠定基础，更好地服务中国经济的发展。推动政府职能从事前审批和主体监管向事中事后监管和功能监管转变。自贸试验区海关特殊监管区域与境外之间的管理为一线管理，自贸试验区海关特殊监管区域与境内海关特殊监管区域外之间的管理为二线管理，按照一线放开、二线安全高效管住、区内流转自由的原则，建立与国际贸易业务发展需求相适应的监管模式。对进自贸区内的油品进行事后稽查和监管，推行"单一窗口、分类监管"，提升监管水平和能力，借鉴国际通行规则，建立贸易、运输、加工、仓储等业务的跨部门综合管理服务平台。综合应用大数据、云计算、互联网和物联网技术，扩大"自主报税、自助通关、自动审放、重点稽核"试点范围。深化"一线放开""二线安全高效管住"改革，强化综合执法，推进协同治理，探索设立与"区港一体"发展需求相适应的配套管理制度。

浙江自贸试验区成立以后，海关出台了许多支持自贸试验区建设的举措。包括"推行全国通关一体化"、"无纸化报关"、"关检合作'三个一'"、跨地区直供、港外锚地供油、一船多供、先供后报、一库多供、同商品编码铁矿石混矿、仓储货物按状态分类监管、简化无纸通关随附单证等多项通关便利

改革；在检验检疫方面，试行"即查即放、快检快放"、"进境检疫、适当放宽检验"（核心创新）、"申报无疫放行"、"国际航行船舶便利通行"等查验模式，建立预检验、采信第三方机构检验结果、经认证的经营者互认制度等一批创新举措落地，口岸通关效率大幅度提升，位于全国前列。

第四节　探索形成以人民币国际化为目标的金融开放制度

自贸试验区是集投资、贸易、金融、科创等领域于一体的综合改革区。人民银行围绕金融市场准入、跨境人民币业务、外汇管理改革、金融市场融资、完善金融管理等方面推进和深化自贸试验区改革创新，形成一批在全国可复制可推广的制度创新成果。浙江自贸试验区率先探索油气全产业链的供给侧改革和制度型开放，服务金融改革开放大局，统筹推进探索制度创新，完善金融管理，优化自贸试验区金融生态环境，推动建立与自贸试验区改革开放相适应的账户管理体系。具体体现为资本市场开放、资本项目可兑换、利率市场化、人民币跨境使用、跨境资金流动监管制度创新，为改革开放新格局提供浙江自贸试验区金融方案。

一、以放宽金融市场准入为导向的制度开放

金融改革创新是自贸试验区建设的重要内容。自贸试验区金融改革创新总体目标是以更高标准扩大金融业对全球开放，构建与自贸试验区、投资高度自由化相适应的现代金融运行规则和统一开放、竞争有序的金融市场体系，提升金融服务实体经济水平。金融制度创新包含金融机构、交易方式、金融服务等方面创新，如何有效防范和控制金融创新过程中可能带来的金融风险，是保障自贸试验区贸易自由化、投资便利化的重中之重。重点是放宽金融市场准入，放开内外资银行设立，发展离岸金融，推动人民币国际化。全面取消外资金融机构与内资不同的资格条件限制；进一步放宽外资金融机构业务范围，允许外资银行在浙江自贸试验区自由经营人民币存贷款业务；主动探索，分阶段推进人民币资本项下自由可兑换；在浙江自贸试验区内实行相对独立的、与国际规则相衔接的离岸金融制度，鼓励与支持内外资金融机构在

浙江自贸试验区开展离岸业务。继续推进资本项目可兑换等制度性改革。试点和推进基于本外币一体化、跨境资金流动自由便利新账户体系等一系列账户体系改革，扩大金融对内对外开放。支持中外资银行入区发展，支持区内设立企业财务、租赁等非银行金融机构，支持民间资本入区设立或参股银行业。设立区内银行业准入事项绿色快速通道，建立准入事项限时办理制度，提高准入效率。自贸试验区继续试点和落地诸如降低金融机构准入门槛、扩大业务范围等开放措施，不仅可以进一步完善金融机构体系，而且可以进一步扩大金融市场规模，增强辐射力和溢出效应。同时有助于更好地探索与国际金融市场接轨的市场体系、交易制度、监管制度等，扩大国际投资者参与程度，提高金融市场的国际化程度。在金融领域开放创新是自贸试验区的重要任务之一，要加快形成以外资、社会资本为主体的金融体系，尽快补齐浙江自贸试验区金融短板。自贸试验区金融改革始终围绕探索和推进资本项目可兑换，不断提高金融市场双向开放程度，构建具有国际竞争力的金融制度创新机制。主动对标国际最优水平，对金融制度创新的改革边界和路径进行明确界定，进一步简政放权，让"先行先试"的制度创新试验更加积极和开放。同时，自贸试验区的金融制度创新要更加注重"走出去"和"引进来"的内外结合，有效提升金融服务的效率、金融市场的融合度。

二、促进资金收付自由的金融服务制度创新

"金融服务实体经济"是党中央做出的重大战略部署之一，同时也是自贸试验区开展金融制度创新的重要方向。自贸试验区金融创新不仅包括跨境证券、跨境私募股权投资（PE）和风险投资（VC）、期货交易、金融衍生品交易、各类新型证券、银行及保险理财产品、大宗商品交易、贵金属交易等交易方式的创新，还包括商业保理、融资租赁、互联网金融、跨境电子商务及跨境本外币支付结算等金融中介服务的创新。随着金融市场的开放程度逐步提高，金融交易的涉外结点不断增多，金融改革举措呈现国际性，例如跨境本外币融资、跨境融资租赁、跨境支付结算等，其所引发的商事纠纷呈现国际性。自贸试验区的金融服务功能，应有别于我国传统的金融服务领域功能，在传统的基础上创新服务功能，也是金融发展的客观要求。金融服务功能应结合地方特色经济的模式，一般为当地的实体经济提供服务。例如，本外币账户管理体系的创新，金融服务内容应投资者需求而呈现多样化。金融服务

功能的创新，关键看是否促进跨境贸易、投融资结算便利化。特别是在银行结算业务方面，为符合条件的公司办理融资业务时，能为客户提供专业便捷的金融服务。

诚然，为浙江自贸试验区内主体办理油品贸易相关的跨境经常项下资本结算业务，无疑体现了金融服务功能创新。推进金融领域制度创新，增强金融服务功能，积极发展融资租赁业务，做大做强租赁业，为浙江自贸试验区实体经济发展提供良好的服务环境。在融资租赁公司为依托的前提下，在大宗商品领域开展包含人民币计价结算、跨境双向人民币资金池等跨境人民币创新业务。积极发展国际船舶、海洋工程、飞行器、大型设备和成套设备的融资租赁业务，支持各类融资租赁公司设立项目子公司并开展境内外租赁业务，试点租赁单一项目公司汇总缴纳企业所得税。增强金融服务功能，允许区内企业设立自由贸易账户。支持区内银行开展离岸业务，简化准入方式，允许区内企业开设"离岸账户"，允许同一主体内两个不同账户实行资金划转。支持在区内开展外商投资资本金意愿结汇试点和跨国公司外汇资金集中运营管理试点，探索跨国公司双向人民币资金池试点，促进跨国大宗商品供应商、贸易商、贸易服务商等设立区域性或全球性资金管理中心。支持在区内开展大宗商品跨境贸易交易和跨境贸易结算，支持符合条件的企业申请互联网支付业务许可证，并申请开展跨境电子商务外汇支付业务试点。实行国际贸易结算中心试点，允许本外币自由结算及凭电子成交数据办理跨境人民币支付。鼓励保险公司围绕油气产业链，创新产品和服务，为油气交易、炼化、运输、仓储等提供保险服务。通过设立交易保证金的创新模式，以大宗商品为主的交易平台为从事油品交易带来便利。在自贸试验区内放宽跨国公司外汇资金集中运营管理的准入条件，加强与国际金融机构和国际油品贸易公司的合作，打造一个安全和稳定的交易平台，这也是一种金融服务功能的创新。浙江自贸试验区金融服务制度创新为自贸试验区内的实体经济和大宗商品投资便利化和贸易自由化提供金融配套和资金服务，为油品全产业链投资便利化和贸易自由化提供金融保障。

三、深化产业开放的金融管理制度改革创新

构建宏观审慎管理和资本流动管理组合框架，探索建立适应大规模跨境资本流动的金融监管制度，并在有序推进人民币国际化等方面探索新路径。

金融监管体系的完善，保障自贸试验区金融发展有法可依，是法治建设的保障要求。在浙江自贸试验区金融监管制度的创新过程中，可以尝试与国际金融监管规则靠拢，对自贸试验区内的金融业务进行同时监管，与之建立起长期合作协调机制。对于资金流动的监管要进一步加强，共同打击洗钱活动，防止因资本流动造成金融体系崩溃。与此同时，注重风险监控预警机制，建立统一的跨境资本流动数据采集、监测、分析和预警体系，按照实际状况设置风险等级并依据其采取相关临时管制措施，在金融监管协调机制方面防范金融风险。同时，可以积极运用金融科技来探索和完善"沙盒监管"机制，利用监管系统和科技来构建金融制度创新的"安全空间"。构建金融业综合统计体系，加强金融信用信息基础设施建设。探索在自贸试验区开展金融综合监管试点，在依法合规的前提下，实施以合作监管与协调监管为支撑的综合监管。依托自由贸易账户风险监测功能和金融风险综合监管平台，加强跨境外汇和人民币资金流动监测和异常情况分析研判。鼓励自贸试验区内企业开展知识产权质押融资，通过区块链技术开展存证等业务，推动数据产品确权、评估、质押和转让。自贸试验区应当创新针对石油行业的特殊风险分散机制，支持开展能源、化工等特殊风险保险业务，加大再保险对巨灾保险、特殊风险保险的支持力度。借鉴国际通行的金融监管规则，进一步简化企业跨境人民币业务办理流程，推动跨境金融服务便利化，打造大宗商品人民币国际化结算先行区。

此外，要加快培育在国际金融合作竞争中的新优势，进一步提升金融开放的步伐，在促进跨境投融资便利化、金融产品创新、金融科技应用等方面更加完善和聚焦，同时加大人民币离岸市场的开放程度，有效推动人民币国际化的进程。积极构建自贸试验区金融制度集成创新的机制。积极探索跨部门、跨行业、跨领域的金融制度集成创新，同时注重区域之间的协调制度创新。做好试点工作，推广差异性评价，将试点政策实施效果进行差异性比较和评价分析，运用案例分析、理论机制分析等方法吸取经验教训。构建激励制度，鼓励金融产品创新。浙江自贸试验区要把握好金融改革创新的力度和方向，充分发挥独具的国家战略叠加优势。鼓励金融机构为油品企业提供个性化金融服务，支持石油产品大宗交易项下的资金进出逐步开放。允许设立与浙江自贸试验区建设相配套的账户管理体系，允许跨国公司外汇资金集中运营管理，方便国际油品贸易结算。允许境内外银行设立金融机构，开展与油品交易相适应的融资业务。允许舟山设立保税燃料油、成品油、原油中长期现货交易试点，并逐步探索油品期货交易。允许设立舟山国际原油保税交割中心，积极探索采用人民币计价、结算。

四、提升金融外汇产品便利化水平的制度创新

自贸试验区要积极探索面向国际的外汇管理改革试点，建立与自贸试验区相适应的外汇管理体制。以推进贸易投资便利化为重点，推动跨境人民币结算业务发展，扩大人民币在贸易、投资、保险等领域的使用。自贸试验区可以先建立一个庞大的金融资产缓冲区和蓄水池，完善人民币的全球循环路径，并且最终在风险可控的条件下打通资本账户，进行双向投资、相互渗透，实现金融资源的全球优化配置，提升人民币的国际地位，为人民币国际化打下坚实的基础。金融外汇产品创新，能够给自贸试验区内投资者带来更多实惠，享受普惠金融待遇。推进舟山大宗商品交易所开展大宗商品跨境电子商务外汇支付业务试点，研究与运输自由配套的服务贸易外汇支持政策，都是金融外汇产品的创新模式。与我国其他自贸试验区相比，作为浙江自贸试验区的舟山片区，在基础设施、金融总量、经济总量等方面的差距都很大。只有结合舟山群岛新区产业发展特色，实行差异化的外汇政策设计，才可提升金融服务层次感，其关键一点是要积极推进特色金融外汇产品创新。一是实施全口径外债宏观审慎管理，自贸试验区内资和外资企业实施统一外债管理标准。借用外债实行比例自律管理，允许区内机构在净资产的一定倍数内借用外债（当前2倍，视宏观经济和国际收支状况调节），企业外债资金实行意愿结汇。二是扩大跨国公司总部外汇集中运营管理试点企业范围。三是允许区内外商直接投资项下的外汇资本金意愿结汇。四是提升金融服务实体经济便利度。在期货交易方面，提出进一步丰富商品期货品种，加快引入境外交易者参与期货交易，完善期货保税交割监管政策。开展本外币合一银行账户体系试点。推进融资租赁公司外债便利化试点。在符合条件的自贸试验区规范探索知识产权证券化模式。外汇产品创新，还可出现在舟山群岛新区特色的保税油、远洋船用燃料油平台交易、仓单交割等大宗商品交易所参与国际化外币标准化的现货挂牌交易，以多种国际货币计价与结算，实现跨境收支的自由化。积极探索适应舟山大宗商品交易市场做大做强的本外币多币种的跨境交易会员制保证金业务试点，配合舟山群岛新区建设邮轮母港的需求，

可以进一步简化运输项下服务贸易付汇单证审核要求，这些都是符合自贸试验区产业特色的金融创新方式，因此值得找准金融产品的定位，重新研究新领域的金融产品。

目前，21个自贸试验区均把推动金融领域制度型开放作为一项重要内容，其中主要包括开展本外币一体化试点、深化外汇制度改革和放松跨境资本流动的资本项目管制等方面。随着外汇管理改革的深入、便利化程度的提升，贸易金融、跨境资金池、供应链金融、跨境融资、外汇交易等业务规模将有较大幅度增长。同时，部分区域开展的离岸金融、离岸贸易结算试点等跨境金融服务也将不断增加，为跨境金融服务带来更多市场增量和创新空间。

五、探索具有地域特色的多元化金融制度创新

特色金融创新和多元化金融服务是各自贸试验区更好服务实体经济的关键。自贸试验区围绕特色产业及产业链推动金融创新，形成包括融资租赁、资产证券化、产业基金、创业基金等多元化的金融业态；打造各类特色交易场所，部分交易场所有可能按照国际市场规则进行改造并引入境外投资者，通过要素市场化配置提升金融辐射力。在服从金融改革开放大局的基础上，各自贸试验区基于经济金融禀赋差异，在金融改革创新方向上各有侧重。浙江自贸试验区立足建设"油气为核心的大宗商品资源配置基地"，创建跨境人民币国际化示范区。这些首创性差异化的探索，不仅丰富了自贸试验区建设内容，更是以"多点并发"的方式加快了"双循环"新发展格局制度环境的形成。浙江省经济金融健康活跃，对制度创新也更为渴求，因此成为全国承担区域金融改革项目最多、内容最丰富的省份。浙江自贸试验区扩区后，一方面可以结合金融改革任务在区内加大探索力度。如舟山继续探索油品等大宗商品在内的更高水平贸易投资便利化试点，在宁波探索数字普惠金融支持外向型经济，在义乌探索与自由贸易发展相适应的金融体系，在杭州探索符合贸易新业态新模式特点的跨境外汇结算模式。另一方面可以将浙江省金融改革经验输送平移到区内。服务油品贸易探索人民币国际化、具有地域特色的金融制度创新，将自贸试验区金融改革创新与国家战略相结合。牢牢抓住长三角一体化发展的机遇，建设好"一带一路"义甬舟开放大通道，不断探索自贸试验区发展新亮点。将自贸试验区金融改革创新与供给侧结构性改革相结合，为改革开放新格局提供浙江自贸试验区金融方案。

当前，我国以国内大循环为主体、国内国际双循环相互促进的新发展格局正在加快形成，RCEP 签署后，又催生了全球最大的自由贸易区。金融资本是配置最灵活、对制度环境最敏感的生产要素。要促进浙江乃至全国对外贸易与投资的发展，为浙江自贸试验区发展提供金融支持，就必须通过"刀刃向内"的供给侧结构性改革，为各类跨境投融资活动提供自由便利的营商环境，提供快捷高效的金融基础设施，提供反映区域经济活力的标的金融资产。实际上，这也是国务院批复浙江自贸试验区扩区方案的核心内容。自贸试验区鼓励境外投资的政策及人民币国际化的持续推进，将提升人民币跨境金融服务能力。同时，可通过追踪管理自贸试验区人民币兑换使用情况并进行风险提示等措施，在风险可控的前提下，探索更大范围、更大规模的人民币跨境使用，拓展人民币跨境金融服务深度和广度。

第五节　探索形成以优化营商环境为抓手的法治保障制度

自贸试验区的建设本身就是一项全新的改革事业，改革必须依靠法治，而法治则要基于法制之上，即重大改革必须于法有据。自贸试验区涉及的投资贸易便利化、资本项目兑换等事项都属于国家层面事权，且已有相关法律做出规定。自贸试验区是公权力干预尽可能少而私权利行使尽可能丰富的特殊经济开放区域，这就要求自贸试验区的法制保障在制度建设、监管实施、开放包容和公开透明方面具有独特的、行之有效的运行模式，特别是在我国经济和社会发展转轨升级的关键时期，需要兼顾一定程度的前瞻性和国际性，成为自贸试验区发展完善的不竭动力。浙江自贸试验区对照国际投资贸易规则，构建市场为导向的制度体系，聚焦提升投资便利化水平，深化金融领域开放，创新通关监管服务模式，完善法制保障，优化国际化人才发展环境，形成国有、民营、外资充分竞争的多元市场格局，有效优化我国油气领域营商环境。

一、建设公正廉洁的法治环境

高度法治是自贸试验区的基本要求和重要保障，要加快推进与自贸试验区相适应的司法体制改革，建设公正廉洁的法治环境。随着开放范围、广度、深度的不断扩大，会有更多境内外企业进驻自贸试验区，这就迫切需要加快推进与自贸试验区相适应的司法体制改革。推进"诉调对接""调仲对接"，建立公正高效便捷的经贸纠纷解决机制，加强商事法律综合服务。推进廉洁示范区建设，建立派驻、巡视巡察、执纪审查、审计监督一体化监督体系，实现对重点领域、重要岗位、重大工程项目、重大资金使用、公共资源交易廉政风险防控的全覆盖。建立以调解、仲裁等为主要手段的替代性纠纷解决机制；鼓励和支持按自愿原则选择调解、仲裁等非诉讼方式解决纠纷，完善国际商事纠纷多元化解机制；加强与银行、证券、保险等行业协会、社会组织合作，建立和解、调解、仲裁、公证、诉讼有机衔接和互相协调的诉调对接平台，降低纠纷解决成本。制定浙江自贸试验区条例，以地方性法规形式为自贸试验区的建设和发展提供强有力的法治保障。坚持竞争政策基础性地位，强化竞争中性原则，着力消除政府部门扭曲公平竞争的行为，营造公开透明、公平竞争的市场环境。自贸试验区实行国际投资、国际贸易"单一窗口"服务模式。主管部门按照各自职责建立综合管理服务平台，提供信息对接、政策推送等服务，实现海关、海事、边防检查、税务、外汇、邮政管理等部门之间信息互换、数据共享、监管互认、执法互助。尝试建立地域管辖、级别管辖、专属管辖和跨区域集中管辖的案件管辖制度体系，建立证据保全、行为保全、证据披露、证据妨碍等证据规则体系，建立诉讼、调解、仲裁等多元化纠纷解决机制的协同配合机制，以提高诉讼特别程序的规范性和透明度，提升知识产权司法保护的国际影响力和认可度。

二、强化知识产权保护机制

营商环境是经济软实力的重要内容，也是一个国家和地区的核心竞争指标。知识产权保护恰恰是营商环境的一个重要指标。浙江自贸试验区进一步简化和优化知识产权审查和注册流程，创新知识产权快速维权工作机制；建立健全知识产权服务标准；完善知识产权纠纷多元解决机制；支持企业运用知识产权进行海外股权投资等任务。完善知识产权保护和运用体系。强化知识产权保护。推进知识产权综合执法，建立跨部门、跨区域的知识产权案件移送、信息通报、配合调查等机制。建立包含行政执法、仲裁、调解等在内的多元化知识产权争端解决与维权援助机制，探索建立自贸试验区重点产业知识产权快速维权机制。探索互联网、电子商务、大数据等领域的知识产权保护规则。探索建立公允的知识产权评估机制，完善知识产权质押登记制度、知识产权质押融资风险分担机制以及方便快捷的质物处置机制，为扩大以知识产权质押为基础的融资提供支持。建立专利导航产业发展工作机制。深化完善有利于激励创新的知识产权归属制度。充分发挥专利、商标、版权等知识产权引领作用，打通知识产权创造、运用、保护、管理和服务的全链条，提升知识产权质量和效益。以若干优势产业为重点，进一步简化和优化知识产权审查和注册流程，创新知识产权快速维权工作机制。建立健全知识产权服务标准，完善知识产权服务体系。创新发展知识产权金融服务。深化完善有利于激励创新的知识产权归属制度。在知识产权领域，RCEP 就提出要将著作权、地理标志、专利、遗传资源等全部纳入保护范围，既包括传统知识产权主要议题，也体现知识产权保护发展的新趋势。因此，应加强跨境知识产权维权服务，开展以知识产权为由发起的贸易保护措施的产业影响评估和企业应对服务，设立知识产权的争端解决机构，注重人才培养，持续开展国际经贸领域知识产权海外人才培训。

三、探索人员自由管理制度

浙江自贸试验区探索人员自由管理制度，开展舟山港作为国际海员过境免签，3 日内离境政策试点。全面放开人员自由进出。在严控风险的前提下逐步放宽旅游入境免签政策。整合现有公安出入境管理、边防查验管理、外事侨务事务及涉外执法等相关职能。统一管理协调外国人签证、居留、就业、保险、福利待遇、事件处理、入籍等事务。加快区域空中通道、海上通道、陆海联运通道和信息通道建设，提升口岸通关功能，促进人员往来便利化。营造有利于人才集聚的制度环境、人文环境和生活环境，促进创新驱动发展。探索将有关境外人才省级管理权限赋予自贸试验区。在外籍人员出入境、居留等方面实施更加开放便利的政策措施。建立外国人在自贸试验区内工作许可制度和工作签证制度。制定和完善海外人才引进政策和管理办法，给予科研创新领军人才及团队等海外高层次人才办理工作许可、永久或长期居留手续"绿色通道"。开展外国高层次人才服务"一卡通"试点，建立安居保障、子女入学和医疗保健服务通道。创新人力资本入股办法，鼓励企业实施股权分红激励措施。鼓励地方政府设立高层次人才创业引导基金。高层次人才创办科技型企业申请科研项目，符合条件的纳入财政科研资金支持范围。支持在自贸试验区内工作的高层次人才享受快速通关便利。在远洋渔业、船舶供应业、船舶修造业、水产品加工业等行业实施外籍劳工技能实习生制度。不限制雇用外籍雇员，对海洋经济高端人才和紧缺人才，经批准，在一定期限内免征个人所得税。维护劳动者合法权益。推进劳动保障监察综合行政执法，健全分类监管机制。完善工资支付保障制度，完善劳动关系矛盾风险预警防范体系。推行企业劳动保障监察守法诚信等级评价制度。

四、加快营商环境制度供给

浙江自贸试验区通过实施"放管服"和"最多跑一次"改革，建立与国际接轨的自由贸易规则体系，营造市场化、法治化、国际化的营商环境。加快营商环境制度供给，在打造油气全产业链发展和大宗商品全球配置最优营商环境方面，设立大宗散货跨境贸易、跨境资金流动、外籍人员服务等3项特色指标，保税燃料油加注、外轮供应便利度、船舶通关便利度等3项创新指标，制度创新成果1项观察指标以及56项细化指标，通过提升油气全产业链投资便利化和贸易自由化水平，打造具有国际影响力的油气资源配置中心。

浙江自贸试验区舟山片区要为推动新一轮高水平对外开放和高质量发展，融入"一带一路"建设中发挥引领和示范作用。以数字口岸为抓手，舟山口岸在规范和降低口岸收费、推行无纸化、优化监管方式、服务大宗商品进口和海事服务等方面位居全国前列。一是立足数字自贸区，推动智慧通关。链接国际贸易"单一窗口"与舟山江海联运服务中心两大国家重大信息平台，打通港口、货代、船代、水运等电子化单证数据交换路由，上线"平安归航"海上入境人员管控系统，构筑"通关监管＋港务服务＋物流信息"枢纽，实现"一站式"船舶进出境、引航调度、燃油加注、物料补给、清洗仓、船员换班等全程数字通关，货物进、出口整体通关时限分别压缩至30小时、2小时以内。承接落地"单一窗口"国家标准版全部功能，创新特色智慧海事供应链，压简单证、再造流程，减少企业海岛间往返奔波成本。其中保税油加注"一口受理"减少纸质单证24张，减少流程6.5小时，锚地利用率提升30%；船舶供退物料通关从过去4小时缩短为5分钟。目前大型货轮每一单加油业务比原来减少20小时，效率媲美新加坡。二是着力服务双循环，促进智治监管。建立浙江自贸试验区"131+N"通关监管机制以及口岸党建联盟，联动口岸与腹地、口岸与口岸协同，打通甬舟指定监管场地资源共享和出口转关货物"一次验封、监管互认"路径，实现长三角边检"临时入境许可"数据共享、10个港口跨区域供油。深化运输工具（船舶）"一单多报"，升级跨层级、跨部门、跨领域联检平台，推动海关、海事、边检、港航多部门监管协同、资源共享、风险共防，实现监管电子化、物流检验可视化。创新"运输工具转港数据复用"，满足国际航行船舶"一次申报"、国内全境通关便利需求，入选全国自贸试验区第四批"最佳实践案例"，在全国复制推广。三是加大政策供给，优化营商环境。对标国际一流，组建营商环境跨境贸易测评专班，组织培训学习，形成测评初步固化模式。探索"海上特别服务区"，实施"无感监管"辖区内船舶航行、货物及人员流动"自由化"。梳理营商环境任务清单"一本账"，查找26项企业关注堵痛点，针对外运集装箱回流慢、缺舱缺箱突出问题，在金塘大浦口码头实施进境空箱"船边直提"，一举破解以往空箱堆存两天左右效率低等问题，实现卸运"零延时"。加大降费减负，出台扶持政策，持续释放政策红利，增强企业获得感和满意度。

五、实施产业发展财税政策

具有国际竞争力的财税政策在产业引导、要素集聚等方面发挥重要作用。RCEP涵盖从降低关税到降低非关税壁垒、从货物贸易到服务贸易便利化、从贸易到投资、从原产地规则到贸易便利化、从知识产权到争端解决、从中小企业到经济技术合作等诸多内容。持续优化营商环境方面，RCEP中有超过200项软性义务，并且将构建好的营商环境上升为国际义务，这些都是我国优化营商环境的重要方向，要将软性义务作为内部的硬约束。浙江自贸试验区以更大的开放，倒逼更深入的改革，力争形成高质量实施RCEP的自贸示范区。

实施有利于大宗商品产业发展财税政策，在不导致税基侵蚀和利润转移的前提下，探索试点自由贸易账户的税收政策安排。研究对自贸试验区从事"两头在外"，不涉及国内市场的油气贸易、海事服务等行业企业，自设立之日起5年内减按15%的税率征收企业所得税。研究实施国际船舶登记过程中取消船舶进口关税和增值税、车船税。研究实施船员个人所得税、国际海运服务企业所得税减免。支持对照国内先进地区制定具有较强竞争力的飞机租赁产业财税等扶持政策。支持人才队伍建设，对以团队形式进入自贸试验区从事油气等大宗商品产业领域工作和创业的境外居民，实际缴纳的个人所得税税款与其个人所得按照其所属国家或地区税法测算的应纳税款的差额，给予全额补贴。探索在浙江自贸试验区实施与国际接轨的自由贸易税收政策体系，简化关税分类，减轻企业负担，实施具有国际竞争力的企业优惠税制。完善离岸业务的相应税收政策，对浙江自贸试验区入关货物实行选择性征税政策，探索实行企业自主报税。这样做不但可以有效参与国际竞争，还可以在不影响现有存量的基础上，广开税源争取新的增量。

第四章　浙江自由贸易试验区制度
创新实践流程

　　2017 年 4 月，浙江自贸试验区在舟山挂牌成立。2020 年 3 月，浙江自贸试验区获批全国首个油气全产业链开放发展的专项支持政策，并于 2020 年 9 月在全国率先扩区，标志着浙江自贸试验区油气全产业链建设进入新阶段。作为最早承接落实自贸试验区战略的区域，舟山片区立足自身特色和产业优势，按照"一中心三基地一示范区"的既定思路，继续聚焦油气等大宗商品产业领域改革，打造国际油气交易中心、国际油气储运基地、国际石化产业基地、国际海事服务基地，以及以油气为核心的大宗商品跨境贸易人民币国际化示范区，全力迈向"两个亿吨级、三个万亿级、三个千亿级"为代表的大宗商品全球配置能力目标，即聚力建设亿吨级油气储运基地，聚力建设亿吨级铁矿石储运枢纽，聚力建设万亿级高端石化产业集群，聚力建设万亿级大宗商品贸易中心，聚力建设万亿级大宗商品现货交易市场，聚力建设千亿级国际海事服务产业集群，聚力建设千亿级金属矿石绿色加工制造基地，聚力建设千亿级农产品精深加工基地，聚力建设清洁能源绿色转化枢纽，探索形成与国际接轨的大宗商品特色自由贸易制度政策体系。

第一节　以保税燃料油为突破口的国际海事服务基地
制度创新

　　浙江自贸试验区依托舟山海域国际航运主航道密集、潜在保税油供应市场容量巨大的天然优势，依托自贸试验区制度创新先行先试的改革优势，围绕船用保税燃料油进行全流程改革探索，累计形成 68 项制度创新成果，涵盖船舶保税油资质许可、技术规范、贸易通关、信用监管、供退物料实现"一站式"服务，锚地综合海事服务等环节。其中，外锚地保税燃料油受油船舶便利化海事监管模式、保税燃料油跨港区供应模式等 10 项改革试点经验向全国复制推广。

一、对标国际

在保税燃料油供应领域，我国与新加坡的差距显著，保税燃料油供应价格比新加坡高约 20 美元／吨，2016 年我国的加注量仅为 850 万吨，而新加坡达 4512 万吨，整个供油和配套服务的国内生产总值（GDP）约 420 亿美元，占新加坡 GDP 的 15% 左右。造成上述差距的原因在于我国对市场准入、税收优惠、监管模式及交易体制等政策限制。在市场准入方面，新加坡保税燃料油供应市场竞争充分，有近 70 家燃料油供应企业，同时允许外资进入；我国仅有 "5+1" 家企业，且限制外资准入。在税收优惠方面，新加坡燃料油供应企业根据企业规模不同，可享受企业所得税 10%、5% 两种优惠税率；我国企业需缴纳包括 11% 的增值税和 25% 的企业所得税，且还需缴纳消费税等税种。在监管模式方面，新加坡对供油业务监管手续十分便利，供油企业无需进行事前审批，只需每月向管理部门提交一次加油记录，前来加油的国际船舶不需向海事申请即可直接进入外锚地，只需在离港前提交申请即可，全过程仅需 2~3 小时；我国监管审批涉及部门较多、环节繁杂，需要 12~24 小时。在交易体制方面，新加坡拥有开放的保税燃料油现货交易市场、普氏公开市场及纸货市场等；我国在这方面相对缺失。在配套服务等方面，新加坡允许燃料油进行混兑，拥有统一的燃料油质量管理体系以及发达完善的海事综合配套服务等；我国不允许保税燃料油自由混兑，市场相关管理体系和标准缺失，更重要的是我国的海事配套服务水平与我国海运大国的地位还有一定差距。

二、目标设想

国际海事服务基地建设，是浙江自贸试验区舟山片区油气全产业链建设核心任务之一。对标国际一流，聚焦建设东北亚保税燃料油加注中心，以保税燃料油加注为突破口，初步形成海事服务舟山品牌。坚持疫情防控与产业发展两手抓，产业链规模快速壮大。到 2025 年，形成 1000 万吨保税燃料油加注规模，初步建成以保税燃料油加注、外轮供应、船舶保税交易为重点的国际海事服务基地；到 2030 年，形成 2000 万吨保税燃料油加注规模，全面建成功能齐备、产业链完整的国际海事服务基地。

三、政策诉求

以保税燃料油供应为核心，拓展外轮配套服务、特色航运交易、船舶及大型配套设备保税修造交易和海事衍生服务，建设东北亚保税燃料油供应中心和国际海事服务基地。一是放开保税燃料油供应资质，允许境内外保税燃料油供应商开展供油服务。二是允许在舟山片区内设立海上保税燃料油供应仓库。三是允许不同税号下保税燃料油混兑，鼓励区域内油品企业生产保税燃料油。四是建立保税燃料油加注"单一窗口"管理平台，开通挂港加油船舶通航、通关特殊通道，加油船舶进入舟山片区内港口及相关海域实行备案制，符合条件船舶可自行驶入特定海域（码头）进行加油操作，免除靠港船舶吨税。五是允许设立外商独资的国际船舶管理企业、代理企业，允许外资从事船舶管理服务。六是允许对修造所需的相关进口船舶配件予以保税，支持舟山港综合保税区船配交易市场建设。七是探索在海员外派、船员个人所得税代收代付等方面与国际惯例接轨。八是允许在舟山片区内探索有助于油品贸易自由化的航运制度和运作模式试点。九是允许实施国际船舶登记制度，放宽船公司股权结构比例、船龄限制、船级社等准入条件。

四、主要做法

浙江自贸试验区舟山片区牢牢把握服务国家战略的核心任务，深化改革创新，实现改革突破，为全国自贸试验区改革创新蹚出了特色化差异化发展道路。以燃料油供应为牵引，积极拓展国际海事服务全链条。从传统的单一供油向物料供应、检验检测、船舶总代、海事法律、航运科技、航运金融等产业延伸，货物贸易逐步向服务贸易拓展。

一是有效承接审批权限下放。2017 年 5 月，商务部、财政部、交通运输部、海关总署研究支持将国际航行船舶"保税加油"许可权下放至舟山市人民政府。浙江自贸试验区出台国内首个国际航行船舶保税油管理暂行办法，明确资格条件、监管责任，规范经营行为，有力促进浙江自贸试验区保税油加注业务发展。浙江自贸试验区管委会切实把好市场准入关，在全国率先承接保税燃料油经营审批权限，已累计集聚市场主体18家，引进中国石油化工集团有限公司（以下简称中石化）全球船供油业务中心等4家总部企业，形成国有、民营、外资企业多元竞争的市场格局，进一步激活自贸试验区燃供市场动力。

二是用好关键政策。2018年7月，商务部、海关总署支持浙江自贸试验区设立海上保税燃料油供应仓库，开展不同税号船用燃料油混兑调和加工贸易业务。混兑后每吨燃料油成本降低6.5美元，进一步缩小与新加坡船用燃料油之间的价格差距。通过实施外锚地供油，同一税号下调和，跨关区、港区、锚地直供，夜间靠泊供油，一船多供等全国首创的改革创新举措，积极引入AIS、视频、流量计等信息化监管手段，实现供油全过程的远程信息化监管，多渠道降低企业运营成本，提高通关效率。同时，以保税燃油外锚地供油为核心，突破拓展其他外供物资的"一船多能"外供业务，加快推进外锚地外供业务多元化发展，进而吸引更多船舶选择在舟山海域开展外轮供应等海事服务。进一步简化审批流程，推行事前报备、集中核销等便利化操作手段。研究推进开展不同税号下保税燃油调和业务，制定可行的调和监管方案，根据需要在综合保税区衢山分区设置燃料油保税加工仓储和配送中心，实现本地化简单加工，降低供油成本。率先制定船用燃料油管理办法和操作规程，创新50余项监管便利化改革的高地，成为全国保税燃料油系统集成创新样板。

三是全面提升口岸服务效率。在海关、交通、港航、边防、出入境等口岸部门的支持下，浙江自贸试验区加大改革创新力度。积极运用信息化手段，争取企业"一次不用跑"、供油船舶"最多跑一次"，保税燃料油加注平均每单办理时间减少18小时，其中，探索国际贸易"单一窗口"船舶进出境申报系统，率先在全国实现通关物流信息"一单四报"和无纸化运作，船舶通关时间由16小时压减到2小时；办理油料出仓手续由7个环节缩减至1个环节，平均每单办理时间节约1.5小时。

四是建立行业规范管理标准。加强制度体系建设和行业监管力度，先后制定《船用保税燃料油操作规范》《船舶燃料油加注系统计量技术规范》等一系列规章制度，建立船用燃料油供应业务协同和安全管理失信联合惩戒机制，初步形成浙江自贸试验区船供油制度规范体系，获得国内外同行业认可和国际船东的青睐。先后发布四批共 50 艘允许在舟山港域从事保税油供应服务的船舶名单，为供油企业提供更多的租船选择。启动供油船舶提升三年计划，推进"船用燃料油供应专用船只设计研究"，启动"舟山船型"示范船只建造，树立"舟山快供"品牌，逐步建立专业化、大型化的供油船队。

五、实践效果

舟山国际海事服务基地高效服务"船舶、船员、船东"，软件硬件不断提质增效。纵观舟山海事服务产业链，27 个产业节点，船用燃料油供应、船舶维修、检验检测、外轮供应、船级社、船舶交易、船舶代理、船舶运营等 8 个产业具备国际竞争力。面向东北亚的保税燃油总部经济地位初步形成。

一是加注量快速增长。坚持打造国际化、开放型的船用保税燃料油经营市场，实现了船用保税燃料油供应领域 5 家全国资质和 13 家地方资质的企业集聚，涉及国有、民营、外资等多种经营主体，其中舟山牌照企业供油规模占 1/4 以上。船用保税燃料油年供应量从 2016 年的 91 万吨快速增长至 2021 年的 552 万吨，占全国比重由不到 1/10 提升到 1/3，舟山港保税燃料油结算量 1100 万吨，占全国 50% 以上，跃升成为全球第五、全国第一国际船加油港。

二是国内外行业龙头企业集聚。中石化船供油全球总部、中油泰富船舶燃料有限公司船供油总部、中石化长江燃料有限公司华东结算中心落户浙江自贸试验区，国内保税油结算量占全国的一半。世界油品贸易巨头维多集团以合资形式参与舟山保税油市场；新加坡协力石油在舟山的供油业务已取得良好开端，与新加坡、阿联酋富查伊拉酋长国等构成全球供油网络。

三是初步形成船供油"舟山价格"。能源报价和分析机构阿格斯从 2018 年年底起对舟山保税燃料油现货价格进行评估；燃料油定价机构普氏能源于 2019 年 7 月 1 日发布船用燃料油舟山价格。舟山深化与上海期货交易所开展"期现合作"，推动证监会系统首次对地方机构股权投资，开展专业团队派驻共建，实质性推动共建长三角期现一体化交易市场；发布全国首个以国内期货市场价格为定价基础的人民币报价"中国舟山保税低硫燃料油船供价格"，形成"舟山价格"，推动中国首次在保税低硫燃料油加注领域应用舟山的价格指数，打破保税燃料油价格严重依赖国际定价的局面。

四是有效推动海事衍生服务。船用保税燃料油供应与外轮供应、修理等浙江自贸试验区优势产业形成正向循环。制定国内首个供油船"舟山船型"

技术规范，5000 吨级、9000 吨级供油船已建成投用。2021 年实现外轮供货，成为全国第三大补给港。2021 年实现外轮维修，年产值约占全国 50%，位居全国第一，成为全球重要的船舶维修基地。2021 年实现船舶交易，占全国 1/3，浙江船舶交易市场有限公司做到国内最大。首家外商独资国际船舶管理公司——舟山益洋船舶管理有限公司，挪威船级社、东展航运总部等 20 余家海事服务企业（机构）落户，海事服务带动了信息、金融、咨询、法律等服务产业，经济社会效益显现。国际海事服务电商平台立足行业服务，依托舟山港口优势，破解当前面临的主体散、监管难、成本高、税收落地难等问题，以舟山为起点率先突破，正在打造推广复制至全国乃至全球的海事服务电商平台。发布全国唯一具有影响力的低硫油价格指数；建成全国重要的 LNG 登陆中心；2018 年首次跻身全球前十大加油港，2019 年晋升至全球第八，2020 年晋升至全球第六，2021 年晋升至全球第五，一次次排名的跃升，是舟山海事服务产业发展的有力见证。

第二节　以完善油气储存为基础的国际油气储运基地制度创新

舟山长期以来就是我国油气、铁矿砂、煤炭、粮食、化工品等大宗物资的储备运输中转基地，也是未来开发海洋的后勤保障基地。凭借浙江自贸试验区设立的契机，积极谋划以完善油气储存为基础的国际油气储运基地制度创新，为各类市场主体提供更优发展环境，以更大力度支持浙江自贸试验区高质量发展。

一、对标国际

在油品储运领域，新加坡、韩国等地储运体系较为完善。韩国的石油储备体系实现国家战略储备、官民联盟储备、商业储备一体化发展，国储石油可以进行商业化轮换运作。新加坡对油品储运基础设施进行统一规划和完全市场化运作，内外资均可参与、不设限制。同时，由于新加坡油品现期货交易市场繁荣，作为期货交割库的油品储罐使用周转效率较高（年周转次数超过 10 次）。我国尚未实现国储、商储、企储相结合的一体化发展和国储商业化轮换机制，而且受到油品期货交易等政策的限制，我国油品交易市场活跃度不够，油库周转效率较低。

二、目标设想

浙江自贸试验区推进海港、陆港、空港和信息港的四港联动，加快码头、管网、油罐、油库等储运设施建设。打造以宁波舟山港为核心的世界级港口集群，推动能源基础设施建设，面向亚太市场承接全球资源，创新油品储备模式。建设全国最大的油气储运基地，到 2025 年，形成 7000 万吨油气储存规模；到 2030 年，形成 1 亿吨的油气储存规模。建立国储、义储、商储、企储相结合的多层次储存体系。逐步打造以原油、成品油为主，其他油气、化工品种类为辅，面向亚太市场、承接全球资源的国际一流油气储运基地。

三、政策诉求

支持自贸试验区内布局国家重大油气储运项目。探索构建国家储备与企业储备相结合、战略储备与商业储备并举的储备体系。加强国际合作，积极引进"一带一路"沿线油气资源富集国企业及国际知名油气企业发展商业储备，有力保障国家能源安全。一是允许内外资投资项目均实行备案管理。下放 45 万吨及以下油品码头审批权限到舟山群岛新区管委会。二是允许建立国储、义储、商储、企储相结合的储存体系和运作模式，建立油品储备可动用应急机制。三是鼓励国储租赁民企油罐、商储租赁国有油罐，实现国储商业化轮换机制，提升周转率。四是探索为期货市场投资者提供交割周转储备库、保税交割仓库，或出租库容成为国际石油期货交易所的交割库，支持与国际产油国共建石油储存基地。

四、主要做法

以完善油气储备体系、提升油气中转运输能力为目标，加快油气储运项目建设，积极发展原油、成品油、天然气等油气储运业。一是完善储运布局。重点布局在浙江自贸试验区离岛片区的大宗商品储运区以及舟山岛北部片区的舟山港综合保税区。联动岙山、册子、外钓油品储存基地。完善油气储运基础设施，加强港口、码头、管网、储罐、堆场、航道、锚地、地下油库等设施建设，在自贸试验区布局形成大型油品储运基地。完成国际油气储运基地规划编制，按照"一次规划、分步实施"原则，启动开发建设黄泽山、双子山和小衢山等国际油气储运基地，规划总存储量达到5500万立方米。启动开展LNG建设规划布局研究，已在六横等相关区域谋划布局大型LNG项目，远期达到1亿立方米的接卸能力，着力解决我国LNG短缺和清洁能源发展问题。二是培育多元化的油品储运主体。鼓励各类主体按照国际标准参与投资建设油品接卸泊位、储运罐区、输油管道等设施，支持与国际产油国共建油品储存基地，加快形成国际油品保税交割体系。积极引入国际化、多元化、专业化投资主体，坚持政府主导、企业主体、市场化运作，进一步扩大油品储运规模，加快完善储运基础设施。三是探索和创新油气储备模式。创新油气储备体制机制，优化储备体系和结构，着力构建国储、义储、商储、企储相结合的储备模式。大力完善原油中转储存系统。推进汽油、柴油、航空煤油等储存设施建设，发展成品油保税仓储。设立海上保税燃料油供应仓库，提高对国际性船舶保税燃料油补给能力。积极开展原油、成品油、保税燃料油进口和航运业务，逐步搭建成品油内贸运输和分销网络。加快形成舟山国际油品保税交割体系。

五、实践效果

舟山片区已建成41个储运项目，形成油气储运能力3400万立方米；推进海上LNG登陆中心建设，已建成新奥舟山LNG接收站，累计形成750万吨/年LNG接收能力。完成黄泽山项目一期151万立方米储罐主体工程建设，二期104万立方米项目加快推进，750万立方米地下洞库项目和北部650亩围垦工程顺利启动。双子山一期围垦项目正式开工。建成全国重要的大宗商品储运基地；建成全国最大的铁矿石中转基地；打造全国最优的船舶通关数字口岸营商环境。同时，全力推进LNG产业发展，立足长三角、辐射长江沿线省份的天然气供应格局，新奥舟山LNG接收站三期项目和管道建设加快推进，年接卸能力将达1000万吨。已成为全国最大石油储备保障基地和华东地区重要的气源基地。盐田港舟山石油储运基地项目进入冲刺阶段，投用后将新增310多万立方米的油品储存能力，进一步夯实全国最大油气储备基地。2022年6月，舟山市油品仓储监管系统正式上线，覆盖22家油品仓储企业和80多家油品贸易商，实现油储企业每笔业务操作线上化。通过数字化赋能，提升油气贸易服务能力。加快数字化改革步伐，加快完成油品仓储监管系统智能预警报警功能，制定《舟山市油品仓储数字化管理规范》，完成《浙江自贸区油气贸易数字化转型研究》，形成具有舟山辨识度的数字化改革成果，力争成为可复制可推广的全国性改革创新成果，树立舟山石油仓储行业国内外口碑。

第三节　以开放油气投资为重点的国际绿色石化基地制度创新

国际绿色石化基地重点建设浙石化 4000 万吨 / 年炼化一体化项目，已成为全国石化行业的标杆。4000 万吨 / 年炼化一体化项目已建成，一、二期平稳运行。2021 年，浙石化加工原油 2652.41 万吨，实现产值 1390.2 亿元。浙石化 4000 万吨 / 年炼化一体化项目的建设，成功实践了以民营企业为主体建设开发基地的发展模式，率先建成国内规模最大的石化基地，有效缓解国内芳烃、乙烯等重要基础化工材料的保障供给。

一、对标国际

我国烯烃、芳烃等精细化工产品每年进口额超过 2000 亿美元，其中乙烯、PX 等高端石化产品自给率仅为 49.6%、42.5%。在油品石化加工领域，新加坡、韩国等地加工管理体系较为完善。①油源方面。新加坡对油品加工企业原油进出口资质和原油进口数量等均不限制，完全由市场决定；对原油进出口贸易不征收关税，鼓励企业在国际市场采购原油。我国对原油非国营贸易进口依旧实行配额管理和资质审批，目前只放开部分地炼企业原油非国营贸易进口权、使用权，而且对原油进口数量也有明确的配额限制，对原油出口征收关税。同时，鉴于保障国内供应需要，以及防止成品油出口国外但污染留在国内的现象发生，我国对成品油出口的政策保持审慎，实行出口资质和配额管理。近年来，为缓解国内成品油过剩问题，我国进一步加强了成品油出口，但主要还是通过 4 家国有企业进行出口，民营炼化企业已多年没有获得出口资质和配额，基本通过这些国有企业代理出口，导致国内民营炼化企业国际竞争力不足，迫切需要一个专业、安全、高效的出口渠道。②税收优惠方面。新加坡对油品加工企业实行简单优惠税制，一般企业所得税率为

17%，对业绩突出的企业给予 10%、5% 的优惠税率，我国为 25%；新加坡仅对加工企业进口原油征收 7% 的增值税（类似于消费税），我国为 17%；新加坡个人所得税最高税率为 20%，我国最高为 45%。因此，只要解除油品自由贸易的相关规制，民营企业进入炼化领域后凭借强大的活力与创造力，就能从日本、韩国手中夺过高端石化产品的竞争力，实现石化大国向强国的转变。

二、目标设想

建设以乙烯、芳烃等高端产品为特色国际一流超大型绿色石化基地。到 2025 年，一、二期投产形成炼油 4000 万吨／年、芳烃 1040 万吨／年、乙烯 420 万吨／年的炼化能力，大力发展中下游精细化工产品。谋划项目三期建设，争取纳入国家重点建设项目，加快开展规划修编、先导工程建设。到 2030 年，最终形成 6000 万吨／年的炼油能力、超万亿上下游石化产业链的世界级大型、综合、现代的石化产业基地。一个有希望媲美新加坡裕廊岛、韩国蔚山、美国墨西哥湾的宁波–舟山万亿级石化产业集群正在形成。

三、政策诉求

建设具有国际影响力的绿色循环石化产业园区。支持国内外投资商参与建设石化基地，协同发展基础有机化工原料、石化下游加工、高新材料和精细化工三大产业。严格执行国家化工产业安全环保要求，加强事中事后监管，全面落实石化基地安全监管、污染防治、应急救援能力建设。①对内外资石化投资项目均实行备案制，由浙江省负责办理。②放开区域内油气加工企业原油进口、使用资质，取消原油进口配额限制。③基地列出禁运和受管制的货物与服务负面清单，允许其他与境外往来涉及基地建设、运营所需的一切进口设备、工具、原辅材料、石化产品、服务等免除关税。④允许油气保税炼制、保税加工、保税出口，对一线入境的石化等生产料件实施保税监管。

四、主要做法

按照"民营、国际、绿色、万亿、旗舰"定位和国家级石化基地"产业园区化、炼化一体化、装置大型化、生产清洁化、产品高端化"要求，在舟山鱼山岛建设大型炼油、芳烃、乙烯联合装置，重点发展中下游低污染、高附加值的化工新材料和精细化工产品，建设生态安全、环境友好、经济高效的现代大型一体化绿色石化产业基地。规划总面积 41 平方公里，分三期开发。其中，一、二期为浙石化炼化一体化项目，总投资 1730 亿元，共开发 26 平方公里。浙石化一、二期共规划 4000 万吨 / 年炼化能力，年产芳烃 1040 万吨，年产乙烯 420 万吨，是目前世界上投资最大的单体产业项目，也是迄今国内民营企业投资规模最大的项目。负责该项目投资建设的浙江石油化工有限公司，民营资本占股达 71%。十年任务四年完成。

深入推进石化中下游产业国际化招商，聚焦以原油精炼为基础产品，乙烯、芳烃等国内紧缺的高端化工品和化工材料，做大做强化工上下游产业链，加强中下游配套产业项目落地建设，加快形成国际一流的万亿级石化产业集群。积极引进国际知名石油炼化企业建设石油炼化一体化项目，增加高端炼化产品供给。建立省级危险化学品应急救援基地，推动公共设施设备建设和基地运营。一是夯实制度保障。印发《石化基地管委会安全生产、应急管理、防灾减灾工作要点》，形成具有前瞻性的风险"拦截网"；建立安全环保"十个一"工作制度，编制风险管控体系规划及 52 项安全管理制度，分门别类突出风险管控重点。二是创新监管方式。督促浙石化开展危险作业每日申报，聘请第三方安全服务机构，针对浙石化每日申报的特级动火、有限空间、危险介质管线、吊装等环节高危作业开展全天候抽查，抽查量不低于 50 点位 / 天，形成风险管控多重审查机制；开展重大危险源备案工作，纳入监测预警系统。三是推进技术赋能。发挥决策支持系统（DSS）的咨询技术支撑作用，评估浙石化的工艺、设备和人员变更，通过提高工艺安全系数，加强风险管控源头整治。夯实绿色石化基地技术建设，完成应急指挥中心一期项目，实现综合指挥信息集聚。按照 1000 米的间隔标准，在全岛设置 91 台应急喇叭，及时向从业人员提供气象、安全知识和应急响应指令等信息。

五、实践效果

浙石化项目的高水平建设和高质量发展对于区域经济增长产生较大的驱动能力，在产业链延伸拓展、配套装备制造、技术产业合作、就业情况改善等方面起到了重要作用。全球规模最大单体工业投资项目、国内炼化装置中单体规模最大项目——浙石化 4000 万吨 / 年炼化一体化项目二期投产，新增 2000 万吨 / 年炼油能力、660 万吨 / 年芳烃和 140 万吨 / 年乙烯生产能力，化工品收率、丰富度和产品附加值进一步提高。浙石化一举成为全球最大单体炼厂，该项目成品油收率最低，对二甲苯（PX）产能最大，已成为全球最大的 PX 生产基地。一方面，有助于提高国内芳烃、烯烃及下游化工品生产技术水平和自给率，缓解部分新能源、新材料原料供不应求的现况，确保国内相关产业供应链安全；另一方面，产出的化工品可供公司自身及周边产业链相关的企业下游深加工，为公司未来进一步发展下游高附加值新材料及精细化工产业提供充足的原料保障和拓展空间。2019 年，浙江自贸试验区原油进口非国营资质政策正式落地实质运营。浙石化炼化一体化项目获批原油进口配额，在全国率先破冰原油非国营贸易进口资格，此举有力推动我国油气体制改革。2020 年 4 月，浙石化获批 100 万吨低硫燃料油出口配额，成为国内首家唯一获得出口配额的民营炼化企业；2020 年 7 月，浙石化正式获批成品油出口资格，成为五大央企以外的国内首家唯一获得成品油出口资格的民营炼化企业；2020 年 11 月，浙石化 100 万吨成品油出口配额正式获批；2020 年 12 月，浙石化开始成品油出口，及时解决企业成品油库存高、出口难的问题，打通浙石化原油进口和成品油出口全产业链条。依托浙石化 4000 万吨炼化一体化项目，公司加快布局下游化学新材料，瞄准新能源和高端材料领域，部署了乙烯 - 醋酸乙烯树脂（EVA）、碳酸二甲酯（DMC）、聚碳酸酯（PC）和丙烯腈 - 丁二烯 - 苯乙烯树脂（ABS）等一批新能源、新材料产品，产品链不断丰富。随着新项目的稳步推进，公司新能源材料、可再生塑料、特种合成材料和高端合成材料等产能得到有序扩充，新材料转型逐步加速。2021 年，国际石化基地加工原油 2652.4 万吨，实现工业总产值 1390.2 亿元，同比增长85.8%，浙石化成为舟山市首个千亿级产值企业，占该市工业总产值的 59.7%，国际石化基地也成为全国最大、单体位于全球前列的石化基地。

第四节　以资源配置能力为核心的国际油气交易中心制度创新

浙江将以自贸试验区为依托，率先探索油气全产业链的供给侧改革和制度型开放，以提升油气资源配置能力为核心，建设国际油气交易中心，为实现更高质量发展探索新路径、积累新经验。

一、对标国际

在油气贸易领域，新加坡买卖原油现货约占世界原油现货贸易额的20%，是世界第三大石油贸易中心，我国与新加坡主要政策差异体现在市场准入、贸易平台和税收优惠等方面的限制。①市场准入方面。新加坡对油品进出口企业资质和原油进口数量等均不限制，完全由市场决定；对外资企业实行无差别的国民待遇，外资在新加坡设立企业，注册自由，不设股比、投资方式等限制。我国虽然逐步放开部分地炼企业的原油非国营贸易进口权、使用权和成品油出口权，但均未对外资开放。我国原油非国营贸易进口依旧实行配额管理和资质审批；在成品油非国营贸易进出口方面也依然实行配额管理和资质审批，且进口配额仅限于燃料油。②贸易平台方面。新加坡因为优惠的税制、开放的金融投资环境和活跃的现期货交易市场，吸引大量的国内外油品贸易企业入驻，形成功能完善、品种齐全的油品自由贸易平台。严格来讲，我国内地油气自由贸易平台发展不充分，大量企业跑向中国香港、新加坡等开展贸易；由于我国内地消费市场需求庞大，中国香港、新加坡等油气企业又迫切想进入中国内地市场发展客户群体，完善全球市场布局，但我国内地恰恰没有国际化油气交易平台让境外企业入驻。③税收优惠方面。新加坡对油品和绝大多数石化产品进出口贸易不征收关税，鼓励企业在国际市场采购原油；我国对原油出口、成品油和石化产品进出口贸易征收关税，部分产品关税比例偏高。

二、目标设想

建设国际油气交易所，形成具有国际影响力的原油现货交易市场，逐步发展原油期货市场，探索建立中国基准油气定价体系，形成亚太地区油气交易的"舟山价格""舟山指数"；加快建立成品油交易国内标杆市场，逐步搭建成品油内贸分销网络；建设东北亚保税燃料油交易中心；探索建立天然气交易平台，打造东北亚天然气交易中心。

三、政策诉求

浙江自贸试验区的核心任务是构建油气全产业链，其中国际油气交易中心的建设是构建油气全产业链"一中心三基地一示范区"的重要一环。一是允许在浙江国际油气交易中心设立国际油气交易所，放开原油贸易主体资质限制，集聚境内外原油贸易商做强原油现货交易，形成具有国际影响力的原油现货交易市场。二是允许开展原油中远期交易业务，加快设立舟山国际原油保税交割中心，创新原油仓单交易方式，逐步发展原油期货市场。三是放开成品油经营资质，取消成品油出口配额。允许区域内企业开展成品油进口、转口、离岸贸易。四是允许区域内外资企业"以租代有"，租赁码头、油罐开展油品贸易业务。五是加快建立成品油交易国内标杆市场，开展成品油内贸分销业务，逐步搭建成品油内贸分销网络。支持推进成品油现货交易，积极发展中远期交易业务，建设成品油期货市场。六是探索天然气交易体制机制改革，支持打造东北亚天然气交易中心。七是加快引进具有国际公信力的石油报价系统和大型国际保税燃料油做市商。

四、主要做法

在 IMO2020 年全球推行低硫船用燃料油历史性契机下，建设与国际交易规则接轨的油气交易体系，采用人民币计价结算，发布油气价格指数，对抢占船用燃料油亚洲市场份额、提升浙江自贸试验区以油气为核心的大宗商品全球配置能力，推动"一带一路"建设、长三角一体化发展等，具有重要意义。

一是打造期现一体化油气交易市场。加快集聚国内外油气供应商、贸易商、交易商，引进油气贸易企业九千余家。借鉴国际著名油品交易中心发展模式，做大做强油品贸易，以贸易带动交易，构建开放公平的国际油品交易市场体系。成功争取商务部出台《浙江自贸试验区企业申请原油非国营贸易进口资格条件和程序》。2019 年 2 月，商务部正式批准赋予浙江物产中大石油有限公司原油非国营贸易进口资格，该公司成为浙江自贸试验区首家获得原油非国营贸易进口资质的贸易企业。原油非国营贸易进口资质的获批，对推进浙江自贸试验区国际油气交易中心建设，做大做强原油贸易、发展原油期货和现货交易等具有里程碑式的意义。

二是推进交易平台建设。加快推进交易平台建设，探索争取突破交易品种、交易模式等限制，组建浙江石油化工交易中心有限公司，积极开展柴油、汽油、沥青、铁矿石、保税燃料油等挂牌交易，完成大宗商品电子交易额超万亿元。加快东北亚保税燃料油交易中心建设，完成保税燃料油交易 552 万吨，天然气交易 286 万吨。研究制定《浙江自贸区国际油品交易中心建设实施方案》，确定阶段性发展目标和重点任务。设定 2020 年、2025 年、2030 年三个重要时间节点，有计划、有步骤推进油品贸易交易规模取得突破，逐步打造成为具有国际影响力的油品交易中心。2019 年 6 月 18 日，浙江石油化工交易中心有限公司已正式更名为"浙江国际油气交易中心有限公司"。该中心于 2015 年 6 月由世界 500 强、浙江省属国有企业——物产中大集团与舟山市政府联合牵头组建，是浙江省政府批准的全省唯——家专业从事石油化工产品交易服务的交易场所。2021 年实现油气贸易额 9300 亿元，油品交易量8229 万吨。

三是共建长三角期现一体化油气交易市场。聚焦油气全产业链，融入长三角，服务全中国，参与全球竞争，舟山走在不断实践的路上。2020 年 5 月22 日，上海期货交易所与浙江省共同签署《共建长三角期现一体化油气交易市场战略合作协议》，拓展平台功能，共同建设期现一体化油气交易市场。首批 6 个原油期货指定交割仓库中，3 个位于舟山，保税 380 燃料油期货 3 个指定交割仓库全部在舟山。舟山已经成为上海原油、保税燃料油期货的重要交割地。2020 年 12 月 12 日，浙江国际油气交易中心成功在上期标准仓单交易平台上线"浙油中心报价专区"，浙江国际油气交易中心以专区报价商身份在报价专区代理其会员在平台报价。现货交易在舟山，期货交易在上海。积极推进与上海期货交易所"期现合作"，成功解决上海期货交易所保税燃料油交割开票问题，在全国率先开展保税燃料油期货仓单直供业务。

四是初步形成保税船用燃料油"舟山价格"。随着舟山船用燃油加注量的大幅上升，舟山港成为东北亚重要的加油枢纽，舟山船供油品牌影响力与日俱增，吸引了越来越多的国际能源评估机构的关注。2019 年 7 月起，两家世界著名独立能源报价和分析机构——普氏全球能源和英国阿格斯能源，就0.5%380CST、0.1%MGO 两种 IMO2020 合规燃油以及主流燃油品种发布舟山估价，形成在全球市场可供参考的"舟山价格"。

五是加强期现结合，构建统一大市场，更好助力油气产业高质量发展。上海期货交易所作为国家重要金融基础设施，已经上市了原油、燃料油、低硫燃料油、石油沥青等多个能源化工期货品种，上线原油期货期权、石油沥青标准仓单交易等。同时，上海期货交易所积极支持浙江自贸试验区建设高质量油气市场，自 2020 年 11 月上海期货交易所战略入股浙江国际油气交易中心以来，双方多项重点合作项目取得突破性进展。一是共同发布以期货结算价为基准、人民币计价的"中国舟山低硫燃料油保税船供报价"；二是逐步搭建起从现货到中远期、场外衍生品交易的产品和规则研发体系，浙江国际油气交易中心上线基准价挂钩期货价格的产能预售业务模式，并将"期货稳价订单"业务合作扩展至石油沥青、低硫燃料油等能化品种；三是与上海期货交易所共建油品交割基地，共享低硫燃料油、天然橡胶和石油沥青期货交割仓库，推动开展非标仓单、保税仓单交易与质押融资业务；四是提供期货延时行情，积极对接产业客户和期货公司风险管理子公司等举措，期现结合油气交易市场建设取得良好的成效。浙江自贸试验区深化和上海期货交易所的合作，共同建设场内全国性大宗商品仓单注册登记中心，推动开展保税仓单交易业务，推动提升科技监管水平，打通期货现货联动瓶颈，提升仓储物流服务水平，共建长三角期现一体化油气交易市场。

五、实践效果

2021 年 11 月 10 日，浙江国际油气交易中心产能预售交易模式上线，上线首日订单总额达 9500 万元，该模式下，企业可提前 7 天至 3 个月销售未来产能，实现期货和现货合作，服务实体经济。舟山已经成为全国油气企业最集聚的地区。全市累计集聚油气企业 9300 余家，油气等大宗商品贸易交易额累计突破 19600 亿元。浙江国际油气交易中心各项经营业绩向好，平台集聚效应不断增强，国际化水平持续提升，与新加坡交易所橡胶 OTC 国际化合作项目取得突破，交易量已破万吨。与迪拜黄金与商品交易所、印度多种商品交易所、印度 63 卫星科技公司开展对话、寻求合作。战略合作伙伴体系逐步完善，已与上海期货交易所就期现合作品种及方式达成意向，并成功与 7 家金融机构、6 家仓储企业启动战略合作，探索开展基于区块链的"仓单通"融资。科技创新成果取得新进展，共获得国家软件著作权证书 6 项、浙江省软件产品评估证书 2 项；自主研发的"现货会员全生命周期智慧管理系统"经毕马威企业咨询（中国）有限公司评估，被列入自贸试验区向国家商务部报送推荐的第二批 26 个制度创新成果之一。

在推动金融配套服务方面，浙江国际油气交易中心还联合浙商银行、中化兴中石油转运（舟山）有限公司打造"区块链仓单＋仓单交易＋仓单融资"一体化平台，推出全国首个基于区块链技术的油品"仓单通"业务。回首

2021 年，舟山深化与上海期货交易所开展"期现合作"，推动证监会系统首次对地方机构股权投资，开展专业团队派驻共建，实质性推动共建长三角期现一体化交易市场；发布全国首个以国内期货市场价格为定价基础的人民币报价，形成"舟山价格"，推动中国首次在保税低硫燃料油加注领域应用自己的价格指数，打破了保税燃料油价格严重依赖国际定价的局面。积极参与上海国际航运中心建设，常态化开展浙沪跨区域供油，签订《保税船用燃料油一体化供应协议》，共同建立一体化供油船舶名录库；推动江海联运枢纽港建设，上线江海联运数据中心，建成运营全国首支服务长江中游江海直达运输散货船队；搭建世界油商大会国际产业合作平台，已连续召开五届世界油商大会，得到全球前十大油气企业、前五十大化工企业的高度关注和积极参与，也促进产业合作深入推进，引进落地一批重点项目，进一步夯实油气产业发展基础。

第五节 以跨境人民币为指引的人民币国际化示范区制度创新

浙江自贸试验区基于能源大宗交易中心和转口离岸贸易中心，进一步推广以人民币计价的能源现货与期货贸易等相关业务，将本国货币逐步纳入国际油气贸易中，建设大宗商品人民币国际化结算先行区，使国家的能源定价话语权得以提升。

一、对标国际

当前国际大宗商品贸易中以美元作为主要计价结算货币已成为国际惯例，短期内全部改变贸易结算币种难度较大。推行人民币计价结算便利政策，推动"一带一路"沿线国家大宗商品出口以人民币计价结算，提升我国在全球大宗商品市场的资源配置能力。建设大宗商品人民币国际化结算先行区，进一步拓宽境外人民币多元化投资渠道和回流机制，提升国际贸易商持有并选择人民币结算的意愿。基于"一带一路"倡议，加强与"一带一路"沿线国家在货币领域的合作，适时与更多沿线国家修订、签订或续签双边本币结算协定，推动与更多"一带一路"沿线国家签署本币互换协议，从国家政策层面支持双边贸易投资结算使用本币。金融市场开放是油气全产业链投资贸易自由化的必要条件。深化与主要原油进口国双边货币互换合作力度。以国别突破油气贸易人民币计价结算是最有效的路径之一，也是最具政治保障与约束力的路径之一。争取开展与主要原油进口国人民币结算试点，进一步深化与俄罗斯、沙特阿拉伯、安哥拉、伊拉克、阿曼、巴西、科威特、阿联酋等我国主要原油进口国双边货币合作力度，推动原油进口重点国别使用人民币计价与结算，并将结算主要安排在自贸试验区内。支持石油产品大宗交易项下的资金进出逐步开放，建立区域性的贸易和投资的结算支付体系。总的来说，就是要借助"一带一路"，助推人民币走出去。

二、目标设想

浙江自贸试验区作为中国对外开放的桥头堡，核心任务是构建油品全产业链，发展目标是提升以油品为核心的大宗商品全球配置能力。到 2025 年，油品贸易跨境人民币年结算量达 1800 亿元，占自贸试验区油品贸易总额的 30% 以上，人民币成为自贸试验区油品贸易主要结算货币。到 2030 年，推动油品贸易跨境人民币年结算量达 4800 亿元，油品贸易总额 40% 以上使用人民币计价、结算，油品现货、期货交易中采取人民币计价、结算，人民币成为境外油品贸易国主要贸易融资、支付、外汇交易、储备货币之一，把浙江自贸试验区建设成为全国大宗商品贸易人民币国际化示范区。

三、政策诉求

以建设油品大宗商品跨境贸易人民币国际化示范区为核心定位，全面提升浙江自贸试验区系统集成性改革能力是打造与国际产业相融、与国际市场相通、以人民币结算为主的石油产业市场体系的重要实施路径。浙江自贸试验区进一步全面深化改革，提高人民币国际化水平，形成全面开放新格局、全球资源配置新中心和参与全球经济治理新高地，牢牢把握重要战略机遇期。一是支持浙江自贸试验区内银行按照展业原则，探索开展油气贸易跨境人民币结算便利化试点。建立油气贸易跨境人民币结算优质可信企业"白名单"，支持优质可信企业凭支付指令直接办理油品贸易跨境人民币结算，支持参照国际惯例探索开展油品转口贸易跨境人民币结算。二是支持浙江自贸试验区内银行为自贸试验区企业开展高水平的贸易投资便利化跨境人民币结算创新业务。支持浙江自贸试验区内金融机构在宏观审慎框架下为优质可信企业办理本外币跨境融资相关业务；探索开展油品贸易企业本外币结算资金按实际需求进行兑换；探索拓宽油品贸易企业本外币结算资金使用渠道。三是支持浙江自贸试验区与上海自贸试验区联动发展。在浙江自贸试验区探索开展本外币合一账户试点。四是支持浙江自贸试验区内银行对守法经营、信用优良企业开展对外贸易优化服务，保障真实合法贸易资金的结算。五是支持资本项目外汇支付便利化，允许浙江自贸试验区内非投资性外资企业在真实、合规的前提下，按实际投资规模将资本项目外汇收入或结汇所得人民币依法用于境内股权投资。六是积极推进大宗商品贸易人民币结算。支持在浙江自贸试验区开展合格境外有限合伙人（QFLP）试点，允许以人民币进行大宗商品贸易结算的相关国家机构投资者在完成资格审批和外汇资金的监管程序后，将境外资本兑换为人民币资金投资于国内的私募股权投资基金以及创业投资市场。七是加强国家有关部门数据信息共享，在浙江自贸试验区建立企业、银行、政府部门和交易平台之间信息共享的第三方油品仓单公示系统。八是鼓励保险公司以油气为中心，积极探索有效方式，为油气贸易、炼化、运输、仓储等提供保障。

四、主要做法

建设大宗商品跨境贸易人民币国际化示范区是舟山片区的重点任务之一，紧紧围绕"大宗商品跨境贸易人民币国际化示范区"的战略目标和中心任务，以推进贸易自由化便利化为主轴，聚焦油气全产业链建设，持续强化金融改革和业务创新，全力推动扩大大宗商品贸易跨境人民币结算。

一是突出重点，力促创新突破。紧抓试点政策，稳步实施油品贸易跨境人民币结算、高水平贸易投资便利化等试点，省市联动发布第二批次优质企业名单，将油品贸易跨境人民币结算便利化企业和转口贸易便利化结算企业由原来的6家、12家分别增加至11家、15家。挂牌以来，累计办理油品贸易便利化结算49.56亿元。

二是突出优势，激发市场潜力。强抓宣传推广，编发跨境人民币政策一图读懂系列图册，扩大宣传范围，赴金华、义乌开展政策路演，对现场上百家外贸企业深入解读油品贸易等创新政策，实现精准宣传。

三是推动大宗商品人民币计价、结算中心落户。推动与大宗商品出口国、

"一带一路"沿线国家和地区在油品等大宗商品进口中使用人民币计价结算，引导银行业金融机构根据"谁进口，谁付汇"的原则，将油品贸易的跨境支付吸附在浙江自贸试验区内。拓宽跨境人民币回流渠道。争取进一步拓宽人民币跨境金融交易渠道，扩大境外人民币境内投资金融产品的范围。针对浙江自贸试验区，制定出台重点国别因油品等大宗商品交易而产生的境外人民币投资国内资本市场的相关政策，允许试点将资本项下股权投资可兑换额度与大宗商品人民币结算相挂钩的制度，增加人民币金融资产供给。

四是油品转口贸易跨境实现人民币结算。2019 年 8 月，中国人民银行批复同意在浙江自贸试验区开展油品贸易跨境人民币结算便利化试点，其中包括油品转口贸易跨境人民币结算和油品贸易跨境人民币收付，成为全国第一个油品贸易试点地区，并于 2019 年 10 月成功落地首单全国自贸试验区油品企业便利化支付业务。在油品转口贸易跨境人民币结算方面，试点政策在人民币项下率先突破现行油品转口贸易结算单据限制，突出实质重于形式原则，参照国际惯例重点审核油品转口贸易的真实性。试点后，符合准入条件的油品类企业可以无提单放款保函（LOI）、权利担保（WOT）或燃油交货单（BDN）等凭证，直接办理跨境人民币结算业务，突破以往提供正本提单的制约，实现简化审核单据要求、优化贸易结算方式及跨境金融服务，极大地便利企业开展油品转口贸易。而在油品贸易跨境人民币收付方面，试点政策实施后，将大幅缩减企业在银行办理业务所需材料和办理时间，允许符合条件企业仅凭"跨境业务人民币结算收 / 付款说明"或支付信息清单直接办理资金结算，进一步凸显审核便利、即时办理等特点，有效提升跨境金融服务水平。这一政策的试行充分调动国内国外两个市场、两种资源，达到利用境外低成本资金支持境内企业发展的良好效果。2021 年，舟山片区完成跨境人民币结算量 1038.6 亿元，其中大宗商品跨境人民币结算量 60.06 亿元，增长 122.1%，政策惠及面拓展至全国 800 余家企业，业务范围发展至 54 个国家和地区，成为浙江跨境人民币结算和跨境融资业务的重要通道。

五是跨境电商人民币结算。加强与大宗商品出口国、"一带一路"沿线国家和地区双边货币合作，全力推动保税燃料油、LNG、铁矿石等大宗商品跨境贸易人民币结算和跨境电商人民币结算。建立优质油品企业"白名单"，探索发展转口贸易跨境人民币结算，推动在转口贸易中使用 LOI 等单证作为外汇结算依据。争取国内外银行、证券、保险、期货等金融机构在自贸试验区内设立分支机构。探索境外人民币回流渠道，扩大境外人民币投资范围。探索构建便利交易和可监管的跨境资金管理模式。争取国家数字货币试点，允许境外个人和企业定额兑换、流通使用数字货币，探索将数字货币应用于大宗商品期现交易中。

五、实践效果

舟山不断加码油气产业跨境结算相关政策，在全国率先获批油品贸易跨境人民币结算便利化试点政策，成功开展油品转口贸易跨境人民币结算以及油品贸易跨境人民币支付便利化试点业务，实现"境外船供油"跨境人民币结算和油品类企业便利化支付。浙江自由贸易试验区以油品交易和人民币国际化为两大重点，建设开放的市场体系、软硬结合的基础设施体系、与国际接轨的制度体系和政策体系"四大体系"。重点吸引集聚浙江石油化工有限公司等自贸试验区油品生产加工企业、国内拥有油品贸易资质和配额的相关企业、山东地炼等地方炼化企业、在新加坡从事油品交易的国内企业、境外油品生产和贸易企业、境内外金融机构等国内外潜在合作伙伴，推动其在自贸试验区内参与油品交易。支持中银国际、建银国际等国内银行、非银行机构海外分支，以仓单融资、供应链金融为手段，带动油品生产商、贸易商、消费者集聚自贸试验区。引导中石化、中国石油天然气集团有限公司（以下简称中石油）、中国海洋石油集团有限公司（以下简称中海油）、中国中化集团有限公司等央企在海外的分支机构业务"回流"，在浙江自贸试验区内仓储、贸易、交易。依托环杭州湾区域上亿吨的原油需求，吸引埃克森美孚、英国石油公司、荷兰皇家壳牌、道达尔、雪佛龙、沙特阿美、维多、嘉能可、摩柯瑞等世界一流的石油公司落户自贸试验区开展油品业务，带动油品交易。舟山片区重点推进大宗商品跨境贸易人民币国际化示范区、国际油气交易中心、国际油气储运基地等建设，取得显著成效。大宗商品跨境人民币结算同比增长92.4%。2022年1—4月，浙江自贸试验区舟山片区大宗商品跨境人民币结算16.8亿元，同比增长92.4%；挂牌以来，大宗商品跨境人民币累计结算189.9亿元，为挂牌初的10倍，年均增长75.6%。

在中国人民银行的支持下，浙江自贸试验区围绕人民币国际化示范区建设的目标任务，先行先试开展跨境人民币结算便利化试点、资本项目收入结汇支付便利化试点，并重点聚焦"跨境人民币结算量"和"大宗商品跨境贸易"两方面，有效推动人民币国际化。作为全国 5 个获得资本项目收入结汇支付便利化试点资格的自贸试验区之一，浙江自贸试验区抢抓试点先机，在全国同批次批复试点区域中率先落地试点政策，结汇资金覆盖外债和资本金，实现了浙江自贸试验区资本项目业务改革的新突破。依托大宗商品特色，浙江自贸试验区积极推动金融机构研发大宗商品融资服务产品。人民银行杭州中心支行、国家外汇管理局浙江省分局在浙江省委省政府的正确领导下，加强与浙江省政府自由贸易试验区工作联席会议办公室（以下简称浙江省自贸办）等部门的沟通合作，注重发挥金融在支持浙江自贸试验区发展中的重要作用，连续下发《关于金融支持中国（浙江）自由贸易试验区建设的指导意见》《推进中国（浙江）自由贸易试验区外汇管理改革试点实施细则》等多项政策措施，在跨境人民币业务、外汇改革创新等多方面取得明显成效。一是跨境人民币业务创新发展不断取得突破。在全国率先开展油品贸易跨境人民币便利化试点，推出贸易资产跨境转让等多项创新业务。自贸试验区成立以来，跨境人民币结算量增长 15 倍，累计突破 3800 亿元，年均增长 136.8%，累计帮助 800 余家企业从境外融资逾 2400 亿元，加权平均利率仅为 3.75%。二是外汇改革试点走在全国前列。利用区块链技术在线为 2240 家企业提供贸易融资近 60 亿美元，单据审核速度从 1~2 天缩短为 20 分钟，业务量居全国第一。在全国率先推动银行直接为跨境电商企业办理收结汇，商户资金结算成本下降 2/3。三是贸易投资便利化在全国率先试水。推动业务手续大幅简化，优质油品企业仅凭跨境收付款说明即可办理跨境人民币结算，时间从 2 天缩至即来即办。自贸试验区保税燃料油便利化收支近 200 亿美元，办理资本项下便利化业务 436 笔 1.1 亿美元，企业获得感明显提升。四是自贸试验区营商环境不断优化。指导 4 万余家企业定制汇率避险专属方案，浙江省外汇衍生产品签约近 1000 亿美元，企业汇率风险防范水平不断提升。指导 9 家银行完成本外币合一的银行结算账户体系试点的准备工作，为有序启动该项工作奠定良好的基础。

浙江自贸试验区扩区方案出台以后，人民银行杭州中心支行积极开展自贸试验区扩区赋能的金融政策研究。联合浙江省自贸办下发《关于金融支持中国（浙江）自由贸易试验区扩区赋能的指导意见》，提出"优化跨境人民币政策、拓宽企业融资渠道、加大重点领域信贷支持、提升外汇管理水平、优化金融服务质量"等七个方面二十三条支持措施，其中六项重点措施如下：

一是以大宗商品为中心复制推广跨境人民币创新政策。将全国领先的油品贸易跨境人民币结算便利化试点从舟山片区扩展到杭州、宁波片区，支持浙江自贸试验区打造以油气为核心的大宗商品配置资源基地。二是支持跨境电商等贸易新业态继续走在全国前列。支持银行凭借交易电子信息，为浙江特色的跨境电商、市场采购贸易、外贸综合服务等贸易新业态提供经常项目下结算服务，继续保持全国领先地位。三是开展跨境贸易投资高水平对外开放试点。在宁波北仑开展跨境贸易投资高水平对外开放试点，实行银行贸易真实性审核由事前审单向事中事后核查转变，并进一步扩大试点区域。四是启动本外币合一银行结算账户体系试点。支持 9 家银行有序开展本外币合一银行结算账户试点，这项工作在人民银行总行的指导下稳步开展，为自贸试验区内企业管理本外币资金提供便利。五是放宽跨国公司资金池准入条件。对自贸试验区跨国企业集团实施优惠条件，将本外币国际收支规模"超过 1 亿美元"调整为"超过 5000 万美元"，便利企业进一步调剂境内外资金使用。六是打造一揽子全方位便利化金融服务方案。通过"外汇联络员暖心帮企"专项行动，印发汇率避险案例，为自贸试验区内企业提供包括结算、融资、账户服务、保值增值等综合性的金融服务。同时，人民银行杭州中心支行加强反洗钱、反恐融资、反逃税管理，全面监测分析跨境资金流动，督促金融机构切实履行"展业三原则"，加强业务真实性审核，采取有效措施防范跨境资金流动风险。支持新设金融租赁公司 1 家和特殊目的公司（SPV）4 家，新增专营机构 10 家，设立自贸试验区航运保险中心。加大油品产业、航运仓储、跨境贸易、大宗商品、外汇交易等金融服务和产品创新，率先落地全国首单保税项下油品仓单质押融资业务。强化油气保险保障，覆盖面和服务水平都有很大提升。同时探索巨灾保险，发展远洋船舶保赔险，引入保额达 10 亿美金的远洋保险。大力推进油气企业关税保证金保险替代机制，降低财务成本。充分发挥自贸试验区政策优势和海洋产业特色，大力发展金融产业，累计集聚银行机构 74 家，2021 年实现贷款余额 1593.7 亿元，跨境收入 80.27 亿美元，跨境支出 148.87 亿美元。规范管理融资租赁企业，持续做好分类处置，推动融资租赁企业开展船舶、渔船、海工装备等融资，目前集聚融资租赁企业 210 家，融资租赁业务余额达到 500 亿元。积极推进新型离岸国际贸易业务发展，创新推出国内证跨境融资、区块链福费廷、人民币资金池、境外机构境内外汇账户（NRA）不落地结汇等业务，推动 1 亿美元的 QFLP 基金落地。

第五章　浙江自由贸易试验区制度创新
实施策略

浙江自贸试验区以制度创新为核心，以可复制可推广为基本要求，聚焦制度含金量，聚焦产业创新链、聚焦辐射带动力，为新形势下推动大宗商品贸易投资自由化发挥示范带动、服务全国的积极作用，努力营造市场化、法治化、国际化的营商环境，将浙江自贸试验区建设成为东部地区海上开放门户示范区、国际大宗商品贸易自由化先导区和具有国际影响力的资源配置基地，为全面深化改革和扩大开放探索新途径、积累新经验。

第一节　聚焦制度含金量

浙江自贸试验区以制度创新为使命，聚焦制度含金量，对照国际投资贸易规则，深化金融领域开放，创新通关监管服务模式，完善法治保障，优化国际化人才发展环境，构建市场为导向的制度体系，不断提升制度生产力。坚持走首创性、差异化改革探索之路，探索以油品为核心的大宗商品投资便利化和贸易自由化的制度实践，推动总体方案各项试点任务落地，凸显自贸试验区制度创新的浙江特色，力争加快探索建成舟山自由贸易港。

一、承接审批权

围绕承接审批权，推进首创性、差别化探索，加速落地改革试点任务。浙江自贸试验区在投资开放性、贸易便利化、金融要素流动性和功能集成化四大维度形成多项可以复制和推广的经验。投资开放性上，浙江自贸试验区是全国唯一一个地区承接保税燃料油加注经营资质审批事权，在原有 5 家全国牌照企业基础上，引进并赋予 13 家企业，大大增加市场主体和市场活力；贸易便利化上，开展一船多供、多船一供、跨关区跨港区直供、先供后报、综合海事服务等制度创新；金融要素流动性上，开展贸易外汇收支便利化试点、境外船供油跨境人民币结算试点、供应链备货融资服务等改革创新，大大简化手续、降低成本；功能集成化上，秉持"最多跑一次"改革理念，建设运行保税燃料油加注一口受理平台，制定具有示范性的业务操作规范和计量技术规范。保税油加注领域，浙江自贸试验区走出一条集成性强的制度创新科学路径，多项改革举措在全国复制推广，填补国内的制度空白。通过制度创新，带动油气产业迅猛发展，2021 年保税燃油加注量达到 552 万吨，位列全国第一、全球第五。

二、非国营贸易

浙江自贸试验区以制度创新为核心，聚焦制度含金量，谋划实施首创性、差异化的改革探索，形成油气全产业链集聚生态的差异化制度创新。《中国（浙江）自由贸易试验区总体方案》发布以来，紧紧围绕浙江自贸试验区建设国际油品交易中心、国际油品储运基地、国际绿色石化基地、国际海事服务基地、大宗商品人民币国际化示范区的定位，加快推动总体方案落地，着力将自贸试验区打造为改革开放新高地。制定出台《中国（浙江）自由贸易试验区企业申请原油非国营贸易进口资格条件和程序》，赋予符合条件的企业原油非国营贸易进口资格，允许自贸试验区企业开展船用燃料油保税混兑业务等，助力浙江自贸试验区在油气领域国际影响力不断提升。物产中大石油有限公司首先获得非国营贸易进口资质，浙江石油化工有限公司是全国唯一的具备原油、成品油和低硫燃料油等油品进出口资质的民营企业，随后浙江浙石油贸易有限公司获批原油非国营贸易进口资质。一方面扩大非国营贸易主体，有利于增强市场活力；另一方面也是浙江自贸试验区开放保税燃料油市场后的又一重大突破。最重要是向着打造油气全产业链的目标迈出坚实的一步。围绕建设融开放和创新于一体的综合改革试验区、开放型经济体系风险压力测试区，聚焦油品储备、交易、炼化、销售全产业链特色探索，放宽原油、成品油资质和配额限制（允许量），支持自贸试验区内企业积极开展油品离岸和在岸贸易，推动自贸试验区成为浙江高质量发展的重要增长极。

三、系统性赋权

坚持以制度创新为核心，聚焦市场主体政策诉求，深入挖掘油气全产业链现行体制机制中制约经济和产业发展的"痛点""堵点"，总结提炼更多有含金量的制度创新成果，进一步彰显自贸试验区"改革试验田""开放新高地"的功能，推动浙江经济高质量发展。2020年3月31日，国务院发文《关于支持中国（浙江）自由贸易试验区油气全产业链开放发展的若干措施》，这是全国自贸试验区中第一个针对特定产业出台的具体支持性措施。系统性赋权，制定11个领域26项具体措施，加强改革系统集成、协同高效，深化国际油气交易中心建设，推动油气全产业链开放发展。加快油气全产业链建设，依托保税船用燃料油加注、原油储运、炼化一体化等项目，取得在油品资质、大宗商品新型加工贸易模式、大宗商品现货交易市场等方面实现突破。探索境外投资者、贸易商参与平台交易的模式，推动油品领域形成区域性价格影响力。吸引油品贸易相关的央企、地方国企、民企在自贸试验区集聚，积极引入国际交易所、有丰富经验的油品贸易商以及投资银行、金融科技公司等重要战略投资者入驻。充分依托保税油加注国内第一大港贸易基础，培育集聚成品油出口、原油进口转口贸易，以贸易为基础丰富油品交易实体经济参与方，在有效监管、风险可控前提下积极与上海期货交易所开展"期现合作"，加快形成具有区域竞争力的原油现货交易市场。实施有利于油气全产业链发展的财税政策。对照国际通行税收政策，探索研究推动油气全产业链发展的政策措施。同时浙江自贸试验区持续优化口岸营商环境，加强招商引资的力度，伴随而来的是对国内外企业项目入驻的政策制度红利，浙江自贸试验区的油气产业结构进一步完善。

四、功能区扩区

以物理扩区促进功能扩区，推动战略联动和政策叠加。2020年8月30日，国务院正式批复同意《中国（浙江）自由贸易试验区扩展区域方案》，把原本局限在舟山一地的自贸试验区，扩展到宁波、杭州和金华义乌，成为全国首个真正意义上实现扩区的自贸试验区。扩区后，浙江自贸试验区聚焦五大功能定位，着力打造以油气为核心的大宗商品全球资源配置基地、新型国际贸易中心、国际航运和物流枢纽、数字经济发展示范区和先进制造业集聚区。宁波片区建设链接内外、多式联运、辐射力强、成链集群的国际航运枢纽，打造具有国际影响力的油气资源配置中心、国际供应链创新中心、全球新材料科创中心、智能制造高质量发展示范。杭州片区打造全国领先的新一代人工智能创新发展试验区、国家金融科技创新发展试验区和全球一流的跨境电商示范中心，建设数字经济高质量发展示范区。金义片区打造世界"小商品之都"，建设国际小商品自由贸易中心、数字贸易创新中心、内陆国际物流枢纽港、制造创新示范地和"一带一路"开放合作重要平台。根据该扩区方案，到2025年，基本建立以贸易自由化和投资便利化为核心的制度体系，营商环境便利度位居全国前列，油气资源全球配置能力显著提升，国际航运和物流枢纽地位进一步增强，数字经济全球示范引领作用彰显，先进制造业综合实力全面跃升，成为引领开放型经济高质量发展的先行区和增长极。到2035年，实现更高水平的投资贸易自由化，新型国际贸易中心全面建成，成为原始创新高端制造的重要策源地、推动国际经济交往的新高地，成为新时代全面展示中国特色社会主义制度优越性重要窗口的示范区。

五、口岸大开放

面对自贸试验区这块沉甸甸的"金字招牌"，切实抓住改革的黄金机遇期，努力提升大胆试、大胆闯的"含金量"，提升改革开放、勇于作为的"含金量"。注重国际规则的衔接与机制引领，舟山港口岸扩大开放，加快释放政策红利。持续推进口岸扩大开放和口岸功能多元化发展，国务院批准舟山港口岸扩大开放。2022年8月5日，国务院批复舟山港口岸5个港区扩大开放，新增112.5平方公里开放面积，主要在岱山、沈家门等5个港区，涉及6个省市重大项目，全市开放总面积达1457.3平方公里。舟山的口岸监管点将达到65个，全国最多。借助扩大开放获批的契机，积极加快舟山在油气储运贸易、炼化加工和海事服务等方面产业发展，助力万亿级油气产业集群的崛起，为外贸保稳提质贡献舟山的口岸力量。扩大开放验收通过后，进一步助推浙江自贸试验区打造油气全产业链、落实"一中心三基地一示范区"发展战略，加快推动全市乃至全省经济转型，构建开放型经济发展新高度、新优势。通过打造更加良好的营商环境推进自贸试验区高标准服务、高水平开放、高质量发展。持续优化营商环境，赋能创新驱动发展。通过定制化、针对性的营商环境综合评估工作，挖掘深层次的营商环境堵点问题，提升市场主体的获得感、满意感与便利度。厚植自身含金量共谋新发展，RCEP 生效落地，激发自贸试验区对接国际规则、开展压力测试、实现高水平对外开放的新动能。当前国际能源格局经历深刻调整变革，中国持续加快推进油气体制改革，初步形成主体多元、竞争有序、富有活力的原油进口经营体制，在全球油气贸易中的地位和作用日益凸显，为国际油气市场稳定健康发展注入力量。事实上，在接轨世界的同时，浙江也积极关注全球能源市场的动态，不断厚植自身含金量，赢得发展空间。

第二节　聚焦产业创新链

浙江自贸试验区聚焦油气全产业链生态集群，大力提升以油气为核心的大宗商品全球配置能力。在保障国际能源安全的前提下，突出油气全产业链投资便利化和贸易自由化，努力成为全球油气交易主体的聚焦地、集聚地，努力在全球油气交易中持续扩大市场份额。引领高水平开放的作用进一步凸显，全面构建生产端、贸易端、消费端和科技侧大贯通、大循环的格局，推动创新链、产业链、供应链、要素链、制度链共生耦合。通过制度联改、产业联动、要素联配、管理联合机制构建，形成自贸试验片区与联动创新区协同改革、协同创新、协同发展，促进产业链、创新链、价值链关键环节打造和循环构建，形成有序高效的产业网络、市场网络、管理网络，以高水平协同发展带动舟山片区经济高质量发展。

一、拉长产业链

当前国际产业链深度调整背景下，如何有效提升我国产业链自主可控能力，更好保障产业链安全稳定，进而为构建新发展格局夯实基础，是需要深入思考的课题。浙江自贸试验区以加快发展独具特色的油气产业为抓手，不断延伸和拓展产业链，通过产业链的辐射和带动来更好地推动国内国际双循环相互促进。浙江自贸试验区基于现有的产业基础，顺应时代发展大势，更好地服务国家能源安全战略需要，在打造油气特色产业上持续发力。在聚焦油气产业发展重点上，集中资源发展油气全产业链并形成优势，在集中力量夯实油气产业的基础上再拉长油气产业延伸发展新材料；在提高油气产业发展水平上，不仅要做大特色油气优势产业的规模，而且要提高发展质量，提升油气产业的国际竞争力。作为高水平开放平台，浙江自贸试验区在培育油气产业链竞争优势等方面先行先试，为我国其他地区参与全球高水平竞争和国际循环提供有益经验。浙江自贸试验区加快促进油气产业集聚，侧重发展产业链的高端环节，区外的产业链环节可以成为有益补充，可以形成产业发展的"动力源""火车头"，辐射带动产业链其他环节及联动创新区发展；在塑造竞争力上，以油气产业链为纽带，把自贸试验区与联动创新区联系起来、与广大腹地的资源联系起来，形成以更广大区域、更丰富资源支撑自贸试验区参与国际合作竞争的格局；在服务国家战略上，自贸试验区通过油气产业链有力辐射和带动其他区域发展，更好地服务和融入新发展格局，为实施乡村振兴、共同富裕等国家战略提供助力。进一步完善油气全产业链，打造液化天然气接收中心，建设油气产业链集群，不断满足油气增长的市场需求。油气需求的增长是形成油气全产业链的核心推动力，也是双循环产业链得以形成的关键力量。浙江自贸试验区通过建设油气产业链集群，在自贸区内建造垂直整合型生产关系，不同环节的企业在同一个区域内进行生产工作，不仅能够提高全产业链的抗风险能力，还能为企业减少运输、运营成本。同时产业链集群建设的技术溢出效应可以丰富我国的油气产品结构，提高石化加工等环节的技术水平，从而带动油气需求的进一步扩张，完善国内油气产业经济循环。

油气是浙江自贸试验区的核心特色产业，国际绿色石化基地建成世界级石化航母，国际油气储运基地扩容增量，建成全国最大的油品储运基地；建设全国规模最大的 LNG 接收中心，积极推进海上 LNG 登陆中心建设，中国石油化工集团有限公司浙江舟山六横液化天然气接收站（以下简称中石化六横 LNG 接收站）、浙江省能源集团有限公司浙江舟山六横液化天然气接收站（以下简称浙能六横 LNG 接收站）以及新奥天然气股份有限公司舟山液化天然气接收站（以下简称新奥舟山 LNG 接收站）三期等项目加快推进；国际油气贸易交易中心创新发展，深化与上海期货交易所"期现合作"，聚焦形成油气领域国际话语权，对标国际规则，积极创新油气现货贸易交易体制，逐步推进油气领域市场化改革。浙江自贸试验区全方位引进国际战略投资者，着力打造国际油气贸易集聚区。制定出台更具竞争力的产业扶持政策，吸引国际油气行业巨头、央企、省企在自贸试验区落户；招引国内 500 强及油气细分领域独角兽企业参与油气全产业链建设。积极推动大宗商品期现市场联动，着力打造具有国际影响力的现货交易市场。在充分发挥政府保安全、兜底线、强基础等主导作用的前提下，以改革激发市场主体活力，增强市场主体主动作为、应对风险的意愿和能力。打造一批具有全球竞争力的世界一流企业，形成一批"专精特新"小巨人企业和单项冠军企业，壮大一批具有生态主导力的产业链"链主"企业。

二、做强供应链

对于大宗商品供应链而言，必须在上游形成资源控制，下游加强渠道和物流商品体系建设。供应链竞争已成为大国竞技场，如何打赢大宗商品供应链之战，加强大宗商品定价权，是摆在中国企业面前的时代课题。我国经济正从高速增长向高质量增长发展，提高整体资源配置效率，企业之间专业化协作，大力发展现代供应链正当其时。看一个自贸试验区强不强，关键看当中的供应链能力强不强。自贸试验区的竞争，实际上就是自贸试验区供应链能力的竞争。供应链看不到、摸不着，背后是贸易链、产业链、生态链、服务链，其本质是价值链。浙江自贸试验区凭借独特的港口资源和区位优势，围绕"自贸区＋供应链"，通过信息流、物流、商流和资金流的一体化的发展，不断培育国际竞争新优势。浙江自贸试验区立足于油气全产业链，出台相关政策大力扶植培育现代供应链创新与发展，打造联通国际国内的供应链节点，促进物流信息互通和数据共享。在自贸试验区的开放环境中，进一步加强供应链要素资源集聚，不断促成产业合作与边界融合，以数智技术创新引领，推动数字贸易、跨境电商、加工贸易等全方位发展，不断推动供应链管理创新、组织方式创新、商业模式创新和治理方式创新，激发供应链现代化新动能。浙江自贸试验区加快供应链领域的数智创新，以数字化改革牵引全面深化改革，形成高质量供应链发展生态，成为国内全域协同、国际弹性可控的油气产业供应链资源配置中心。充分发挥供应链核心企业作用，鼓励供应链核心企业与金融机构合作共建供应链服务平台。通过供应链金融，银行不再与单一的企业打交道，而是与整个供应链打交道，有利于帮助供应链整合物流、商流、资金流、信息流等信息。而核心企业和上下游企业通过金融机构专业的供应链管理，特别是通过及时的金融服务，形成更紧密的业务协同，发现新的合作伙伴和市场机会。

舟山高度重视国家供应链创新与应用城市创建工作，成立市供应链创新与应用工作领导小组，以规划为引领，明确创建具体路径，以全油品、海水产品和江海联运等三大产业供应链体系现代化建设为重点，加快推动产业供应链体系化，重点企业供应链数字化、绿色化和全球化，为供应链发展奠定了坚实基础。供应链领域"最多跑一次"和"放管服"改革进一步完善，供应链领域的数字化治理方式创新走在全国前列；探索构建省市县共享、跨部门协同的省供应链公共服务平台，基本形成覆盖全省、联动国内外的现代供应链公共服务体系，供应链创业创新环境全国领先。商务部网站公示了2022年全国供应链创新与应用示范城市和示范企业评审结果，有15个城市和106家企业入选。其中，舟山成功入选全国供应链创新与应用示范城市，大洋世家（浙江）股份公司入选示范企业。舟山供应链创新发展已取得显著成效，全油品国际供应链体系基本建成，发展潜力不断激发。尤其是加快建成舟山绿色石化基地，依托世界油商大会等平台，与一大批油气生产贸易、海事服务、金融等领域企业开展多层次、全方位合作并取得丰硕成果，基本形成原油（气）购进、储运、炼化、交易、加注等全域供应链体系。同时，积极重构舟山海鲜现代供应链体系，以国家示范企业——舟山国家远洋渔业基地建设发展集团有限公司为引领，依托基地园区建设，线上平台和线下链条协同，加快集聚远洋渔业企业，基本形成"全链式产业、全方位市场、全国性品牌、综合型平台、专业化运营"的现代供应链体系，带动全市远洋渔业供应链现代化升级。稳步提升多式联运物流服务能力，大码头、大型航道等确立舟山港域大宗商品联运优势，开发上线保税燃料油加注口岸协同监管平台，积极发展大宗散货江海直运物流网络。舟山片区利用自贸试验区政策和区位优势，进一步做强做大万亿级能源、江海联运、水产品加工等三大供应链体系，做强"一桶油（气）"、做好"一艘船"、做活"一条鱼"，打造高效、创新、智能、低碳的供应链创新与应用体系，为全省乃至全国贡献更多的供应链创新与应用示范经验。从更长期来看，到2035年，浙江基本建成创新力全国领先、全链高效协同、自主安全可控的现代供应链体系，成为国内领先、国际知名的重点产业供应链资源配置中心、供应链创新发展重要中心和现代供应链服务外包基地，全面建成全国产业链供应链现代化"重要窗口"。

三、提升价值链

全球产业链正在发生结构性变化，突出表现在全球价值链成为构建国际分工体系的新依据。具体来看，全球贸易模式由"货物贸易"向"任务贸易"转变，跨国公司在全球范围布局产业链、配置生产要素，各生产环节被最大限度地细分。以全球价值链形式进行国际分工的今天，一国在国际分工中承担什么环节远比"卖什么产品"更重要。全球价值链治理正是基于产品内生产环节的分解，形成以产品价值链分工为基础的国家或地区生产网络，产品内分工已成为当代企业分工与产品生产的重要模式。为引领我国全球价值链走向中高端，自贸试验区需要重组我国全球价值链，通过制度创新促进从原材料供应商到消费者的整个供应链运作优化；在供应链系统的支持下吸引高端技术产业，支持高技术企业在产品方面创新，扶持龙头企业对各供应链节点企业的管理，保证产品高质量发展，利用新技术提升生产效率、提高技术含量、提高附加值；同时运用制度创新激励绿色环保产品开发，培养世界级品牌。自贸试验区发挥参与全球价值链重塑的功能，利用制度对经济的影响力，鼓励各节点企业积极创新，增强自主研发能力，加快价值链核心环节和优势环节整合。通过对供应链体系上各节点企业经济制度创新，提高整体的价值链升级，从中低端价值链向高端价值链攀升，从数量型向价值链升级转变。价值链的升级有利于促进各节点企业之间的信息共享，进一步促进利益共享。在利益共享的刺激下，整个自贸试验区的整体营商环境朝着更高、更好的方向发展，吸引更多外商进行投资，更进一步促进区域内的竞争，从而推动创新型经济发展。充分发挥浙江自贸试验区功能延伸和对当地经济发展的带动作用，强化功能关联，有效衔接内部价值链和区外价值链。加快对接RCEP经贸新规则，拓展RCEP框架下与东盟合作机制，不断扩大双向贸易与投资合作，进一步降低企业进出口贸易成本，增强产品国际竞争力。

四、打造生态链

未来国际经济竞争力，比的不仅是产业链上一两个环节的竞争力，更重要的是依靠参与竞争的产业生态链基础和底盘。产业链上任何环节和产业链生态系统，构成参与国际经济竞争的基础和底盘。谁的基础厚实、扎实，谁就能在新一轮国际经济竞争中脱颖而出。顺应未来国际经济竞争发展需要，自贸试验区要在确定好其主题产业和特色产业后，积极拓展产业链，以产业链及其生态系统参与国际经济竞争。积极主动延伸自贸试验区产业链，既可以形成产业链及生态系统参与国际经济竞争，塑造我国参与国际合作和竞争新优势，也可以通过产业链，发挥自贸试验区辐射带动作用。产业生态链不仅包括在自贸试验区内的营商环境和产业链上下游、产业配套体系，还包括自贸试验区企业在区外的产业链生态系统，以及区内企业上游的上游、客户的客户、供应商的供应商、产业配套体系。

　　建设自贸试验区产业生态链，需要在自贸试验区内和区外同时发力。在自贸试验区内，不断提升贸易、投资、金融、交通、数据流动、人才流动等自由化、便利化水平，汇聚包括人才、科技、资金和信息等全球各种资源；不断推进简政放权改革，完善产业发展配套，建设好营商环境；打造企业所需要的研发、检测等各种平台。浙江自贸试验区积极招引国际知名投资银行、产业链领军企业，进一步优化浙江油气交易中心股权结构。以"期现合作"为纽带，制定出台独具特色的大宗商品现货交易市场管理办法，吸引境内外企业入驻浙江国际油气交易中心，开展大宗商品交易。加快推进石化产业转型升级，着力打造高端绿色石化产业链。浙江自贸试验区聚焦高端化学品和化工新材料，着力发展化工下游精深产业链，重点吸引国际一流的石油化工企业以及石油富集国企业。着力打造国际大宗商品资源配置中心。进一步完善油气全产业链，着力打造国际油气储运接收加注中心。浙江自贸试验区招引国际知名油气企业、专业第三方参与油气接收、储存、加注、运输业务和油气库区、管网建设。依托油气全产业链发展平台，着力打造能源金融特色小镇，构建集航运、贸易、金融等要素为一体的油品全产业链生态体系，进一步拉长、壮大油气产业发展链条，推动油气一体化运营管理、能源基础设施建设、油气贸易合作，为油气产业链、供应链、价值链稳定提供保障。促进油气产业要素集聚，赋能油气类品种规模化运营，实现油气资源在浙江省的高效配置，打造集交易、信息、金融、物流于一体的功能体系，建设服务市场的专业平台，提高我国石化产业核心竞争力和产业链、供应链、价值链稳定性，助推全产业链开放发展。自贸试验区在其区外建立产业生态链，建立产业链发展的技术、环保、生态环境、劳工、绿色生产等标准；建立认证体系；建立信用和溯源体系；提供能力、技术支撑和对接等一揽子服务。浙江自贸试验区加强自贸试验区内的环境基础设施建设和相关制度创新，增加环境满意度，专注于产业技术含量的提高，进一步推进油气交易中心的贸易规模，降低便利化政策门槛，推动大宗商品跨境贸易使用人民币结算，推动各类油气结算中心、交易中心建设，提供便捷资金结算服务。打造大宗商品资源配置基地，通过高质量的储运设备与交易结算中心，为全国乃至东亚地区提供更加优质的油气贸易服务。

五、做优创新链

浙江自贸试验区定位为以油气全产业链打造国际大宗商品贸易自由化先导区和具有国际影响力的资源配置基地。做优创新链，以保税燃料油加注为切入点，全力突破国际船舶保税燃料油供应体制机制障碍，创新推出不同税号油品混兑、保税油加注一船多供、跨关区跨港区直供等举措，旨在为自贸试验区发展带来政策红利。为解决以往供油和加注企业审批流程时间较长、加注成本较高的问题，围绕优化保税燃料油供应通关监管流程，舟山海事、海关、检验检疫、边检四部门在简化供油船舶、受油船舶通关手续，以及提升供油船舶效率、减轻受油企业成本、完善监管模式方面取得良好进展。以保税燃料油跨关区直供为例。该项措施允许供油企业不经过中转，直接为舟山以外地区的国际航行船舶供应保税燃料油，包括宁波、南京、上海，以及杭州海关关区内的嘉兴、温州、台州等。优服务，降成本，打造船东首选的保税油供应中心。如外锚地保税燃料油加注监管新模式。该模式创新包含"简化外锚地保税燃料油加注船舶入出境手续""外锚地保税燃料油受油船舶便利化海事监管模式""外锚地保税燃料油受油船舶'申报无疫放行'制度"等系列创新措施，这些措施均被列入国务院第三批自贸试验区创新案例向全国推广。

浙江自贸试验区围绕油气贸易、交易、储运、加工等全产业链，通过首创性、差别化改革探索，取得"进一步推进油品贸易自由化""进一步推进大宗商品期现市场联动发展""加快燃料油加注领域制度集成创新"等方面显著成效，已经初步构建油气领域系统化闭环改革体系。以低硫燃料和芳烃产业为突破口，对高端石化市场进行差异化探索。浙江自贸试验区充分利用国际海事组织（IMO）全球推行低硫船用燃料油历史性机遇，扩大低硫保税燃料油的技术开发、生产加工和贸易规模，进而抢占船用燃料油亚洲市场份额，提升浙江自贸试验区在大宗商品领域的全球资源配置能力。深化制度创新链与产业链发展融合，引领产业转型升级。将自贸试验区产业体系图景和制度创新图景两相叠加，剖开更多产业链，以全产业链业态类型为"经"，以放宽市场准入、打破垄断、创新监管模式、完善服务平台、从国际竞争视角设计有国际竞争力的政策等为"纬",经纬交叉,去突破一个个交叉点上重要且紧急的政策、制度、服务需求。在加速油气全产业链制度创新的基础上,加强矿砂、粮油、高端水产品等全品类大宗商品贸易交易相关制度创新力度,完善海洋经济、高端装备等制度政策体系。

第三节　聚焦辐射带动力

自贸试验区与周边区域的发展之间既可能产生辐射效应,也可能产生虹吸效应。辐射有利于形成区域带动,虹吸则会拉大区域发展落差。自贸试验区发展要避免极化效应,应更大程度发挥辐射效应,聚焦辐射带动力,推动区域一体化协调发展。浙江自贸试验区已成为区域经济的"增长极",在促进区域经济协调发展的过程中发挥更大的作用。通过"跳出自贸区"发展自贸区,切实发挥浙江自贸试验区总引擎和排头兵的作用,促进营商环境进一步优化,为自贸试验区扩区增容做好区域联动。

一、探索机制对接,推进现代经济体系建设

自贸试验区要在所在区域范围内积极开展合作,充分发挥自身溢出效应、创新产业转移共享机制,围绕保税加工、保税维修、现代物流等功能,实现自贸试验区与区外产业园的产业上下游合作,保税与非保税产业深度融合,生活与生产互动促进。深化改革,创新体制机制,探索建立与国际高标准投资、贸易规则体系相适应、与自贸区开放发展需求相匹配的精简高效、责权一致、建管一体、执行有力的新型管理体系,为现代经济体系建设高质量发展提供制度保障。以高水平开放推动规则相联,既要推动要素流动型的开放,也要推动制度型的开放。强化顶层设计,主动对接、共享机遇、合作支持自贸试验区建设,在最短时间内争取开展自贸试验区相关改革试点,增强自贸试验区的辐射带动作用。突出政府管理层级整合压缩,强化管理机构扁平化;突出自贸试验区管理职责聚焦产业聚集和经济发展,强化管理职责分业化。完善运行服务机制,探索建立自贸试验区招商引资企业"进入、退出"机制,鼓励探索政企联建、联合开发、企业主导、国际合作等开发模式,促进自贸试验区高质量发展。加强总结自贸试验区制度创新经验,率先复制推

广至协同创新区，实现协同创新区与自贸试验区同步发展。在已有的合作机制基础上，积极探索体制机制创新，建立长三角自贸试验区共同参与的更高层级、协作一体的决策和协调机制，及时解决区域协同发展中存在的问题与矛盾，推动深度融合发展。浙江自贸试验区以义甬舟开放大通道和大湾区为基础，形成"自贸试验区＋联动创新区＋辐射带动区"的改革创新高质量发展新格局。加强自贸试验区和周边区域、开放平台的联动发展，构建长三角港口群跨港区供油体系，合力打造东北亚保税燃料油加注中心。浙江自贸试验区依托自由贸易政策，建立对标国际规则的油品全产业链投资贸易和产业发展平台，可以集聚海上丝路沿线国家油气等大宗商品，可以做大油气现货交易、发展期货交易，能够促进国内企业深度参与国际市场分工，带动我国优势产能向外输出，有利于形成我国深度探索构建开放型经济新体制和对外开放的新格局、新优势。

二、加强市场相通，推进保税燃油全面开放

浙江自贸试验区制度创新以油品全产业链为核心的大宗商品投资便利化和贸易自由化，必须大力推进油品全产业链的市场准入改革，实现全方位开放石油市场准入。目前储备、加工环节已基本不存在市场准入障碍，关键是油气进出口贸易资质、交易及保税油供应环节的突破难度较大，需要在一定程度上颠覆"三桶油"主导的市场垄断格局。以深层次改革促进市场相通，继续赋予自贸试验区更大改革自主权，提出更多先行先试的深层次改革事项，通过改革打通国内国际市场相通的堵点和难点。鼓励国资、民资、外资等各类市场主体平等进入浙江自贸试验区的石油炼制、商业储备、贸易中转、燃油加注等领域，不设股比限制，不设不必要的市场准入门槛，企业经营自由。围绕全面加速保税燃料油产业发展和供应企业资质放开、制定保税燃料油交易规则、组建油品交易市场，谋划好具体的方案，打通政策落地的最后一纳米。保税燃料油混兑加工、原油非国营贸易进口资质、浙石化原油进口配额等多项政策和项目先后获得国家商务部批准。这些政策的突破和落地，为舟山油气市场繁荣和特色贸易发展奠定强有力的基础。坚持对标新加坡，一手抓好市场主体培育，使具有相应经营资格的企业扩大到十三家。另一手抓好运营规范，建立安全管理机制和相关行业标准，促进市场规范有序。在总结试点经验基础上，全面推开市场准入负面清单制度，清单以外的让各类市场主体自主进入、公平竞争。油气产品尤其是在终端市场，油气产品转型升级和质量提升至关重要，要靠产品赢得市场。面对新时代，加快产品创新和技术研发是化工企业的破题关键。围绕市场主体实际需求，创新打造资源优化统筹的国际化油气贸易交易企业服务平台，全面提升管理服务水平。以自贸试验区为连接点，实现域内各地资源禀赋与产业基础所形成的优势与特色之间的互补。对重大改革任务集中攻坚、联合发力，强化叠加放大自贸试验区效应，形成一批跨区域、跨部门、跨层级的制度改革新成果，放大制度创新溢出效应。

三、加快要素流动，要素集聚推动创新相促

以要素流动为支撑，深化供给侧结构性改革。浙江自贸试验区推进改革开放走深走实，共同激发内生动力。支持自贸试验区集聚更多国内外的资源要素，特别是人才要素、资本要素、技术要素、数据要素等；加强国际交流合作，聚焦基础研究和原始创新，打造科技创新的策源地，为高水平发展，特别是创新发展提供动力。推动人流、物流、资金流和信息流加快集聚、自由流动；推进科技创新，共建共享科技创新成果，共同促进成果转化应用；深化对外开放，高水平推进对外开放口岸建设，联动开展招商引资；优化区域营商环境，对国家政策范围内的行业和产业不设区域政策门槛，让良好的营商环境成为发展的靓丽名片。加快要素流动与资源共享。以供给侧结构性改革为主线，以要素自由流动为强大支撑，加强跨区域发展的政策供给与制度创新，强化人才输出与技术辐射。推进技术人才资格互认，互派优秀干部和高层次人才挂职锻炼，建立人才需求数据库，消除限制人才流动的身份、户籍、社保等体制性障碍，实现人才无障碍自由流动。增强自贸试验区综合物流服务功能，建设区域性物流中心，培育壮大自贸试验区内现代物流企业。建设智能物流网络，实现货物运输过程的自动化运作和高效率优化管理。整合协同创新区与自贸试验区的有利资源，建立信息互通共享机制，形成优势互补，联动协作招商，推动优势产业落地。对于我国新兴产业的开放政策来说，重点不是是否有条件地开放本国产品市场，而是最大程度地开放本国产业要素市场，特别是知识技术市场和人力资本市场，以吸引和聚集更多产业高级生产要素，从而在本国形成新兴产业的创新发源地和中心，这对从全球化视角发展包容性文化、形成文化多样化提出了迫切要求，而这也正是历史

上美国和德国在第二次工业革命中曾走过的超越之路。推进贸易、投资、跨境资金流动、运输往来、人员进出便利自由先行先试；做好"数字＋自贸区"大文章，推进数字贸易先行示范等。继续加大物联网、工业互联网、人工智能等新型基础设施的建设力度，打造数字经济发展示范区。加快联动创新区建设，积极复制推广自贸试验区制度创新经验，共享制度和政策红利。鼓励自贸试验区与联动创新区开展平台、产业、项目、人才等方面的深度合作，推动产业优势互补、协调联动、错位发展。

四、加强产业协同，合力开放加快产业相融

广泛开展产业协同创新，充分调动全省创新资源基础，激发创新活力与热情，与社会各界共同谋划自贸试验区发展新未来。根据区位优势、产业定位和产业关联，促进自贸试验区相关片区和协同创新区产业协同发展，发挥自贸试验区创新平台功能，做大做强相关产业，形成产业链条。围绕产业链部署制度创新链，围绕产业发展服务地方经济的目的，不断促进自贸试验区建设。浙江自贸试验区打造以油气为核心的大宗商品资源配置基地、新型国际贸易中心、国际航运和物流枢纽、数字经济发展示范区、先进制造业集聚区。做好产业联动，注重发挥产业优势，促进产业融合发展，培育壮大企业主体，完善油气全产业链开放体系。油气全产业链开放体系建设，涉及国家重大生产力布局和能源政策调整，很多事权在中央，实施起来确实比较困难。但油气市场扩大开放、打破垄断已是大势所趋，十分符合国家供给侧结构性改革的初衷和方向。浙江自贸试验区顺应国家能源战略和经济安全需要，以油气全产业链投资贸易便利化为重点，对标国际，以交易为核心，以加工、储运、贸易、服务等为支撑，以建设国际油品储运基地、绿色石化基地、海事服务基地、油品交易中心等重大项目为抓手，着力构筑油品全产业链。完善油气全产业链开放体系，在特定的区域内先行先试，以点带面，最终辐射全国。继续推进油气全产业链改革，引入更多市场主体，构建有效竞争的市场结构。科学界定竞争性和非竞争性业务。竞争性业务建立公平、开放、透明的市场规则，实行统一的市场准入制度。通过全产业链市场化改革，还原油气商品属性，培育地位平等、多元参与的市场主体。加快建立统一开放、竞争有序、多元发展的现代油气市场体系。舟山的油气全产业链正在逐步建立，船用油产业基于上游炼化工业的内部经济外部化，衍生出以保税油加注

为起点的众多油气服务业，它们在舟山的逐步集聚会大大提升舟山的海事服务水平。在扩大油品制造业的规模上注重大型油商的专业化合作与引入，以进行产业链的优化治理，在构建油气服务业的外部规模经济上注重市场的开发和技术知识的创新与共享，政府依然通过政策引导，筑实产业基础，在加速产业发展的同时加强监管，三方面的合力是突破舟山油气全产业链集聚的关键。石油产业的产业链较长，风险比较大，产业链上游、中游、下游要逐步完善才能保证舟山建立一个全产业链的国际油品交易中心。结合浙江自贸试验区特色，因地制宜进行品类、流程、技术、业务模式等方面的改进优化。实践证明，从产业链开放发展的角度来开展集成性的创新，破除体制机制的障碍，有利于促进特色优势产业的发展和相关市场主体的集聚，能够提升产业链供应链国际化水平，实现高质量发展。

五、强化政策融通，辐射联动协同创新格局

自贸试验区建设正在向纵深推进，这意味着更大的开放、更多的自由、更高的对标、更好的治理。自贸试验区建设扩大辐射效应，需要强有力的腹地支持。复制推广自贸试验区的成熟经验，有助于增强辐射带动作用，有利于区域协调发展。特别是自贸试验区在贸易投资便利化和金融创新方面的经验，应最快复制推广，进一步向外形成多点辐射，打造自贸试验区与其他开放载体有层次的梯度开放，最大程度释放自贸试验区的制度红利。自贸试验区的重要目标是对标国际高水平贸易投资规则，增强产业政策的适应性。自贸试验区扩区不是地理范围的简单扩大，而是要善用扩区机会，加强协同，推进全面赋权改革，浙江自贸试验区建设将由此进入新的发展阶段。充分利用国家对自贸试验区所赋之权，推动国家和省级下放至自贸试验区实施的管理事权同步在协同创新区实施，最大限度激发协同创新区的积极性和创造性。坚持自贸试验区建设和港口发展"同频共振"，通过区港联动，助推自贸试验区建设和港口发展的高效协同。硬环境建设要求构建合理的投资政策机制，以尽快实现交通网络一体化建设，推进基础交通网络的互联互通，打造公共交通服务平台，为自贸试验区的协同发展提供良好的环境。加强信息互联互通，推动舟山江海联运服务中心公共信息平台与浙江省国际贸易"单一窗口"信息交换。推进海上智控平台和综合治理体系建设，建立海上交通联合指挥调度中心，搭建口岸联检单位综合应用平台和数据共享中心。推进建

设安全便利的国际互联网数据专用通道，探索打造"数字海岛"。构建国际海事服务电子商务平台，推动北斗系统应用，打造海事服务互联网生态圈。加快国家智慧海洋试点示范工程建设，推动数字技术和海洋产业深度融合，谋划发展海洋电子信息产业，加快推进浙江省智慧海洋大数据中心建设。选择合适区域布局一批知识密集型产业。推动沪甬舟共建自由贸易港。政府相关部门提出系列亟待研究的重大课题，自贸试验区智库联盟充分发挥力量，梳理自贸试验区建设成果和经验，及时做好自贸试验区政策研究。通过学术研究和宣传，推动政产学研用一体化，进一步提升浙江自贸试验区的影响力和辐射力。

第四节　聚焦赋能数字化

浙江自贸试验区发挥自身特色和优势，实现"自贸"和"数字"相互赋能。一方面，以需求为导向，积极发挥自贸试验区建设的制度创新优势，进一步赋能数字创新、数字产业、数字贸易、数字金融、数字政府等重点领域，助力全球数字自由贸易中心建设。另一方面，以数字化的理念和制度赋能自贸试验区的建设。聚焦数字创新、数字产业、数字贸易、数字金融、数字政府等五大重点领域，加快推动数字经济高质量发展，努力打造贸易投资便利、创新活力强劲、高端产业集聚、金融服务完善的全球数字自由贸易中心，全力构建全域融合发展的开放格局。

一、加强数字创新，打造数字经济新优势

打造数字经济新优势，拓展高质量发展新空间。浙江自贸试验区以数字化改革为引领，加强数字经济领域国际规则、标准制定，推动传统产业数字化转型，发展数字产业、数字贸易、数字物流、数字金融，按照整体智治理念创新数字化监管服务模式，建设数字自贸区。浙江自贸试验区公布2022年第一批20个最佳制度创新案例：浙里移民服务集成改革，数据知识产权制度改革，低硫燃料油期货跨关区交割制度创新，数字化航运服务平台，化工行业加工贸易物料信息化管理新模式，移动查验单兵集成知识产权商标智能识别应用，"快递出海"工程探索跨境快递服务新模式，"专精特新"企业培育

体系，企业外联 APP 试点，市场采购组货人制度，油气产能预售交易模式创新成果，跨境投资贸易便利化制度集成创新，长三角部分区域船舶检验通检互认工作机制，"电碳税"指数综合评价体系，生物医药产业园公募 REITs 试点，"义新欧"班列多式联运新通道，集卡、登轮、空港数字防疫智控体系，市场采购出口预包装食品监管创新，综保区一般纳税人资格试点精准化服务模式，"进口食品标签一件事"智慧化平台。这些制度创新案例聚焦数字化改革任务，依托数字赋能，捏沙成团、集成创新，聚焦市场主体需求，坚持从市场主体获得感出发，推进各项改革，充分发挥自贸试验区改革创新的溢出效应。加快数字经济领域规则制定。加快建设国家科技标准创新基地，加强数字贸易研究和数字贸易标准化建设，加强产业间知识和技术要素共享。加强数字贸易规则研究和国际合作，探索数字确权。完善"城市大脑"顶层框架体系，接入区域数字驾驶舱，加快行政机关、司法机关、行业组织数字平台一体化建设，提升数字治理能力。软环境建设要求以先进自贸试验区金融创新、贸易便利化、信息技术手段以及政策法规为基础，制定长三角自贸试验区共同遵守和执行的标准，整合资源，构建有利于协同化的机制。利用数字建设形成的先发优势，提出打造数字自贸区，既符合数字经济发展趋势，又能助力完成自身的提档升级。利用数字技术，可以快速推进浙江数字自贸区建设，探索数字化转型路径，从而促使浙江自贸试验区经济发展获得更大腹地。此外，还要加强数字贸易隐私保护、安全威胁等规则的国际交流与合作，争取参与制定新型国际数字贸易规则，引领全国自贸试验区数字化转型。

二、发展数字产业，推动产业数字化转型

坚持融合发展，创新推动产业数字化转型，深化数字经济系统建设。数字经济是以数据资源为关键生产要素，以产业数字化和数字产业化为核心内容的新经济形态。围绕科技创新和产业创新双联动，以工业领域为突破口，以产业大脑为支撑，以数据供应链为纽带，以未来工厂、数字贸易中心及未来产业先导区等建设为引领，推动产业链、创新链、供应链融合应用，实现资源要素的高效配置和经济社会的高效协同，形成全要素、全产业链、全价值链全面连接的数字经济运行系统，赋能高质量发展、竞争力提升、现代化先行，努力打造全球数字变革高地。围绕数字产业化和产业数字化，实施数

字经济"一号工程",推动公共基础数据、生产要素数据、科技创新数据、消费服务数据、贸易流通数据、供应链数据的融合应用。浙江自贸试验区围绕构建现代产业体系,以"产业大脑+未来工厂"为核心场景,以数据资源为关键要素,综合集成产业链、创新链、供应链、价值链,促进生产、分配、流通、消费循环,顶层设计了9条"浙企""浙里"系列跑道,着力推进产业数字化、数字产业化,初步形成从创新到产业到集群的发展路径。着眼全球自由贸易港发展趋势,把握当今数字经济时代发展特征,全面建成通关监管体制机制创新引领区、数字经济特殊功能区、油气产业数字化转型示范区、新型数字贸易先导区,形成四区融合、特色鲜明、国际一流、可防可控的自贸试验区数字生态新格局、新优势。通关监管体制机制创新引领区,以"最多跑一次"改革为牵引,加快涉海、涉船、涉港数据共享,打通货物通关、支付结算、贸易监管、政务服务等功能,促进投资贸易便利化,形成全国领先的单一窗口和数字口岸综合平台。数字经济特殊功能区,对标国际先进,发展自贸试验区国际服务外包,建设离岸数据中心、离岸呼叫中心,探索打造数字离岛特区;发展高水平国际海事服务,探索离岸金融新路径,成为国家对外开放的压力测试区和风险缓冲区。油气产业数字化转型示范区,推动互联网、大数据、人工智能和油气全产业链深度融合,聚焦聚力油气全产业链高质量发展,推动体系重构、流程再造,形成世界级数字油气产业集群,成为全国特色产业数字化转型的示范区。新型数字贸易先导区,推进跨境电商、电子世界贸易平台、服务贸易、智慧物流新模式发展,完善开放格局,凸显自贸试验区的开放引领作用,打造"海上数字丝绸之路"重要门户。

三、赋能数字贸易,健全数字贸易新机制

大力推进数字自贸试验区建设,加快打造数字贸易先行示范区,举办全球数字贸易博览会,大力建设跨境电子商务综合试验区,深入开展全面深化服务贸易创新发展试点。优化数字贸易发展生态。运用区块链技术完善企业信用体系,完善跨境支付结算服务,构建智慧化供应链体系;建设数字化港口,建立智慧口岸通关与服务体系,进一步丰富国际贸易"单一窗口"功能。探索数字贸易规则标准,组建浙江省数字贸易标准化技术委员会,推进数字贸易领域标准规范的研究制定。积极构建兼顾安全和效率的数字贸易规则,探索在数据交互、业务互通、监管互认、服务共享等方面的国际合作及

数字确权等数字贸易的规则研究。探索数据跨境安全有序流动试点，支持以市场化方式推进 eWTP 建设。推进服务贸易数字化转型。推动数字技术赋能传统服务贸易，推动服务外包向高技术、高品质、高效益、高附加值转型升级，探索以高端服务为先导的"数字＋服务"新业态新模式，发展动漫游戏、数字出版等数字商品贸易，加快建设浙江网上展会系统。推进跨境电子商务创新发展。支持各类产业主体积极开展跨境电商业务模式创新，推动跨境电商企业品牌化、品质化发展，壮大省内各类跨境电商平台，探索建设以供应链合作为主的 B2B（企业对企业）国际贸易平台，推进跨境电商与市场采购、外贸综合服务企业等外贸新业态融合发展。建设数字贸易高能级平台。完善数字贸易统计监测体系。建设浙江省数字贸易统计监测系统，运用大数据、企业直报等方式，开展数字贸易监测、统计、分析。浙江省地方标准《外贸综合服务企业服务规范》（DB33/T 2387—2021）出台，填补全国在该领域的标准空白；全国首个保税燃料油跨关区直供无纸化试点在舟山启动。舟山"快递出海"工程探索跨境快递服务新模式入选浙江自贸试验区最佳制度创新案例，已取得四大突出成效。一是搭建一个平台，将传统的线下外轮供应模式转移到线上，发挥快递企业仓配优势，运用数字化手段，统一船供配送服务、提升服务质量，打造集仓储、运输、金融等服务为一体的智慧化"快递出海"电商平台。二是整合一批资源，通过整合物流、信息流、资金流，形成供应链、物流链、资金链全链条的"快递出海"商业新模式。三是提高运行效率，通过数字赋能，打通与海关部门的数据对接，实现海关线上审批，提升通关效率。四是形成可复制经验，通过将"快递出海"工程与数字化平台建设相融合，率先在全国乃至全球港口城市形成"快递＋国际海事服务"模式，逐步推广至全省、全国各港口。继续强化自贸试验区寄递渠道建设，深化与各部门、各片区联动合作，形成更高效、更便捷、更具竞争力、影响力的跨境渠道品牌，全面服务浙江省自贸试验区建设和跨境电商综合试验区发展大局，为"快递出海"工程提供更多更好的"浙江经验"。

四、发展数字金融，打造数字金融创新区

浙江自贸试验区发展数字金融，高标准布局数字化交易系统，在实施国际油气交易中心各阶段的过程中，将成熟的交易体系、清算体系、服务体系做全面数字化升级，打造数字金融创新区。依托大数据、云计算、物联网等

现代信息技术推进科技创新，打造集交易所模块、清算模块、资产存托模块、分级会员前中后台模块、监管模块等于一体的智能化、数字化交易生态系统。整合挂牌交易、场外现货撮合、中远期撮合交易、订单通交易等现有交易模式及产品，建立合规交易规则体系；探索中远期撮合交易，保税燃料油、混合橡胶订单通交易模式，实现油品交易模式创新的落地；运用信息技术完善数字化交易所交易模块功能，配套推进手机应用程序（APP）、网站、展示交互等建设，逐步实现交易系统的移动终端运用。高水平建设油气全产业链数据库，在大数据基础上建立油气价格发布机制，形成（舟山）油气价格指数。深化港口一体化、信息化、智能化发展，积极发展国际智慧物流，打造国际一流的港航智慧物流体系。跨区域整合全球航运信息形成航运数据库，加快建设舟山江海联运数字服务平台，完善和提升公共服务、行业监管、数据交换、航运交易四大功能，推动沿海港口和长江沿线港口之间的数据共享。港航资源、港航企业、船期跟踪、江海联运、港航电子数据交换（EDI）、船盘、货盘等庞大数据信息，在船货交易撮合、全程物流跟踪、金融保险、信用监督等领域形成数字经济和数字金融应用场景。强化自贸试验区保税燃料油供应链服务水平，建立自贸试验区油气供应链信息服务平台，引导银行、第三方平台等支付机构为供应链企业提供安全高效、便捷可靠的移动支付新方式，运用电子商业汇票拓宽融资渠道、加速资金周转、提高资金使用率。探索离岸金融新路径，鼓励自贸试验区企业和境外企业在自贸试验区内设立区域性财务中心，促进企业资金运营总部集聚；进一步探索离岸金融账户，打造人民币离岸资产交易中心，支持注册在自贸试验区内的金融企业开展跨境融资租赁。以服务大宗商品贸易自由化为目标，汇集货物流、订单流、运输工具信息流、融资抵押信息流等多方面数据，通过大数据分析与比对，提升大宗商品贸易与交易环节的风险防控能力与金融服务可获得性，有效缓解仓单质押融资难、贸易背景真实性审核难等制约大宗商品跨境贸易的难题。实现海关和外汇管理之间保税核注清单、货权转移单或货物出库审批单等货权凭证数据共享，加强外汇事中事后监测。推动人民币国际化，推进飞机租赁跨境融资和跨境人民币结算相结合。从资金来源、租金收取和残值处理三方面推动自贸试验区跨境人民币业务政策落地实施。打造人民币离岸资产交易中心，开展支付结算、跨境融资租赁、供应链金融。

五、建设数字政府，推进政府治理数字化

建设数字政府，以数字化手段推进政府治理。浙江深化数字政府建设，核心业务数字化全覆盖。围绕"管"和"服"，立足企业群众的政务服务需求和办事获得感、满意度，以数字化手段推进政府治理全方位、系统性、重塑性变革，构建整体高效的政府运行体系、优质便捷的普惠服务体系、公平公正的执法监管体系、全域智慧的协同治理体系，加快打造"整体智治、唯实惟先"的现代政府。印发《浙江省人民政府关于深化数字政府建设的实施意见》，明确提出以数字政府建设持续创新施政理念、履职方式、服务模式、治理机制，推动公平服务普惠便利化、政府管理透明公平化、政府治理精准高效化、政府决策科学智能化。计划到 2035 年，率先形成与数字变革时代相适应的生产方式、生活方式和治理方式，高水平建成"整体智治、唯实惟先"的现代政府，为基本实现高水平现代化和共同富裕提供强大动力和法治保障。数据赋能，提高政府决策科学化水平和管理服务效能。数据资源体系是赋能数字政府创新的关键所在。数字政府改革强调数据赋能，推动数据按需有序共享，将数字技术广泛应用于政府管理服务，提升用数据说话、用数据管理、用数据决策、用数据服务的能力，全面推进政府治理流程优化、模式创新和履职能力提升，构建数字化的政府运行新形态。目前，我国已经建成人口、法人、自然资源和空间地理、社会信用基础信息库，以及投资、价格、公共资源交易、就业、社保等主题性数据资源，亟待深度开发利用和有序开放，加快推动政务数据、公共数据、社会数据的多源汇聚、深度融合、共享开放和开发利用，进一步发挥数据的基础资源作用和创新赋能作用，推动数据赋能决策、服务、执行、监督履职，全面支撑各领域数字化改革需求，提高政府决策科学化水平和管理服务效能。

第五节　聚焦环境法治化

舟山港"每万吨货物吞吐量的供油量"仅为新加坡港的三分之一左右，加注量与货物吞吐量和港口规模不成比例。先进的作业效率优势和管理体制模式使新加坡港能够实现快速通关，通关时间最少只需 10 秒，集装箱通过港

区大门最少只需 25 秒。浙江自贸试验区的口岸通关效率虽已成为全国领先地区，但仍与新加坡存在数量级的差距。浙江自贸试验区建设带来较多通关效率、资质认证等方面的突破，为保税燃料油供应产业链发展提供支撑，但与新加坡相比，港口整体功能相对单一，除了铁矿石、煤炭和石油等大宗商品的装卸、运输和仓储服务外，与此相匹配的信息、金融等高端服务体系仍较短缺，还需加大力度完善软硬件基础设施，在政策体系、税收制度、法律保障、金融体系、人才引进等方面努力缩小差距，加快形成产业发展新动能。浙江自贸试验区聚焦环境法治化主题，发挥对接高标准经贸规则压力测试效应，形成高质量发展的制度环境；积极参与全球价值链竞争，完善知识产权保护，积极打造"审批环节最少、办事效率最高、群众获得感最强"的"三最"营商环境，为自贸试验区高水平开放提供法治保障。

一、强化法治"助推器"，确保规则公平

浙江自贸试验区作为制度创新、先行先试、率先与国际高标准投资贸易规则接轨的特殊经济区域，《中国（浙江）自由贸易试验区条例》的修订并出台是以地方性法规的形式宣示浙江自贸试验区坚持法治先行的决心，有助于吸引更多国内外市场主体到自贸试验区投资发展。浙江自贸试验区用法治倒逼政府职能转变，营造法治化营商环境。一项需要全力推进的政策措施，变成一个要求必须实现的法律约束。《中国（浙江）自由贸易试验区条例》将《中国（浙江）自由贸易试验区总体方案》中涉及政府职能转变、投资开放与贸易自由、金融服务与财税创新、综合监管与法治环境等方面 70 余项政策措施转化为法律条文。通过地方立法，将有关政策措施转化为实施性的法律制度，直白地说，从"需要去做"变成了"必须去做"，对推动自贸试验区建设和发展具有重要意义。体制机制法治化，建立改革创新容错机制。这表明自贸试验区鼓励改革创新，鼓励敢作敢为，但同时也出于风险可控的要求，对改革创新从改革方向、决策程序、行为人主观动机和客观结果等方面设置相应的约束机制，守住不引发风险事件的底线。此外，《中国（浙江）自由贸易试验区条例》还鼓励自贸试验区内国家机关、事业单位以聘任制等形式引进高层次人才和急需人才，建立法治工作联席会议制度，有力保障自贸试验区政策与法律、法规的协调统一。同时，确立投资贸易、法治保障等完备的政策体系，出台《舟山市科技创新促进条例》等 7 部地方性法规、2 部政府规章

及系列规范性文件，新设 7 家民营企业（商会）行政立法工作联系点，全面清理有违公平竞争规则的规范性文件及增加企业负担的证明事项，用法律规范"有形之手"，助推市场"无形之手"。

二、激发法治"催化剂"，提高市场活力

营商环境是一个国家或地区经济发展的核心竞争力，是吸引投资者、激发市场活力的重要因素和根本动力。出台《舟山市（浙江自贸区）建设最优营商环境 2020 年行动方案》，明确 21 项主要任务 57 项具体措施，其中舟山普陀区创新出台《损害营商环境行为问责办法》，推出涉企行政执法检查备案制度。率先在浙江省开展"证照分离"改革全覆盖、行政许可告知承诺制等试点工作，形成 454 项"舟山版"证照分离改革事项清单，探索以提质扩容"告知承诺"许可事项为特色的审批模式。根据省委改革办《2019 年度浙江省全面深化改革获得感评估报告》，舟山市出入境"最多跑一次"事项"实现率、满意率"两项民调评价指标均排名浙江省第一。浙江自贸试验区营商环境进一步优化应在便利化的基础上，不断加深法治环境、市场环境、要素环境的优化，同时应完善沟通反馈机制及公共服务水平，助力更多要素在浙江自贸试验区集聚。营商环境是一场系统性改革工程，涉及企业经营的方方面面，范围广、细节多、难度大。营造和优化营商环境应结合浙江自贸试验区的建设基础，把握主线，明确路径，从企业的角度出发，让企业获实惠得实利，同时侧重企业"长期营运的过程"。营商环境的优化不应仅局限于企业全生命周期程序优化，更应注重企业生产经营要素环境的优化，而要素环境优化离不开自贸试验区依托的城市的建设基础，对浙江自贸试验区来说，应从企业用地成本、水电气成本、物流成本、劳动力成本等方面降低要素成本，同时大力推动金融服务业、法律服务业的发展，推进国际结算体系及流通体系的建立，鼓励有条件的金融机构进入浙江自贸试验区开展金融创新。同时加快推进公共服务配套，拓展教育资源、提升医疗服务水平，完善生活及商务配套设施建设，打造良好居住环境及商务活动环境。对各类人才优惠政策的兑现情况及使用情况进行跟踪服务，全面梳理企业人才需求，完善人才引进结构，有针对性地设计和更新人才政策，扩大人才引进政策宣传，组织引才活动，通过要素环境及公共服务环境的优化，带动更多创新要素在自贸试验区聚集。这体现自贸试验区自我加压的担当，也是在倒逼政府职能转变，

有利于营造法治化营商环境，坚定国内外市场主体对自贸试验区未来发展的信心。

三、筑牢法治"防火墙"，强化依法治理

随着浙江自贸试验区舟山片区建设向纵深推进，海事仲裁、调解等涉外海商事法律服务作为法治化营商环境建设的重要组成部分的作用日益凸显。舟山市贸促会持续深化海商事领域"调、裁、审"全链条一体化法治平台建设，指导企业主动适应国际贸易规则，有效应对国际贸易纠纷，规避国际贸易风险。创新"互联网＋监管"方式，完善"双随机、一公开"监管机制，构建以信用监管为基础的新型监管机制。已建立与自贸试验区建设发展相适应的司法机关和纠纷处理机构，设立舟山市中级人民法院自贸试验区法庭，以及宁波海事法院自贸试验区海事法庭、舟山市人民检察院自贸区检察部，专门管辖与自贸试验区相关联的商事纠纷与海事纠纷等。设立自贸试验区律师事务所，建立自贸试验区法律事务联席会议制度。立足国际化商事纠纷解决需求，合作对接上海国际仲裁中心，谋划推进自贸试验区国际仲裁中心建设，形成较为完备的多元纠纷化解体系。

四、给足法治"润滑剂"，做优法律服务

依托"指尖上的公共法律服务超市"等法律服务平台，创新推出"云法务""云仲裁"等系列大礼包，营造亲商、便企、利民的良好法治氛围。深化自贸试验区司法服务，打造法治环境新高地。积极谋划司法服务自贸试验区建设工作，出台服务保障自贸试验区建设的17条意见，落实自贸试验区司法保障服务项目，初步形成以制度创新为核心任务，以确保法律政策统一正确实施为基本要求，以建设法治化营商环境为目标要求，以自贸试验区法庭先行先试为主要平台的司法服务格局。树立司法服务新理念。强化市场规则理念，将市场经济和法治经济作为服务自贸试验区建设的根本准则，在审判工作中合理把握公权力介入的适当性，为政策试验保留适当法律空间。对传统多发、已发涉及自贸试验区的案件，充分尊重市场主体意思自治、商事理念和交易习惯，坚决维护市场在资源配置中的决定性作用。对因自贸试验区改革创新而出现的新类型案件，正确理解相关政策，充分注意新业态的行业惯例和自治性规范，形成合理的审判规则，以引导市场秩序的建立。强化平等

保护理念。对涉外案件坚持平等保护和公开透明原则，正确行使司法管辖权，准确运用冲突规范，正确适用国内、国际法律，平等保护中外当事人合法权益，维护自贸试验区的国际信誉和我国的对外开放形象。强化创新服务理念。自贸试验区的建设发展，需要紧扣制度创新这一核心。探索的法律服务新模式、开拓的法律服务新领域、设立的多元解纷新机制等，均成为提升自贸试验区建设，营造市场化、法治化、国际化营商环境的重要因素。强化全面服务理念。自贸试验区司法服务离不开刑、民、行、执的全面发展和一体推进。其中，民事审判是依法保障当事人民事权益的重要武器，刑事打击是维护自贸试验区经济秩序和社会稳定的最后防线，行政诉讼为自贸试验区建设营造良好依法行政环境，执行则是确保及时实现胜诉当事人合法权益的重要手段，可谓缺一不可，相辅相成。因此，坚持"一盘棋"的理念，为自贸试验区建设提供全面司法服务。

五、健全法治"减压阀"，助推多元解纷

浙江自贸试验区建立海商事纠纷多元化解机制，搭建诉调对接平台，市贸促会分别与市中级人民法院、自贸区海事法庭签署海事商事纠纷多元化解合作协议，联合印发《关于建立商事纠纷诉调对接工作机制的实施意见》。中国贸促会浙江自贸区海事商事调解中心成为全国贸促系统第一家海事商事领域的专业调解机构，并成功入驻市中院首批"共享法庭"服务点和浙江"在线矛盾纠纷多元化解平台"（浙江 ODR）。探索构建包括法院、仲裁、调解机构以及行业协会、高校、律所等在内的"大调解"工作体系。市司法局牵头，会同市中院、市贸促会等部门，成立了中国（浙江）自由贸易试验区海事商事纠纷调解中心，首批共聘任 61 位调解员，印发《关于建立商事纠纷诉调对接工作机制的实施意见》，完善《中国（浙江）自由贸易试验区海事商事纠纷调解中心运行方案》，制定自贸试验区海事商事纠纷调解中心调解规则等制度规范，建立涉外商事纠纷诉调对接工作机制。出台《中国（浙江）自由贸易试验区国际商事仲裁规则》，借鉴国内国际商事仲裁机构的仲裁规则，结合自贸试验区舟山片区的实际，制定适应跨地区合作仲裁的仲裁规则。强化地区间合作，不断推进省内自贸试验区仲裁机构在仲裁规则、信息技术、仲裁员资格、庭审设施等方面的共享互认。加强自贸试验区各片区融合，促进仲裁区域化发展，实现优势互补，推动浙江自贸试验区各片区仲裁机构的资源共

享，并将其融入长三角仲裁一体化发展的规划长期推进。加强在线纠纷多元化解平台建设应用，针对贸易类纠纷，打造商贸纠纷化解协同应用场景——"浙里市场义码解纷"，实行线上申请调解，无需付费、无需起诉材料、无需法院前置审核，即可与调解人员实现"点对点"对接，商贸纠纷诉前调解用时平均减少50%，"一网通办"。以"互联网＋司法服务＋司法宣传"为主要功能，将信息化平台建设成为维护公平正义、保障经济发展、司法为民、司法兴商护商的新阵地。以"大数据、大格局、大服务"理念为指导，加快完善线上诉讼应用系统，推动热线、电脑端、移动端服务全面贯通。积极推行网上立案、掌上调解、电子送达等智能化办案手段，努力实现人民群众打官司"最多跑一次"，甚至"一次不用跑"。打造金融开放的升级版，建设法治探索的创新版，构建人才环境的国际版。聚焦海陆联动，健全多元化纠纷解决机制。根据舟山市海事渔事纠纷状况，建立"海陆联动"省内外人民调解跨区域调解协作机制，强化对涉海涉渔人民调解组织的针对性培育，构建一条海陆联动、协同治理的"海上枫桥"工作新机制，并在调解实践过程中，不断探索完善降温法、分解法、开锁法、算账法等"减压阀"调解方法。做到组织领导统筹部署、线上线下联动统筹规范、域内域外合作统筹协调、专业队伍建设统筹培育，实现"海陆联动"工作基础、工作平台、工作触角、工作能力的"四提升"。强化诉源治理，加强诉前调解应用，抓小抓早解决纠纷。目前，舟山市海事渔事纠纷人民调解组织共有8个，2022年1—7月诉前调解纠纷1196件，诉中调处296件，极大地提高了纠纷调处的效率和质量。

第六章　浙江自由贸易试验区制度创新推进机制

贯彻落实党中央、国务院对浙江自贸试验区建设的战略定位与总体要求，建立健全制度创新工作体系，推进更深层次改革与更高水平开放，促进自贸试验区高质量发展，制定《浙江自贸试验区制度创新工作促进办法》，建立对标对表机制、信息发布机制、评估推广机制、重大项目推进机制、考核激励机制等，健全制度创新工作体系和一套重点制度创新项目库，着力深化差别化、集成性制度创新探索，推动各片区形成比学赶超、创先争优的发展氛围。

第一节　对标对表机制

浙江自贸试验区坚持为国家试制度、为地方谋发展、为人民增福祉，立足国家赋予的战略定位，敢闯先试、形成示范。当前，RCEP 已经正式生效。同时，我国已正式申请加入 CPTPP 和 DEPA。浙江自贸试验区以此为契机，围绕对标国际高标准经贸规则、对标国际一流自由贸易园区、对标国内先进自贸试验区，找差距和不足，加大开放压力测试，进一步推进制度型开放。制度型开放就是主动对标和对接国际先进的市场规则，在清理国内不合理、不相容的规制基础上，进一步形成与国际贸易和投资通行规则相衔接的、规范透明的基本制度体系和监管模式。对标对表机制的核心是对标国际通行规则，用法治化和市场化手段推进开放。规则制定包括国内和国际两个层面。在国内层面，对标国际通行规则，特别是与国际高标准的贸易自由化和投资便利化规则对标，完善或清理现有规章和制度等，探索建立开放型经济新体制，用法律、规则和制度规范各经济主体的经济行为，培育国际经济竞争合作新优势。在国际层面，积极参与全球经贸规则的制定及全球治理体系改革和建设，贡献中国智慧和中国方案，推动形成符合时代特征和发展需要的国际多边体制。发挥自贸试验区优势，率先向制度型开放，目标是对标国际高标准，拓展开放领域，在外商投资、服务业、关境政策及横向规则等方面提高开放度和便利度，形成规则、规制、管理、标准等制度型开放体系。

一、对标对表油气贸易规则

面对复杂严峻的全球疫情和世界经济形势，作为浙江最高能级的对外开放平台，主动对标国际经贸规则，加快打造油气全产业链，放大"油气自贸区"特色优势，形成一批首创性、标志性制度创新成果。我国自贸试验区虽在"负面清单"管理、准入前国民待遇和贸易监管便利化等方面已经取得不少的改革突破，但与新加坡等国际通行自由贸易规则体系相比依然存在不少差距，在油气自由贸易领域更是缺少实践经验。例如，新加坡等自由港在海关监管方面实行不干预政策，除危险药物、枪械、动植物等进出口受管制外，其他进出口贸易一律自由，不设关税壁垒，一般进出口货物无需缴付关税，无需向海关报批（只需在进出关后半个月内向海关递交报关表）等；在金融配套方面，内外资银行设立不受限制，新加坡元可以自由兑换，对货币和国际资金流动均无限制，同时金融配套服务完善，金融产品十分丰富，如石油仓单融资产品；在行政管理和法治保障方面，政府服务高效，在企业设立、口岸通关、信息服务、优惠政策兑现等领域提供精准高效的专业服务；油品自由贸易领域经验丰富，已经形成相对完善的法律法规体系，也集聚众多国际知名石化企业和精英人才落户。我国目前对现有自贸试验区监管并未实现真正意义上的"境内关外"政策，还无法完全实现资本项下的资金自由兑换、货币自由进出等。浙江自贸试验区制度创新必须坚持党的集中统一领导，遵循宪法的规定和法律、行政法规的基本原则，践行新发展理念，解放思想，大胆创新。坚持目标导向，对标国际高水平经贸规则，构建有利于提升大宗商品资源配置能力的首创性制度体系；坚持问题导向，破解发展瓶颈，释放改革红利，构建有利于油气产业集群发展的差异化政策体系；坚持风险底线，管得住与放得开相结合，构建有效防范系统性风险的集成性智控体系。加速推进油气全产业链开放发展，争取和推动油气领域投资便利化和贸易自由化改革。不产一滴油的新加坡，仅用20多年就发展成为世界第三大炼油中心、世界石油贸易枢纽和亚洲石油产品定价中心，这得益于新加坡拥有集中高效的油气产业集群优势。浙江自贸试验区对标对表油气贸易规则，借鉴新加坡油气产业集群发展经验，紧盯产业链延链补链。同时，积极引进国内外油气行业巨头等领域的一批标杆项目落地。深化油气资源配置制度和国际供应链模式创新，采取开放度高的贸易投资政策，鼓励国内外各类资本参与。推进区内炼化一体化企业开展成品油非国营贸易出口，积极争取原油进口配额，探索构建灵活有弹性的油品贸易管理制度。持续推进大宗商品交易与油气交易体制改革，深化与上海期货交易所期现合作，形成具有国际影响力的油气贸易和定价中心。

二、对标对表枢纽贸易规则

建设自贸试验区是浙江新一轮改革发展的重大历史性、战略性机遇。坚持全球视野、高点站位，提出对标最高最好最优"三最"标准，以更强的紧迫感、主动性营造更高水平的营商环境，打造全球企业投资首选地和最佳发展地。对标对表枢纽贸易规则就要树立全球视野，融入国家战略，通过不断加强与国际高水平自由贸易协定等成熟先进经贸规则对标对表，特别是在货物运输、服务贸易、贸易结算等领域，探索国际标准与区域实际相结合的发展模式。充分发挥国内国际两个市场、调配两种资源的功能优势，聚集人才、科技、资本、商品等要素，借助保税非保税融合发展政策桥梁，服务国内国际双循环新发展格局。在枢纽自贸区建设上，对标美国孟菲斯国际机场，萧山国际机场在专用设施、集疏运体系方面找不足。萧山国际机场缺乏专业货运巨头企业入驻，浙江正在加快引进国内快递巨头在萧山国际机场设立区域总部、转运配送中心等；对标全球最大的德国杜伊斯堡港，义乌在陆港、通关、转口、贸易金融、外汇管理、城市服务、出入境等方面全面对标一流城市商业模式。提升"四港"联动能级，建设高端服务型国际航运物流中心。借鉴新加坡世界第一港口的运作经验，可进一步推动浙江自贸试验区海港、陆港、空港、信息港"四港"一体化立体联动，建设全球智能物流枢纽。加快"数字港口"建设，拓展"互联网＋口岸"服务，实行海关电子方向和智能卡口模式。深化宁波舟山港与国内国际港口、航运企业的战略合作，参考新加坡航运配套服务，大力发展高端航运服务，提升航线的数量和质量，做大做强沿海捎带和国际集拼等特色业务。加快义甬舟开放大通道建设，推动宁波舟山港海港功能向金华延伸，实现港务、船务、关务一体化发展。提高站位、强化担当、合力攻坚，对标世界最优，高水平谋划、高质量推进自贸试验区建设。参与建设自贸试验区是打造"国际陆港"的重要催化剂和推进器。推进物流服务前移，参与布局海外仓，形成以宁波舟山港为支点的高时效、低成本跨境集疏运体系。突出问题导向，梳理问题清单，以自贸试验区建设为契机攻坚克难，以抓铁有痕、踏石留印的韧劲解决实际问题，不断谋划并推动系列改革措施落地。

三、对标对表数字贸易规则

数字贸易规则是当前国际经贸规则的前沿领域，世界主要发达国家在数字贸易规则上存在不同主张，北京、上海、广东等地正开展相关探索。浙江是数字经济、知识产权先行省份，数字自贸区是浙江自贸试验区扩区后重点打造的三张"金名片"之一，更应在数字贸易对标对表规则方面发挥先行示范作用。积极对标 CPTPP、DEPA 等国际高标准经贸规则，主动深入开展数字领域规则先行先试和制度创新探索。在数字自贸区建设上，对标"美国模式"，试验高标准数字贸易规则；对标"欧盟模式"，发展高质量数字核心产业；对标"日本模式"，培育高能级数字经济平台；对标"英国模式"，重视人、企业等微观主体在数字产业创新过程中的重要性，打造高效率数字服务体系。按照浙江省委省政府确定的数字贸易"458"体系，聚焦数据跨境流动等数字贸易关键领域，统筹发展与安全，着眼于事关国家长远发展的方向，借鉴舟山片区油气全产业链赋权文件经验做法，进一步深化研究数字贸易领域先行先试的相关政策，为推动浙江自贸试验区新一轮改革开放探索路径。对标中央和省委要求，准确把握现阶段数字化改革着力点，聚焦牵一发动全身的重大改革，谋深谋实数字化改革特色应用创新，打造更多标志性成果。抓好应用贯通，按照时间节点不折不扣地承接数字化改革"一本账"明确的 143 个重大应用，总结重大应用贯通实战成效，推动自上而下的"统"和自下而上的"创"有机结合，在推动重大应用迭代升级中体现更多舟山元素。攻坚特色应用，聚焦舟山特点，按照体系化、规范化要求，不断在海上综合治理、口岸通关服务等方面加强应用集成、数据集成、能力集成。推进大脑建设，有序推动窄带物联网在城市治理各领域的应用，构建完善城市感知体系，推进海洋数据产业大脑建设，依托智慧海洋大数据中心，深入探索海洋数据核心业务模式。积极探索构建数据国际交易市场，推动跨境数据安全有序流动。作为 DEPA 的创始国，新加坡以数据转移自由化等方面为突破口，正在谋求建立数据流通规则体系和话语权。浙江自贸试验区对标对表数字贸易规则，借鉴新加坡打造亚太数据中心和数据共享平台经验，按照数字自贸区"458"系统架构，着力构建集确权、加工、流通、交易等为一体的数据产业链。

四、对标对表新型贸易规则

浙江自贸试验区对标对表新型贸易规则就要积极对标 CPTPP、DEPA 等国际高标准经贸规则，主动深入开展新型贸易领域规则先行先试和制度创新探索。坚持问题导向，加强需求分析，不断增强塑造变革能力，推动重点领域和关键环节改革走深走实。对标对表抓落实，把准政策信号，对标既定跑道，聚焦"五大自由"，在小商品贸易制度创新、数字化人民币试点、外国人管理服务、涉企行政合规激励制度改革等方面形成一批"硬核"成果，奋力打造改革开放新高地。以重构重塑激活动力，发挥数字化改革引领撬动作用，打造贯穿对外贸易全生命周期的综合服务体系，加快信息互联互通，实现对外贸易全链路精准监管。随着互联网、信息技术、大数据、区块链等技术的成熟，自贸试验区要进一步完善国际贸易"单一窗口"、公共信用信息服务平台、事中事后监管平台等。深入行业企业调研，积极宣传自贸试验区优惠政策，主动推进贸易便利化工作，实施世界贸易组织《贸易便利化协定》。顺应跨境电商等外贸新业态的发展，加大国际物流基础设施建设和运营力度，为企业提供便捷高效的融资、通关、退税、物流、保险等综合服务。大力发展贸易新业态新模式，深化离岸贸易、跨境电商、服务贸易等方面改革，推动飞机等领域探索关键部件再制造业务创新，建设中高端消费品展示交易平台，提升投资贸易自由化、国际化水平。助力高端要素集聚，加快形成国际化、市场化的要素保障机制。借鉴新加坡自由港发展模式，对自贸试验区内企业提供金融支持，引导金融机构对自贸试验区加大倾斜力度，开放仓单交易等创新服务；同时加强对擅长提供大宗商品贸易金融服务的外资银行的招引。引进培育一批熟悉产业发展规律、国际经贸规则的专业人才队伍。

积极推动双向投资协调发展，鼓励有条件的企业在我国合作开发的海外自由贸易区、产业园区、经贸园区开展投资、贸易和生产合作。一方面，自贸试验区要大力推动引进外资。要建立国内投资环境信息采集监测体系，发布投资环境评价报告，配合政府部门复制推广自贸试验区改革试点经验，及时反映和征询境内外企业、商会、行业协会的合理诉求及政策建议，推动打造更具国际竞争力的投资环境，引导更多外资流向先进制造、高新技术、节能环保、现代服务业、绿色发展等实体经济领域。另一方面，要积极促进对外投资健康有序发展。加强国别投资环境研究，积极向企业发布有关国家和地区法律法规、产业政策、市场特点、风险预警等资讯，帮助企业有序合规"走出去"、防范和化解投资风险。支持有实力的企业开展对外投资、国际产能和装备制造合作，实施海外并购，推动企业探索与境外自由贸易区合作，促进我国装备、技术、标准、服务"走出去"。鼓励境内自贸试验区与境外形成跨境电商、多式联运和国际物流战略合作。"走出去"、防范和化解投资风险。支持有实力的企业开展对外投资、国际产能和装备制造合作，实施海外并购，推动企业探索与境外自由贸易区合作，促进我国装备、技术、标准、服务"走出去"。鼓励境内自贸试验区与境外形成跨境电商、多式联运和国际物流战略合作。

五、对标对表国际营商环境

浙江自贸试验区对标对表世界银行营商环境指标，深化"放管服"改革，以"负面清单"管理为核心，大幅放开市场准入，完善公平透明可预期投资管理体制，营造市场化、法治化、国际化营商环境。实施全国最短的外商投资负面清单，率先在现代服务业和先进制造业领域大幅放开外资准入，大胆探索实施商事登记确认制改革，推进企业商事登记去许可化，对一般性企业注册直接确认不再核准。在实现"证照分离"全覆盖的基础上，通过直接取消、数据查询、部门核验、告知承诺等方式实施分类改革，为企业和群众办事减免或取消各种不必要的证明，着力打造"无证明自贸区"。开通企业专属网页，创新电子签名、电子身份认证等审批措施，实现外商投资商事登记远程办理注册。浙江自贸试验区制度创新以世界银行十大营商环境评价指标为标准逐项对照找出差距，重新进行顶层设计，系统性推进"整合流程、简化程序、分类管理、加强服务"，在工程建设项目审批、用电审批、不动产登记、纳税等企业最关注的领域大幅提高办事效率，降低企业办事成本，企业从取得用地到办理施工许可最快15个工作日完成，用电报装从59天压缩到 10 天，出口退税 3 天办结。一系列的体制机制创新提高政务服务水平，极大提升企业获得感。浙江自贸试验区系统推进体制机制创新，建立"小政府、大社会"综合治理体系，打造具有国际公信力的多元化纠纷解决机制。各片区统筹整合工商、税务、质监、司法、城市管理等执法职能成立综合执法局，构建"一支队伍管执法，一个标准走流程，一个平台办案件"的集中统一执法体系。依托大数据推进各部门协同监管、共享共治，建设企业信用信息平台，为企业进行"信用画像"，形成以综合监管为基础、专业监管为支撑、信用约束为手段的现代市场监管模式。建设具有国际公信力的司法体系，自贸试验区法院积极推进综合性司法改革。构建多元化纠纷解决机制，成立浙江自贸试验区法庭、海事仲裁中心等专业性审判和仲裁机构，积极塑造有自由贸易特色、有推广意义的营商环境，建设"舟山样本"。总之，浙江自贸试验区制度创新要对标国际高标准，建设一流营商环境，及时总结经验，通过复制推广，推动形成全面开放新格局。站在以开放促改革、以开放促发展的高度，进一步推进自贸试验区战略，做好国内功课，完善管理方式，更好地顺应经济全球化发展新趋势，为探索建设自由贸易港做准备，推进新一轮更高水平的对外开放。

第二节　信息发布机制

通过完善专门的信息联络、报送、考核、评价制度，建立新闻发布会、工作通报、工作简报、经济运行监测分析等信息发布平台，以及"浙江自贸"微信公众号等新媒体宣传阵地，打造全覆盖式信息发布机制。研究制定信息发布、新闻发布、评估推广、项目推进、智库合作、管理运行、督查考核等系列工作机制，进一步加强统筹协调，推动形成制度化、规范化、高效化的自贸试验区管理体制机制。浙江自贸试验区建立信息发布机制，每两个月发布一次信息通报，浙江省自贸办和四个片区定期发布工作进展，晒进度表、比成绩单，营造比学赶超，创先争优氛围。

一、健全信息发布体系

浙江省自贸办定期发布浙江自贸试验区建设成果和工作亮点，每两个月向全省通报"十大标志性成果"。每两个月召开一次新闻发布会，发布两个月来重大建设成果。每两个月发布一次工作通报,晾晒各片区建设情况。每周发布工作简报,全面展示省级成员单位、各片区等推进工作情况,以及重大项目建设进展等。每季度发布经济运行监测分析。推进自贸试验区信息公开。建立自贸试验区信息发布机制,及时调整和公开自贸试验区涉及治安、交通、出入境管理等对外服务项目的政策、管理规定、办事程序及规则等信息。编制事中、事后监管目录,在相关制度的制定和调整过程中,强化解读说明。自贸试验区门户网站公布相关法律、法规、规章、政策、办事程序等信息,以便社会各方面查询。通过建立信息发布机制,强化自贸试验区更多围绕确定的主导产业,推出创新性贸易自由化便利化举措,把自贸试验区制度创新与推动产业发展更好地结合。编制面向市场主体的创新制度案例。立体式信息发布定期向浙江省自贸办报送信息,向自贸试验区领导呈送专报,并向全区发送片区《要讯与动态》。开通片区门户网站和微博、微信,实时向片区媒体推送自贸试验区最新动态新闻,方便企业、民众通过多种媒介了解片区概况和建设进展。通过采取全方位的宣传渠道与方式,营造良好的自贸试验区舆论氛围和导向效应。

二、明确信息发布责任

建立自贸试验区信息发布机制,定期开展自贸试验区督查工作,晾晒各片区和区块、联动创新区重点项目推进情况,形成工作推进的"滚雪球"效应。片区行政正职为"新闻发言人",对信息发布负总责。各单位分管宣传领导为"新闻发言人助理",对信息发布负直接领导责任。自贸试验区重大政策出台、重大突发事件发生时,涉事单位应根据授权参与和组织开展信息发布工作,第一时间通过例行吹风会、新闻发布会、接受媒体采访和在线访谈等形式介绍情况,传递权威信息。加强对信息发布和政策解读效果的评估,适时引入第三方评估机构,逐步探索建立科学、合理、有效的量化评估指标体系。根据评估结果,不断调整优化信息发布和政策解读的方式方法。把评估结果作为对各地各部门信息发布和政策解读工作综合考核评价的重要参考,更好地发挥评估的激励和约束作用。

三、完善发言人的职责

新闻发言人是党和政府与人民群众联系、沟通的桥梁和纽带,树立担当意识，切实负责本地区本部门信息发布和舆论引导的总体策划和组织实施，统筹协调和策划开展信息发布、媒体采访、舆情研判、口径拟定等工作。新闻发言人应具有较高的政治素质和政策理论水平，熟悉自贸试验区工作业务和媒体运作规律，具有较强沟通表达能力、良好心理素质和应变能力。片区新闻发言人及新闻发言人助理需在任免后一个月内将相关信息报送浙江自贸试验区办公室。各单位新闻发言人及新闻发言人助理名单和联系方式要定期向社会公布。

四、建立信息发布平台

浙江自贸试验区组织的新闻发布会是重要信息发布的主要平台和权威平台。浙江自贸试验区办公室就重要会议、重大政策、重要部署、重要活动、社会高度关注的热点等及时组织新闻发布会、吹风会。与宏观经济和民生关系密切以及社会关注事项较多的有关单位应建立本部门信息例行发布制度，综合运用多种形式，定时发布信息。浙江自贸试验区加强信息发布平台建设，构建覆盖广泛、运转高效、方便快捷的信息发布体系。建立健全新媒体发布平台，从人员、资金、技术等方面优先保障新媒体发布平台建设，重点打造以微博、微信、新闻客户端等为支撑的新媒体发布矩阵，发挥"定向定调"作用，正确引导舆论。继续办好各级浙江自贸试验区官方网站。信息发布、新闻发布和项目推进等机制，已正常运行。加强自贸试验区工作宣传，谋划举办高规格自贸试验区年度高峰论坛暨制度创新案例推介会，重点做好制度创新案例发布工作。统筹推进自贸试验区和联动创新区宣传工作，大力发展线上线下一体化宣传模式，利用世界油商大会等国际性会议，向世界推介浙江自贸试验区和联动创新区。建立形象展示机制，健全相关形象展示和对外宣传工作机制。编印自贸试验区片区宣传画册，供对外宣传、形象展示和招商引资。依托中国（浙江）自由贸易试验区研究院（以下简称浙江自贸试验区研究院），积极对接商务部国际贸易经济合作研究院、国务院发展研究中心、中国国际经济交流中心、浙江大学等，开展各类学术研讨、培训交流等活动；汇集全国自贸试验区的研究成果，谋划编写《自由贸易试验区发展蓝皮书》。

五、健全监督考核机制

加强监督考核，把信息发布和政策解读工作纳入党政领导班子和领导干部工作实绩考核内容，考核结果作为有关党政领导班子和领导干部综合考核评价的重要参考。建立舆情收集、会商、研判、回应、评估机制。舆情应对工作由浙江自贸试验区办公室牵头，相关实际职能科室参与；建立口径拟定和通报机制。遇到重大事件、重要舆情，涉事单位要在第一时间向浙江自贸试验区办公室报告。在出台重大方针政策、组织重大活动以及出现涉及本地本部门的热点、敏感问题或发生重大突发事件时，由浙江自贸试验区牵头，会同相关部门结合舆论关注研拟口径；建立信息发布和政策解读的"专家库"机制。充分发挥掌握相关政策、熟悉有关领域业务的专家学者的作用，围绕国内外舆论关切，多角度、全方位、有序有效阐释政策，着力提升解读的权威性和针对性；建立公众和媒体参与机制，涉及重大公共利益和公众权益的重要决策，除依法应当保密的以外，通过征求意见、听证座谈、咨询协商、列席会议、媒体吹风等方式扩大公众参与，在参与沟通中增进社会共识。

第三节　评估推广机制

评估推广机制是通过聘请权威评估机构和专业咨询机构，重点对改革试点任务、建设进展成效、制度创新成果、最佳实践案例进行评估，对好的经验做法及时复制推广。建立浙江自贸试验区评估推广机制，邀请国际国内专业第三方机构对浙江自贸试验区的总体建设成效、制度创新成果、最佳实践案例、试点改革任务进行评估、发布报告，做好经验做法的复制推广。每年度对浙江自贸试验区建设情况进行全面对比分析评估，总结成绩、分析不足并提出建议；每半年对各片区的制度创新情况进行分析评估，将成熟的创新成果进行复制推广；不定期围绕改革试点任务开展专题评估。评估推广，比学赶超。通过改革经验复制推广、试点任务落实、自主创新成果、重大举措出台等，引导各片区间学习交流，营造比学赶超的良好氛围，推动自贸试验区高水平建设。浙江自贸试验区大胆试、大胆闯、自主改，通过突出四个坚持、把握四个原则、强化四个到位、立足四个导向、聚焦四个关键，探索建立一整套制度创新成果复制推广的有效机制做法，彰显自贸试验区深化改革开放试验田的作用。

一、突出四个坚持，建立创新成果生成机制

自贸试验区的生命力、影响力主要在于制度创新。高质量创新成果为制度创新复制推广打下坚实的基础。一是坚持问题导向，聘请一批自贸试验区企业负责人担任创新顾问，聘请国家部委相关负责人和国内外专家担任咨询委员，通过召开企业座谈会、委托专业机构调查、征求创新顾问和咨询委员意见等形式，及时了解企业存在的问题和需求，有针对性地研究提出创新改革举措，着力破解企业经营中的痛点、堵点、难点问题。二是坚持对标先进，舟山片区委托第三方引进世界银行营商环境评价指标体系，组织开展营商环境评估。通过对标国际先进，查找短板弱项，着力减环节、减时间、减成本，积极打造有利于创新创业创造的国际一流营商环境。例如跨境贸易便利化方面，借鉴新加坡经验做法，建设国际贸易"单一窗口"，已上线运行功能 108项，实现国际贸易主要业务"一站式"办理，有效促进通关降本增效。三是坚持系统集成，通过横向拓展、纵向延伸、疏通堵点等措施，整合形成一批内容更丰富、功能更完备的制度创新经验集群，以"最多跑一次"为代表，有效解决创新举措"碎片化"问题，进一步提升改革的系统性、整体性、协调性。2018 年 9 月 27 日，时任中共中央政治局常委、国务院总理李克强在舟山调研时考察中国（浙江）自由贸易试验区综合服务大厅对该做法予以充分肯定。四是坚持油气特色，围绕以保税燃油为突破打造油气全产业链，在产业准入、货物通关、金融开放等方面先行先试、率先突破，推进油气全产业链发展探索新路。

二、把握四个原则，健全复制推广评估机制

科学严谨的评估机制是制度创新成果复制推广的关键。主要通过实地调研、座谈会、电话咨询、问卷调查、地市自评等方式，多渠道获取相关资料、数据，科学精准地对复制推广成效进行全面评价。在组织实施复制推广前，始终坚持四个原则，确保复制推广的质量和水平。一是实施效果要好，创新举措的实施必须对简化办事环节、减少办事时间、降低企业成本有明显作用。定期委托国际著名咨询机构对推出实施创新举措的可复制推广性进行评估，对评定的复制推广可行性"强""较强"的创新举措，优先予以复制推广。二是企业受益面要广，自贸试验区是"种苗圃"，不是"栽盆景"。创新举措不是为个别或少数企业"定制"，而要着眼于让广大企业受惠。三是推广成本要

低，通过系统衡量、专家咨询等方式，掌握每项创新成果复制推广的技术条件、人员素质等要求，组织分类推进。对复制推广门槛较低的改革创新成果，及时在浙江省复制推广，并争取在全国范围推广实施；对复制推广门槛较高的，先在部分特殊区域推广实施，进一步成熟后，再扩大复制推广区域。四是风险要可控，制定风险防控清单，明确风险点和防控措施，有效提升风险防控的针对性、有效性。每项创新成果复制推广前，浙江省各有关单位都应对风险进行充分评估，并制定相应的防控措施，确保放得开、管得住，避免出现大的风险。建立评估推广机制，及时总结经验并复制推广，释放更多改革红利。

三、强化四个到位，压实复制推广落实机制

充分认识制度创新成果复制推广是一项系统工程，着力构建上下配合、部门协同的工作机制，形成工作合力。一是思想认识到位，加强组织领导，健全工作机制，压紧压实工作责任。二是实施方案到位，推动浙江省各牵头责任单位对照任务分工表，逐项研究制定工作方案，明确每项创新成果的具体做法、操作规程、进度安排、责任人和可检验的成果形式。三是沟通对接到位，省、市、县（区）有关部门及时沟通对接。浙江省有关单位加强业务指导，及时帮助协调解决存在的困难和问题，确保复制推广工作顺利推进。四是督促检查到位，定期对复制推广情况进行督查，对存在的问题及时督促整改，对好的经验做法及时总结推广，确保复制推广工作落实到位、取得实效。

四、立足四个导向，完善复制推广保障机制

浙江省政府出台推进制度创新十一条措施和考核评估办法。创新成果纳入单位年度绩效考核，建立复制推广保障机制。一是立足问题导向，从实际工作中发现问题，通过制度创新解决问题，不贪大求洋，但求解决问题。本着可复制可推广原则，及时总结经验教训，反复用实践检验，不做"夹生饭"。二是立足统筹兼顾导向，既重视原始创新，又重视集成创新和引进吸收再创新；既重视重大创新，又重视"技术革新"。三是立足监督导向，健全实施监督机制，加强创新成果复制推广宣讲宣传，发挥社会参与和监督作用，压实相关部门（单位）主体责任。四是立足防范风险导向。建立检查评估机制，完善主要经济指标的监测、统计、评估体系，对重要领域开放、重大项目实施进行跟踪监测、评估，做好风险防范和化解工作。

五、聚焦四个关键，深化复制推广实效机制

牢牢抓住制度创新这一核心任务，大胆实践、积极探索，统筹谋划、加强协调，聚焦四个关键，建立复制推广实效机制。一是聚焦"自由便利"，多听企业意见，列明需求清单，逐条逐项研究，努力在商事制度、贸易监管制度、金融开放创新制度、事中事后监管制度等方面推出更多制度创新成果，提高工作精准度。二是聚焦"项目建设"，大力开展招商引资，积极优化产业生态，进一步强化政策协同，提高资源配置效率，加快形成公平、统一、高效的市场环境，促进产业提质扩量增效。三是聚焦关键指标，围绕利用外资、进出口、市场主体引育、经济总量等方面谋划工作、创新举措，一个节点一个节点推进落实。四是聚焦联动发展，强化省内联动、国内联动、国际联动，持续加强区域协调链接。加强既有区域和扩展区域的联动发展、融合发展，既有区域和扩展区域各项政策措施可叠加适用；充分发挥长江经济带发展、长三角区域一体化发展等叠加优势；建立浙江自贸试验区评估推广机制，做好经验做法的复制推广。在深入总结评估的基础上加强统筹谋划和改革创新，把浙江自贸试验区建设成为新时代改革开放的新高地。

第四节　项目推进机制

重大项目推进机制是以重大项目组织分工、跟踪服务、督查督办、考核评价机制为抓手，通过健全组织领导、明确任务分工、实施表格式清单化管理，确保重大项目有序组织实施；通过建立项目跟踪盯引清单制度、打造大项目承接平台、优化招商引资方式等，推进重大项目跟踪服务。建立浙江自贸试验区重大项目库，全面覆盖扩区方案确定的五大功能定位建设任务。建立健全常态化的重大重点项目领导、调度、服务、督查和奖惩机制，形成项目推进的闭环，在国家有效监管前提下开展创新，高质高效推进浙江自贸试验区各领域工作。浙江自贸试验区管委会领导并统筹推进浙江自贸试验区制度创新工作。中国（浙江）自由贸易试验区政策法规局（以下简称浙江自贸试验区政策法规局）负责制度创新的计划拟订、任务分解、协调指导、成果评估、考核评价、宣传推广和组织培训等日常促进工作。各创新主体负责本

区域、本领域制度创新项目申报、组织实施、案例总结、配合评估和推荐报送等工作，协同其他创新主体开展制度创新，并积极向上争取改革试点。深化自贸试验区专项推进行动，在商事制度、贸易投资、金融开放创新、科技创新等领域，形成一批可复制可推广的制度创新成果。

一、建立项目储备招引机制

浙江省自贸办和浙江自贸试验区管委会应更好地发挥重大制度创新谋划设计、统筹推进的作用，着眼深层次、结构性问题，协调跨层级、跨地域、跨部门力量，提出系统化解决方案；各相关地区、相关部门，积极配合、快速响应、敏捷动作、扎实落地。建立浙江自贸试验区制度创新储备项目库，由各职能部门负责主动上报创新事项，浙江自贸试验区管委会负责全流程管理、打磨成熟、上报节点研判等，综合形成制度创新成果收集、整理、优化完善、复制推广的良性机制。每年9月超前启动投资项目"三个清单"编制工作，紧扣投资导向和政策机遇，精心谋划和储备一批重大项目，从基础设施建设、社会民生、产业发展等领域准确选取省列、市列重大项目，做好重大项目清单编制和前期工作，切实提高项目转化率和二产项目占比。根据项目大小建立市、县（区）及功能区分层推进机制，重大项目要安排市领导牵头推进。中心内部建立项目评估协调例会制度，对项目承接能力和要素保障做综合评估，评估项目准入可行性。推动产业链精准招商，围绕现有产业基础与未来发展方向，制定绿色石化、能源贸易消费结算、海洋渔业、海洋旅游、船舶、海洋电子信息、航空、海事服务、清洁能源与装备等九大产业链行动计划，大抓"链主型"企业和关键项目招引。按照健全一个机制、做强一批平台、打造一支队伍、优化一套服务"四个一"的要求，坚持"一把手"带头招商，强化重点领域攻坚突破，强化项目落地，强化项目开工，拿出务实举措确保完成重大项目储备招引任务。优化体制机制为项目建设加速度提供强大引擎。

二、健全项目动态调整机制

健全重大项目动态调整，建立重大项目分类完善机制。建立重大项目数据库，根据"任务清单、完成清单、问题清单"对项目实施精细化管理。对已经完工的项目，进行必要的实地或书面验收，并予以初步效果评价后，调整至建设完工项目库存档；对已经确定不具备实施条件的项目，及时调整至取消停建项目库存档。对在建项目，一方面完善推进机制，加快项目建设进度；另一方面完善动态补充机制，结合年度重大项目编制进行补充，不断完善在建项目库，为浙江自贸试验区建设提供强有力的项目支撑和工作抓手。建立分级分期调度的调度机制。落实领导干部包抓项目责任制，每年建立浙江自贸试验区片区领导包抓重大项目清单，确定片区领导联系人，开展实地调研、现场办公、协调解决项目推进中存在的问题，实行对接服务，全面跟踪落实领导包抓项目的各项工作任务。建立健全制度创新指引、专家辅导、会商协同和领导协调机制。浙江自贸试验区政策法规局会同浙江自贸试验区研究院，聚焦油气全产业链发展，根据当前阶段的重点难点问题，结合国内外好的经验做法，及时制定发布制度创新指引，为各创新主体自主改革提供参考借鉴。浙江自贸试验区政策法规局依托浙江自贸试验区研究院，整合各类智库资源，聚焦油气全产业链为主的加工、贸易、交易、储备、航运、燃料加注、金融、法律等领域，建立制度创新研究中心，定期或不定期开展外部专家辅导，为创新主体开展制度创新研究及风险研判提供智力支撑。浙江自贸试验区政策法规局根据制度创新项目形象进度、创新主体需要和浙江自贸试验区管委会领导要求，适时组织开展跨部门、跨领域和跨区域会商，切实提升制度创新协同力和集成度。各创新主体在推进标志性、突破性制度创新项目过程中，遇到重大疑难问题、确需领导协调的事项，可将相关情况及时报送浙江自贸试验区政策法规局，汇总分析后，提请浙江自贸试验区管委会领导协调推进。构建评估推广机制。

三、落实项目要素协调机制

落实项目要素协调机制，强化对重大项目指导协调力度，实行"一月一调度、一季度一通报"，对存在的问题进行派单跟踪、落实销项，抓好重大项目全周期服务保障。从省（市）层面出台支持自贸试验区建设若干意见，各相关职能部门围绕自身职能编制相应支持政策或意见。通过统筹新增建设用地指标、结合国土空间规划调整等方式优先配置土地资源，加大国省资金争取、强化政银企对接和加快平台整合，优先保障重大项目建设资金需求，统筹调配全市能耗指标、淘汰落后产能，优先保障节能减排指标，引进、培养、选派人才以保障项目建设需求。通过加强组织领导，举行重大项目集中开工和观摩等活动，营造项目建设良好氛围。探索推进"三三三"项目工作机制，建设"投资项目在线监管平台"，打造项目"签约落地、开工建设、竣工投产、产能释放"闭环工作链，实现从招商引资—项目建设—入库入统全过程监管，取得初步成效。秉承"金牌店小二"服务理念，为每个重点项目配备服务秘书，明确责任部门、责任领导，从项目实际出发，了解实际需求，解决实际问题，确保项目周周有进展、定期有突破。制度创新效果评估过程，更多引入市场主体的反馈意见和建议，也在此过程中提高市场主体对政府部门制度创新工作的理解、信任和获得感，邀请更多企业成为自贸试验区制度创新合作者。

四、完善项目推进督查机制

完善项目推进督查机制，建立领导挂钩重大项目机制，由分管领导分别挂钩重大项目，督促、会办、推进实施方案各工程相关目标任务。建立重大项目建设"五个一"推进机制，即一个重大项目、一名责任领导、一个责任部门、一套实施方案、一套考核体系。重大项目办每周现场推进一次，每月书面通报一次，每季度考核一次，对工作滞后责任部门进行公开通报等处理。采取窗口催办、实地督办、链条跟办、进度评办相结合的督查机制。纪委、监察局制定重点项目推进监督措施，强化监督检查，以督促有关职能部门加强配合，确保重大项目建设顺利实施。强化"三级督查"，做到发现问题与解决问题"两手抓"。通过开展"三级督查"，既帮助企业和项目发现问题，倒逼高效推进、加快建设；又注重协调解决问题，倒逼职能部门主动作为、履职尽责，破解项目建设拖延、推进缓慢的难题。落实"三项机制"，做到规范管理与主动服务"两手抓"。推行督查考核体系。省级层面组建督导组对片区建设情况进行全面督查；各片区建立考核评价机制，并将考核结果上墙通报、晾晒成绩。浙江自贸试验区管委会按照物质、精神、机会奖励有机结合的原则，对制度创新工作先进单位和个人实施奖励激励。各创新主体应当高度重视制度创新工作，对标志性、突破性制度创新项目实施专班推进机制，明确分管领导、实施单位（处室）和工作联系人。跨部门制度创新项目由牵头部门会同有关创新主体建立专项工作小组。各级组织、宣传、机构编制等部门对制度创新促进工作进行指导和支持。各级财政应积极支持自贸试验区制度创新，加强资金统筹力度，优先用于制度创新促进工作。将风险防范贯穿于制度创新全过程，坚决守住意识形态底线、国家和公共安全底线、生态环境保护底线。

五、加强项目建设考核机制

加强项目建设考核机制，逐项细化分解为具体工作任务，形成项目建设实施方案。把考核指标分解落实到具体工程项目，落实到项目牵头责任单位。把考核结果纳入相关单位年度目标考核，以考核刚性要求来推动项目建设。设立专项奖励资金，制定考核奖励办法，对完成任务的工作小组成员进行奖励；对推进项目工作不力，导致项目建设不能按规定进度进行的，对有关单位和责任人予以责任追究。按照属地管理原则，明确重大项目责任领导、责任部门和主管部门，逐项细化进度计划和目标任务，落实各方主体责任。通过强化清单滚动管理、线上线下精准调度，执行常态化督导检查，对重大项目建设纳入全市重点工作评价考核体系，实行正向激励和惩戒措施。以项目落地为考核重点，加大内外资进资考核权重，形成以进资为目标、以项目论英雄的考核机制，把引进和建设"大项目"作为招商引资的关键点、产业结构调整的撬动点、经济高质量发展的支撑点。信息发布机制、评估推广机制、重大项目推进机制三个机制落实情况已被纳入浙江省政府督查考核内容，作为各片区财政资金、土地指标、能耗指标等资源要素分配和自贸试验区年度工作评先评优的重要依据，使浙江省真正建立健全上下协同、高效运转的管理体制，加快自贸试验区建设任务的落实，凝聚起推动自贸试验区高质量发展的强大合力。2022年是浙江自贸试验区建设的深化之年，浙江进一步健全完善自贸试验区的工作机制，在现有的信息发布、评估推广、项目推进等三个机制基础上，迭代推出新的"三机制"，即常态化考核机制、财政激励机制、对标对表机制。浙江推动完善与自贸试验区建设成效评价结果相挂钩的财政激励机制，突出转移支付的绩效导向，为自贸试验区发展提供更有力的支撑。

第五节　高效协同机制

自贸试验区要不断提高发展水平，形成更多可复制可推广的制度创新成果，需要推进统筹协同机制。牢牢把握国际通行规则，加快形成与国际投资、贸易通行规则相衔接的基本制度体系和监管模式，既充分发挥市场在资源配置中的决定性作用，又更好发挥政府引领性作用。系统总结评估自贸试验区改革经验和创新成果，建立健全制度创新的生成机制、复制推广机制和部门考核机制。深化制度创新，建立制度创新储备库。加强制度创新成果的总结，推动自贸试验区制度创新成果加快向区外复制推广。继续完善多级联动、多方协作的制度创新体制，为更高质量制度创新的推出带来源头活水。

一、持续迭代优化考核机制

浙江自贸试验区建立"短流程、快反应"制度创新设计和落地推进机制，持续迭代优化考核办法，开展常态化年度考核，为全国自贸试验区考核评价探路。加强组织领导，建立党工委、管委会统筹制度创新常态化工作机制，将制度创新工作作为自贸试验区综合改革的重要内容，明确年度制度创新工作计划与重点创新项目。各部门、各单位按照年度计划组建制度创新项目专班，明确项目负责人，并安排领导班子成员专人联系、指导。跨部门（单位）的项目应商议建立工作协同机制，抽调精干力量参与。重大项目由管委会领导联系、指导。定期对制度创新成果开展第三方评估，按照首创性、可复制推广性、风险可控性等标准进行综合评选。舟山市和浙江省自贸办要进一步研究自贸试验区改革发展的指标体系，围绕"一中心三基地一示范区"总目标，把目标和具体项目分解为各年度任务，形成一个强势推进的年度作战图，确保各项任务明确责任单位、明确年度目标。围绕投资自由化、贸易便利化、金融开放创新、事中事后监管、人力资源和特定区域复制推广六大领域，设计系统化、精准化的指标评价体系，通过定量化方法，获取有价值数据，全面了解复制推广落实效果、群众满意度。通过实地调查、发放调查问卷等方式获取直接数据，归纳整理各方的诉求与建议。压实各级责任，加强任务分解，一项一项抓落实，一项一项抓推进。按照"一年交一个账，三年交总账"的要求，不断建立工作推进机制，谋划制定各类专项计划，针对重点任务建立例会机制，确保任务有部署、有反馈、有成效。建立评价体系，优化政府部门评价、第三方评价和企业评价，构建以质量和效益为核心的自贸试验区改革的评价体系，全面准确评估改革成效，强化制度创新绩效考核。将制度创新工作纳入自贸试验区片区年度组织绩效考核，重点考核形成制度创新成果、争取改革试点、开展集成创新项目等工作内容。中国（浙江）自由贸易试验区建设领导小组成员单位要各司其职、各负其责、通力合作，举全省之力建好自贸试验区，完成各项国家战略目标。

二、建立财政正向激励机制

浙江省财政厅创新出台《浙江自贸试验区建设激励型财政转移支付实施办法》，自 2021 年到 2025 年，浙江每年统筹安排一定规模资金，对各片区实行激励型财政转移支付，通过财政体制的放权赋能和引导激励，为自贸试验区发展提供更有力的支撑。浙江将推动完善与自贸试验区建设成效评价结果相挂钩的财政激励机制，突出转移支付的绩效导向。健全制度创新促进的体制机制，唤醒强大改革合力，建立"市场本位"制度创新设计、评估和督导机制。形成政府部门制度创新与市场主体"前期对接—中期磋商—后期反馈"的深层次良性合作模式，鼓励企业、第三方机构、专家、社会组织等结合自身发展需要，积极为自贸试验区制度创新建言献策。探索引进市场主体对制度创新主责部门的"态度、力度、效度"评分，督促相关部门进一步提高积极性。制度创新效果评估过程，更多引入市场主体的反馈意见和建议，也在此过程提高市场主体对政府部门制度创新工作的理解、信任和获得感，邀请更多企业成为自贸试验区制度创新的推动力量。将制度创新纳入自贸试验区高质量发展表彰评选条件。落实制度创新资金保障。安排专款用于制度创新的工作开展及激励保障，加大财政资金安排向制度创新工作的倾斜力度，对制度创新所需的财政预算、经费拨付予以优先保障。同时研究出台相关正向激励办法，将制度创新工作作为评价人才、使用人才的重要参考，激发创新活力，激励创新探索。

三、完善创新容错纠错机制

建立健全自贸试验区制度创新容错纠错机制，出台《自贸试验区制度创新容错纠错暂行办法》。对制度创新未能实现预期目标，但符合改革方向和有关决策程序的，依照国家和本市有关规定免予追究责任或者从轻、减轻追究责任，以此鼓励自贸试验区先行先试、制度创新，充分激发各类市场主体活力。自贸试验区肩负着建设新时代改革开放新高地的使命，是构建高水平开放型经济新体制方面的"探路者"。在探路的过程中，鼓励自贸试验区片区建设工作的全市各级党政机关、国有企事业单位及相关工作人员充分利用"一带一路""长三角一体化"等平台，在制度创新、改革试点、招商引资、科技创新、开放合作、促进要素流动等领域大胆试、大胆闯、自主改，打造具有舟山特色的自贸区创新机制。在自贸试验区推进符合改革方向的压力测试、探索创新、推动发展、破解难题的过程中，出现失误或者偏差，符合规定条件的，对有关单位和个人免于追究相关责任。另外，还要建立健全市场主体轻微违法行为容错纠错机制，教育、告诫、引导违法行为当事人改正轻微违法行为，以促进经营者依法合规诚信经营。自贸试验区应设评估和容错机制，建成全球高端要素配置平台。自贸试验区要打造具有全球影响力和国际竞争力的支撑体系和生态环境，必须在更多领域实行差别化探索，开展互补和对比试验，激发高质量发展的内生动力。容错纠错机制的实行，有助于广大干部解放思想，在战略理念、制度政策、承载功能、基础设施、产业项目、人才技术等方面进行新的探索，从而更好地释放自贸试验区的发展潜力和动能，助力自贸区高质量发展。

四、健全全流程的管理机制

健全全流程的管理机制，明确自贸试验区建设指标体系、工作体系、政策体系、评价体系，目标、任务和责任到人，时间到点。加强与横、纵向沟通合作。总结可复制的改革试点经验，做好压力测试。着力抓好配套方案制定、具体政策研究、重大项目落地。对于有基础、能为国家做贡献的重点领域，积极争取先行先试、率先探索。聚焦自贸试验区发展需要、企业创新需求，紧扣科技协同创新、产业链开放创新、创新生态与营商环境建设，突出系统集成和协同创新，推动形成更多全方位、高层次、高质量的系统集成创新成果，打通不同地区、部门和行业之间的壁垒，开展更多跨地区、跨部门、跨行业、跨领域的集成创新项目。推进浙江自贸试验区建设要把握基本定位，强化使命担当，完善工作机制。加强组织实施，在国务院自由贸易试验区工作部际联席会议统筹协调下，充分发挥地方和部门积极性，抓好改革深化举措的落实。争取形成"因地调法"的制度创新法治保障机制。将浙江自贸试验区制度创新与"法治中国"建设更深层次融合，争取推出一些"调规动法"规格的制度创新，并争取国家授权一些不合时宜的法规在浙江自贸试验区"暂停实施"，为下一步国家层面立法优化调整提供实践经验和素材。实施制度创新全流程管理，具体包括以下程序：①年度计划与任务分工。浙江自贸试验区政策法规局根据国家、省、市（新区、自贸试验区管委会）工作总体要求和年度任务安排，拟定制度创新年度计划与任务分工，经浙江自贸试验区管委会研究审定后，印发实施。②项目申报与纳库管理。各创新主体结合工作实际，向浙江自贸试验区政策法规局申报制度创新项目。制度创新项目应申报创新主体、创新事项、预期效果、完成时限等内容。浙江自贸试验区政策法规局经过筛选、会商和领导审定等程序，建立年度制度创新项目库，并根据工作需要进行动态调整。③组织实施与分类促进。各创新主体对纳入年度重点制度创新项目库的事项，分项拟定推进计划，专班组织实施。浙江自贸试验区政策法规局根据标志性、突破性、改进性等创新等级，实施 ABC 分类管理，每季度汇总制度创新项目形象进度，报浙江自贸试验区管委会领导审阅，并根据需要启动工作促进机制。④评估上报与应用推广。浙江自贸试验区政策法规局每年两次委托第三方机构开展制度创新评估工作，上半年为 4—5 月，下半年为 10—11 月。评估完成后，经浙江自贸试验区管委会领导审定，按照程序上报浙江省自贸办和国家商务部。根据浙江省自贸办制度创新省内复制推广工作安排，浙江自贸试验区政策法规局及时拟定可在全省或省内特定区域范围复制推广建议方案，报浙江省自贸办。

五、强化制度创新导向机制

强化制度创新导向机制，通过系统总结浙江自贸试验区在改革创新方面的新经验、新探索、新成就，真正实现创新与发展相统一、理论与实践相统一的战略目标。对标对表试点任务，深入查摆问题和不足，狠抓整改提升。推动自贸试验区与各区市联动发展，充分发挥制度创新和开放优势，复制推广更多经验做法，推动自贸创新成果惠及浙江全省。抢抓机遇扬优势强弱项，发挥长三角一体化合作优势，做强先进制造业和生产性服务业，把重大战略叠加机遇、自贸试验区先行先试政策转化为舟山开放发展新优势。统筹用好舟山市资源，做好"自贸区 +"文章，实现产业开放创新、科研成果转移和营商环境优化全面转型升级，推动舟山片区走在前、开新局。自贸试验区建设的核心是制度创新，按照"听意见、列清单、研究透、创试点"的要求，围绕企业发展中的堵点痛点，助力产业开放创新。以更强统筹压实责任，浙江省自贸办要发挥牵头抓总作用，进一步完善机制、梳理研究、复盘督导，强化政策、基金、土地等资源要素配置，做好风险闭环管控，确保各项改革积极稳妥推进。各级各部门要对标对表、推进改革。结合当前自贸试验区建设需要，立足自身实际，找准突破口，一体推动、一体落实。对于已有制度框架的改革任务，对照中央要求继续巩固完善，建立长效机制；对于正在探索的改革任务，要在充分学习借鉴先进经验的基础上，狠抓攻坚克难，争取尽快形成制度安排；对于有待谋划推出的改革任务，要大胆改革创新，及时研究制定方案，争取早日实施。相关主体应加强协调，群策群力。完善制度创新共享平台建设，推动各片区创新经验系统集成和标准化输出。优化复制推广模式，提高制度创新经验复制推广效率。建立制度创新统筹协调机制，定期举办制度创新总结和交流会，推进创新政策实时交流。以制度创新为导向定期发布"场景机会清单"，组织实施前瞻性、验证性和试验性应用场景项目，为压力测试和先行先试提供优质服务。统筹利用好各类资源支持创新改革，增强自主性、原创性、集成性创新原动力。

自贸试验区建设不仅是以新的制度红利促进贸易自由化、投资便利化及金融国际化水平的战略选择，更是与"一带一路"倡议相衔接、构建更高层次开放型经济的重要支点。扩区后的浙江自贸试验区，围绕国家赋予的五大战略功能定位，突出抓好特色亮点，建设一批具有重大代表性、引领性、推进力的标志性工程，成为畅通国内国际双循环的战略平台，成为构建新发展格局的有效支撑。国务院扩展区域方案中明确规定：要加强既有区域和扩展区域的联动发展、融合发展，既有区域和扩展区域各项政策措施可叠加适用，这对浙江自贸试验区各片区之间实现政策资源共享、放大改革红利具有重要意义。强化四个片区联动发展，坚持制度创新和项目建设双管齐下，推动舟山片区做强油气全产业链、建设大宗商品资源配置高地，推动宁波片区锻造世界一流强港硬核力量、建设先进制造业集聚区，推动杭州片区建设数字贸易示范区、国际金融科技中心、数字物流先行区，推动金义片区打造高水平世界小商品之都，加快形成自贸试验区高质量发展标志性成果。

第七章　浙江自由贸易试验区制度创新评估分析

作为中国对外开放的"新名片",自贸试验区在引领中国更高水平对外开放的历史进程中肩负着重要使命。浙江自贸试验区舟山片区牢牢把握服务国家战略的核心任务,深化改革创新,实现了"无中生油""聚气发展"的改革突破,为全国自贸试验区改革创新蹚出了特色化差异化发展道路,取得了10项"全国之最"标志性改革成果。

第一节　浙江自由贸易试验区建设成效

浙江自贸试验区舟山片区按照"一中心三基地一示范区"思路,打造国际油气交易中心,国际油气储运、国际石化产业、国际海事服务等基地以及以油气为核心的大宗商品跨境贸易人民币国际化示范区,肩负起为国家试制度、为地方谋发展的重任。作为唯一一个由陆域和海洋锚地组成的自贸试验区,依托舟山群岛得天独厚的区位优势、岸线优势,以及长三角一体化和长江经济带区域协同腹地优势,以制度创新为核心,以可复制可推广为基本要求,重点发展油气全产业链,交出亮丽的成绩单。时至今日,浙江自贸试验区不仅率先实现赋权扩区,大胆实践长三角自贸试验区联动发展,更实现浙江自贸试验区联动创新区省域全覆盖,累计形成制度创新成果335项。其中,全国首创达到113项,31项复制推广到全国;舟山片区累计形成215项制度创新成果,其中103项为全国首创,30项复制推广到全国。

一、油气全产业链基本成型

浙江自贸试验区聚焦油气全产业链高质量发展，积极探索提升以油气为核心的大宗商品全球资源配置能力，不断提高中国油气产业国际竞争力，构建开放型经济发展新体制、新模式。舟山建成全国最大、全球第二的石化基地，年炼油量达4000万吨；实现"十年任务四年完成"的建设目标；建成全国最大能源保障基地，油气储存能力达3400万立方米；建成全国重要LNG登陆中心，LNG年接收能力达750万吨；举办世界油商大会，搭建具有全球影响力的国际油气产业合作平台；建成全国第一大油气贸易港，2021年油气贸易额达7800亿元。海事服务蓬勃发展，保税船用燃料油供应量和结算量分别占全国的30%和50%，成为中国第一、全球第五的加油港。在以船用燃料油供应为牵引的同时，全力打造海事服务生态链，实现外轮供应"一船多能"常态化，成为全球潜力最大、效率领先的区域。舟山还在全国率先发布低硫油价格指数，建成全国首个船舶进境通关无纸化口岸。浙江自贸试验区取得的各项发展成就能够带动浙江省经济增长并辐射至其他城市，成为浙江省经济增长的新引擎。无论在制度创新突破、营商环境优化，还是在构建世界级产业集群等领域，舟山都取得丰硕的成果，正加速成为全国开放底色最鲜明、产业优势最突出、市场主体最活跃、创新动能最强劲的自贸试验片区之一。浙江自贸试验区舟山片区挂牌五周年主要指标如表7-1所示。

表7-1　浙江自贸试验区舟山片区挂牌五周年主要指标

序号	指标名称	2017年	2018年	2019年	2020年	2021年	年均增长
1	大宗商品贸易额（亿元）	1853	3991	4793	7790.9	8945.09	48.2%
2	油品贸易额（亿元）	658	2214	3202	5580	7379.01	82.9%
3	船用燃料油直供量（万吨）	182	359	410	472.4	552.17	31.9%
4	外轮供应货值（亿美元）	4.65	15.1	22	24	30.88	60.5%
5	油品储备能力（万吨）	2049	2591	2790	2907	3059	10.5%
	其中：商业储备（万吨）	1249	1791	1990	2107	2259	16%
6	油气吞吐量（亿吨）	6994	7119	8810	12749	13252	17.3%

序号	指标名称	2017 年	2018 年	2019 年	2020 年	2021 年	年均增长
7	原油加工量（万吨）	—	—	469.6	2306	2652.4	137.6%
8	石化工业产值（亿元）	—	—	161.75	747.9	1390.2	193.2%
9	跨境人民币结算额（亿元）	33	728	960	1048.3	1038.7	136.8%
10	实际利用外资（亿美元）	0.96	2.94	1.01	2.35	2.64	28.8%
11	外贸进出口总额（亿元）	232	642	861	1236	1950.9	70.3%
12	铁矿石混配量（万吨）	807	1296	1572	1656.4	1752	21.4%
13	新增注册企业数（家）	4167	7413	6927	7357	8954	21.1%
14	新增油品企业数（家）	812	1998	2917	1880	1696	20.2%

资料来源：中国（浙江）自由贸易试验区舟山管理委员会《关于报送自贸试验区相关工作材料的报告》。

二、一流营商环境持续优化

舟山片区通过实施"放管服"和"最多跑一次"改革，建立与国际接轨的自由贸易规则体系，营造市场化、法治化、国际化的营商环境。坚持以"最多跑一次"改革为引领，建立企业开办"一门进出、一窗受理、一套材料、一次采集、一网通办"服务模式，实现常态化企业开办 4 小时办结。率先开展"证照分离"改革全覆盖试点，破解"准入不准营"问题，降低企业制度性交易成本。大宗货物和国际船舶通关无纸化、外轮供应经营许可获取便利度、外籍船员出入境便利度等提升明显，获得业界企业普遍好评。与此同时，舟山片区以建设数字自贸区为引领，强化数字服务体系建设，依托数字化手段持续提升加油服务能力，打造"即加即走"的高效营商环境，特别是持续完善自贸试验区国际船舶保税油加注智能监管服务应用场景。一是聚焦口岸通关提效降费。浙江自贸试验区加快口岸开放，打造全国最优全球前列的口岸通关环境。出台减免货物港务费、降低锚地受油船舶引航费政策文件，口岸减费成效明显，原油、铁矿砂等大宗商品口岸费用同比下降 30% 以上。二是加速跨境贸易结算便利。浙江自贸试验区跨境融资、贸易外汇事项办理耗时大幅压缩，分别从 2019 年年底的 5 天、2 天压缩至 1 天。跨境人民币结算高速增长，同比增长 28.8%。三是力推审批服务提质增效。船员换班时间进一步缩减，全国 30%、全省 80% 的船员在舟山完成换班，换班船员办理登离船手续时间从 2019 年年底的 12 个小时进一步缩减为即时办结，办证时效走在全国沿海城市前列。外国人工作许可证和居留许可证两证办结效率进一步提升，办理时间缩短至 3 个工作日。出入境便利政策措施覆盖率为 100%，浙江省委改革办通报舟山出入境实现率和满意度 2 项民调指标浙江省第一。

三、人民币国际化日益扩大

建设大宗商品跨境贸易人民币国际化示范区是舟山片区的重点任务之一。围绕"大宗商品跨境贸易人民币国际化示范区"建设，加大政策争取突破力度，跨境人民币结算便利化试点落地效果良好，为推动人民币国际化起到了积极作用。跨境人民币结算从微而至著，累计突破 3000 亿元，年均增长 440%，油品贸易跨境人民币便利化结算机制基本形成。2021 年，舟山片区完成跨境人民币结算量为 1038.6 亿元，其中大宗商品跨境人民币结算量为 60.06 亿元，增长 122.1%，政策惠及面拓展至全国 800 余家企业，业务覆盖由中国香港、中国澳门扩展到了日本、美国、德国等 54 个国家和地区，成为浙江跨境人民币结算和跨境融资业务的重要通道。围绕"大宗商品跨境贸易人民币国际化示范区"建设，浙江自贸试验区探索实施一批创新性、突破性的金融改革举措，形成一批全国领先的创新经验，例如率先开展资本项目收入结汇支付便利化试点，大宗商品仓单质押融资、境外船供油跨境人民币业务、自贸区油品企业便利化支付等多项全国首单金融创新业务落地实施。同时，浙江自贸试验区锚定大宗商品期货、现货交易机制的合作，成功推动上海期货交易所战略入股浙江国际油气交易中心，共建大宗商品期现一体化市场迈出实质步伐。自贸试验区每一次的迭代升级、创新发展离不开更高水平的金融开放、改革与创新的有力支撑。浙江自贸试验区还在"加强金融开放赋能""加强金融创新赋能""加强金融科技赋能"上做好制度创新大文章。加强金融开放赋能方面，浙江自贸试验区在更大范围、更多领域推动人民币国际化示范区建设，在大宗商品投资贸易、跨境电商等重点领域进一步推动跨境人民币使用，并探索在浙江自贸试验区内开展海外人民币投资基金、合格境外有限合伙人等试点。在加强金融创新赋能方面，浙江自贸试验区抓住国家赋权机遇，开展本外币一体化账户试点，积极研究利用本外币合一账户设计创新业务，为国家本外币一体化账户体系改革试点先行探路。加强金融科技赋能方面，争取开展央行数字货币、区块链金融等数字金融、科创金融等国家试点，深化金融科技应用创新，以金融科技创新引领金融体系服务"双循环"新发展格局。推进人民币国际化战略，支持自贸试验区内金融机构和企业在境外发行人民币债券，鼓励所筹资金在境外使用，推动以人民币计价的金融产品的发行和交易；积极探索大宗商品贸易与交易人民币计价结算；逐步探索自贸试验区开展油品现期货交易采用人民币计价、结算等。进一步拓展金融服务功能，提升对浙江自贸试验区大宗商品贸易交易和投融资便利化的金融支持力度。

四、首创集成创新成果丰富

创新突破，是浙江自贸试验区与生俱来的"基因"。浙江自贸试验区自成立以来一直以制度创新为核心，取得一系列制度创新成果，涵盖审批、监管、投资、贸易、人才、技术等多个方面，能有效解决市场配置资源时的短板，减少交易流程，简化交易操作，精准监管交易过程，提高交易效率。以实施《关于支持中国（浙江）自由贸易试验区油气全产业链开放发展的若干措施》为契机，进一步完善重点任务落实和制度创新体制机制，推动国际油气交易中心、国际海事服务基地、国际油气储运基地、国际绿色石化基地和大宗商品跨境贸易人民币国际化示范区建设进程，探索油气等大宗商品领域差异化改革，形成更多可复制推广的制度创新成果，实现区域功能价值的充分释放。挂牌以来，浙江自贸试验区舟山片区累计探索创造出 215 项特色制度创新成果，其中 103 项为全国首创，"首创率"为 47.9%，30 项在全国复制推广，在数量和质量上均走在全国第三批自贸试验区的前列，其中 10 项制度创新列入国务院第四批和第五批复制推广名单，4 项改革试点经验列入商务部第三批"最佳实践案例"，16 项被国家相关部委复制推广。特别是在保税船用燃料油供应领域，参照国际先进规则，优化供应、调和、仓储、交易等环节，在行业准入、技术标准、供应模式、通关监管等多方面共形成 68 项集成性制度创新成果，为保税燃料油产业高质量发展提供强有力的制度保障，极大提升舟山保税船用燃料油的国际竞争力。从新制度经济理论来看，浙江自贸试验区改革创新带来的一系列制度红利能够吸引更多资金、技术、劳动力等流入，成为经济增长的内生动力，有效推动浙江经济高质量增长。浙江自贸试验区围绕油气全产业链的制度创新，以产业发展为导向，对接企业诉求，已经实践开展不同税号油品混兑、一船多供、一船多能等举措，在油品加工、油气储运、油气交易、燃料油加注等环节取得制度成效，推进油气全产业链的创新发展。浙江自贸试验区以油气全产业链为核心，不断聚集创新要素和资源，进行制度建设探索，已经从油气储运、油品加工和交易、燃料油加注等全链条进行制度突破，体现明显的模块化集成创新特点。其中保税加油许可权下放、不同税号保税燃料油混兑、原油非国营贸易进口资格企业试点等制度举措，打破石油行业的垄断，不仅是浙江自贸试验区的重大制度创新，更是中国油气管理体制的重大创新，对中国开展进一步的油气体制改革具有重要意义。

五、形成十大标志性新成果

浙江自贸试验区舟山片区牢牢把握国家战略的核心任务，坚定立足舟山、面向全国、辐射全球的战略发展总坐标，以"为国家试制度、为开放搭平台、为地方谋发展"为己任，深化改革创新、持续攻坚突破，实现"无中生油""聚气发展"的改革突破，为全国自贸试验区改革创新蹚出特色化差异化发展道路。形成以下十大标志性成果：一是建成全国最大、全球第二的石化基地。坚持"民营、绿色、国际、万亿、旗舰"的发展定位，在鱼山石化基地超常规建设浙石化炼化一体化项目，实现"十年任务四年完成"，形成4000万吨/年炼油能力，培育全市首个产值千亿元企业，在东海洋面上打造一座璀璨绚丽的国际石化城。二是打造全国最大的能源保障基地。聚焦保障国家能源经济安全，全力推动一批重大油气储运项目建设，形成国有、民营共同发展的储备模式，累计形成油气储存能力3400万立方米，国家储备原油保障能力占全国1/4。三是构筑全国最活跃的油气产业发展高地。大力推动油气全产业链投资便利化和贸易自由化，打通原油进口、成品油出口、保税油加注、油品批发无仓储、油品贸易人民币结算等关键环节，在全国率先获批油气全产业链开放发展赋权政策，营造公平、开放、活跃的油气市场，累计集聚国有、民营、外资等各类油气企业9000余家，成为全国油气企业最为集聚的地区之一。四是迈入全国第一、全球第五的国际船加油港行列。坚持对标新加坡，在全国率先承接国家审批权限下放，集聚国有、民营、外资等保税油经营企业 18 家，探索形成行业标准规范，攻坚突破跨港供油、不同税号油品混兑等系列政策，保税油年供应量达 552 万吨，年均增长 31.9%，成为全球增速最快、潜力最大、效率领先的区域。五是打造全国第一大油气贸易港。依托完善的油气产业链，积极发展油气进出口贸易，深化与上海期货交易所"期现合作"，打造区域能源贸易消费结算中心，港口年油气吞吐量达到 1.32 亿吨，跃升为全国第一，累计实现油气贸易额 19033 亿元，年均增长 83%。六是发布全国唯一具有影响力的低硫油价格指数。联合上海期货交易所实质性共建长三角期现一体化交易市场，发布中国舟山低硫燃料油保税船供报价，推动我国首次在保税燃料油加注领域应用舟山的价格指数，打破严重依赖国际定价的局面。七是启动全国最大的 LNG 接收中心建设。扎实谋划推动 LNG 项目建设，建成投运新奥舟山 LNG 接收站，累计实现 LNG 接收能力 1000 万吨 / 年，占浙江省 50% 以上，中石化六横 LNG 接收站、浙能六横 LNG 接收站等项目扎实推进，未来将形成年 LNG 接收能力超 2750 万吨。八是打造全国最优的船舶通关数字口岸营商环境。率先试点船舶通关一体化改革，建成全国首个船舶进境通关无纸化口岸，舟山数字口岸综合服务和监管平台上线运行，国际贸易"单一窗口"船舶通关"一单多报"经验成为全国样板，船舶口岸通关效率连续多年保持全国领先。九是搭建具有全球影响力的国际油气产业合作平台。连续五年举办世界油商大会，邀请国际油气领域知名企业开展合作交流，丰富产业对接形式，拓宽产业合作领域，形成全球油气领域具有较大影响力的国际化、专业化、市场化合作平台。十是建成全国最大的铁矿石中转基地。充分发挥马迹山、鼠浪湖矿石中转码头地理环境、区位特点、保税协同等多方面优势，加快建设国际矿石中转基地，系统化拓展和丰富铁矿石储运、加工、分销业务，有序推进大宗商品储运和分销中心建设，铁矿石吞吐量达到 1.78 亿吨，混配矿 1752 万吨，业务辐射长江沿线 30 余家钢厂。

第二节　自贸试验区制度创新评估标准

浙江省自贸试验区舟山片区始终坚持首创性、差异化探索路径，充分发挥"排头兵"作用，探索形成 215 项具有舟山特色、浙江辨识度、全国影响力的制度创新成果。制度创新的质量，经毕马威企业咨询（中国）有限公司、浙江省自由贸易发展中心等第三方从战略高度、精准性、创新性、有效性、复制推广性、引领性等维度进行评估，同时从挖掘创新亮点、深化创新实效等角度提出针对性建议，精准施策，帮助进一步提升制度创新实力。

一、精准性

精准性的评估标准主要基于三个方面，即该制度创新成果是否精准符合国际高标准经贸规则指向、是否精准符合浙江自贸试验区功能定位和建设要求、是否精准符合市场主体实际需求。评估结论分为三个层级，分别是高、中、低。精准性评估要素及结果示意如图 7-1 所示。

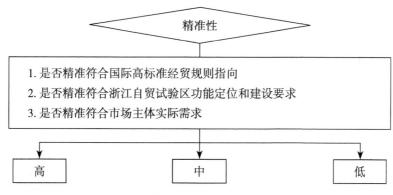

图 7-1　精准性评估要素及结果示意

二、创新性

创新性的评估标准主要基于该制度创新成果的改革意义是否重大、改革理念是否前沿、推出时间是否领先于全国等。对比分析国内其他区域（含其他自贸试验区、特殊监管区、经济特区等区域）推出实施的创新举措，制度创新案例的新颖程度，分析其在全国的影响力，创新性可分为全国首创、优化创新、集成创新三个层次。①全国首创：对区域发展具有较大的促进作用，符合自贸试验区定位部署，能够较好地凸显自贸试验区特色，改革经验走在全国前列；在流程重塑、制度再造、多部门协同、以法破题等重点制度创新领域具有较大突破；具有中央部委文件、全国牌照试点。②优化创新：对国家层面复制推广的改革试点经验或其他地区优秀案例进行优化改进；立足特色优势、对标国际经贸规则，在贸易便利化、投资便利化、数字化改革等关键领域进一步拓展深化。③集成创新：围绕市场需求，统筹资源要素和政策举措，实现跨部门、跨领域、跨行业的创新整合，可与全国首创、优化创新相结合。创新性评估要素及结果示意如图7-2所示。

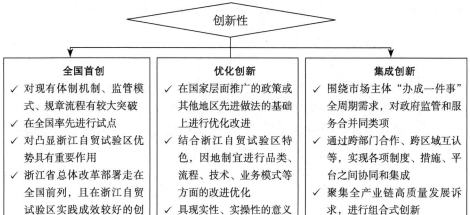

图7-2 创新性评估要素及结果示意

三、实效性

结合自贸试验区各片区产业发展实际，以问题和企业需求为导向，综合分析落地实施后成效以及市场主体和社会反响情况，实施有效性评估，依据图7-3中的6项要素的完备情况，评估结论分为三个层级，分别是显著（6项全部满足）、中等（满足3~5项）、一般（满足3项以下）。

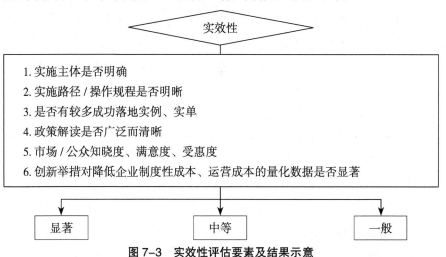

图7-3 实效性评估要素及结果示意

四、复制推广可行性

制度创新成果在风险可控、实施操作等方面是否具备比较成熟的条件，能够具备在全省或者全国推广的普适性，评估结论可分为高、中、低三个层次。复制推广可行性的评估，主要关注三个维度，一是复制推广的"价值"，二是复制推广的"条件就绪度"，三是复制推广的"风险可控性"。复制推广可行性评估要素及结果示意如图7-4所示。

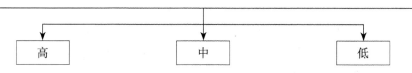

图7-4 复制推广可行性评估要素及结果示意

五、引领性

制度创新成果主要围绕适应市场主体需求、数字赋能助力职能转变等方面是否具有引领示范作用，评估结论可分为强、中、弱三个层次。引领性的评估标准主要基于"三全""三对"六个方面进一步发力。即该制度创新成果是否聚焦事物发展的全过程、产业发展的全链条、企业发展的全生命周期，是否更好地对标国际高水平经贸规则、对接和服务国家重大战略、对应市场主体与产业功能提升等需求，进一步推动浙江自贸试验区创新建设和集成化制度创新。引领性评估要素及结果示意如图7-5所示。

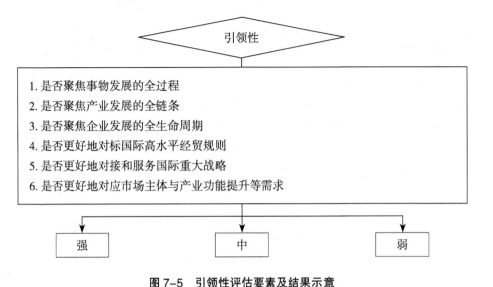

图 7-5　引领性评估要素及结果示意

第三节　浙江自贸试验区制度创新总体评估

浙江自贸试验区坚持以制度创新为核心，形成 335 项成果。舟山片区坚持立足国家战略、聚焦特色发展，狠抓制度创新，围绕《中国（浙江）自由贸易试验区总体方案》《国务院关于支持中国（浙江）自由贸易试验区油气全产业链开放发展若干措施的批复》等提出的战略定位和发展目标，充分发挥港口区位、油气产业等优势，聚焦大宗商品资源配置基地建设，重点发展油气储运、加工、贸易和交易及海事服务全产业链，进一步推动以油品为核心的大宗商品全球配置能力提升，形成 215 项制度创新成果，其中全国首创 103 项，30 项被国务院复制推广，制度创新在第三批自贸试验区中位居前列。

一、聚焦精准性，围绕国家赋予的定位目标进行制度创新

《中国（浙江）自由贸易试验区总体方案》是浙江自贸试验区建设的基本遵循和重要纲领，聚焦精准性，切实符合国际高标准经贸规则指向，符合舟山片区的功能定位和建设要求，符合企业和基层的现实改革需求；以制度创新促进战略定位的实现、建设目标的达成、试验任务的落地，精准发力、成

果得力。围绕油气全产业链建设的鲜明特色，在保税船用燃料油经营、原油非国营贸易、外资准入、民营企业参与大石化及 LNG 建设等方面创新体制机制，打破油气领域国有垄断的"坚冰"，在全球油气等能源领域发展中异军突起，行业影响力和知名度大幅提升，为舟山片区油气全产业链高质量发展提供坚实保障。如以浙石化为代表的成品油非国营贸易出口资质、配额获批，补齐油气全产业链短板，是舟山片区主动作为、扩大开放、打造政策高地的重要表现。油气贸易及改革创新带来的经济、社会等综合效应逐步显现，切实发挥了"为国家试制度、为开放搭平台、为地方谋发展"的试验田作用。

1. 制度创新为战略定位的实现提供坚实支撑

《中国（浙江）自由贸易试验区总体方案》提出的战略定位是"以制度创新为核心，以可复制可推广为基本要求，将自贸试验区建设成为东部地区重要海上开放门户示范区、国际大宗商品贸易自由化先导区和具有国际影响力的资源配置基地"。浙江自贸试验区舟山片区的 215 项制度创新成果，均符合这一战略定位要求，且有较多含金量较高的制度创新成果，为战略定位的实现提供坚实支撑。制度创新成果举例如表 7-2~ 表 7-4 所示。

表 7-2　与"东部地区重要海上开放门户示范区"密切相关的制度创新成果举例

序号	制度创新成果
1	油品全产品链合作平台建设
2	国际航行船舶进出境通关全流程"一单四报"
3	国际航行船舶进出境通关全流程无纸化
4	国际航行船舶港口国监督检查远程复查模式
5	完善江海联运综合服务平台
6	开展海洋综合行政执法体制改革
7	保税船用燃料油管理平台数据协同共享
8	发布海上油品加注气象灾害风险指数

资料来源：中国（浙江）自由贸易试验区管理委员会《中国（浙江）自由贸易试验区三周年制度创新成果第三方评估报告》，由毕马威企业咨询（中国）有限公司评估；中国（浙江）自由贸易试验区舟山管理委员《舟山第八批制度创新成果第三方评估报告》，由浙江省自由贸易发展中心评估。表 7-3、表 7-4、表 7-14~ 表 7-22 的资料来源与此相同。

表7-3　与"国际大宗商品贸易自由化先导区"密切相关的制度创新成果举例

序号	制度创新成果
1	开展原油非国营贸易进口资格企业试点
2	全国首个保税船用燃料油价格指数
3	打造国际化油品贸易交易企业服务平台
4	大宗散货"先进库、后报关"监管制度
5	油品交易区块链"仓单通"融资与交易平台建设
6	平台化综合报价服务体系
7	国内成品油非国营贸易出口资质和配额试点
8	保税船用燃料油混兑调和加工贸易出口退税

表7-4　与"具有国际影响力的资源配置基地"密切相关的制度创新成果举例

序号	制度创新成果
1	打造国际化油品贸易交易企业服务平台
2	大宗商品金融服务创新中心服务基地建设
3	油品转口贸易跨境人民币结算便利化
4	油品贸易跨境人民币支付便利化
5	"资本项目收入结汇支付便利化"改革试点
6	全国首个中国远洋渔业指数
7	保税船用燃料油经营企业优胜劣汰机制
8	发布舟山油品仓储企业安全管理指导手册

2. 制度创新为建设目标的达成提供可靠保障

《中国（浙江）自由贸易试验区总体方案》提出的建设目标是"经过三年左右有特色的改革探索，基本实现投资贸易便利、高端产业集聚、法治环境规范、金融服务完善、监管高效便捷、辐射带动作用突出，以油品为核心的大宗商品全球配置能力显著提升，对接国际标准初步建成自由贸易港区先行区"。浙江自贸试验区的制度创新目标导向清晰、落地成果显著，为建设目标的达成提供可靠保障。制度创新成果举例如表7-5~表7-12所示。

表 7-5　促进"投资贸易便利"的制度创新成果举例

序号	制度创新成果
1	保税燃料油供应服务船舶准入管理新模式
2	保税燃料油跨关区直供
3	运输工具（船舶）全国通关一体化改革创新
4	企业投资项目"一三六"高效审批机制
5	工程建设项目审批管理信息系统
6	实施"投资项目承诺制＋标准地"改革试点

资料来源：中国（浙江）自由贸易试验区管理委员会《中国（浙江）自由贸易试验区三周年制度创新成果第三方评估报告》，由毕马威企业咨询（中国）有限公司评估。表 7-6~ 表 7-12、表 7-23~ 表 7-27 的资料来源与此相同。

表 7-6　促进"高端产业集聚"的制度创新成果举例

序号	制度创新成果
1	绿色船舶修理企业规范
2	外籍船舶设备外发修理集中申报制度
3	航空产业链合作平台建设
4	航空产业园"区港联动、直通入区"模式
5	全国首个船舶保险服务平台
6	建造商直租业务允许享受现有融资租赁的税收政策

表 7-7　促进"法治环境规范"的制度创新成果举例

序号	制度创新成果
1	"海上枫桥"海上综合治理与服务创新试点
2	开展海洋综合行政执法体制改革
3	基层社会治理综合服务中心
4	打造"指尖上的公共法律服务超市"
5	企业刑事合规风险防控体系
6	"或有负债"平移式破产和解模式

表 7-8　促进"金融服务完善"的制度创新成果举例

序号	制度创新成果
1	外汇投融资便利化创新试点
2	"境外船供油"跨境人民币结算试点
3	大宗商品金融服务创新中心服务基地建设
4	自贸试验区金融服务指数及应用体系
5	自贸试验区金融监管服务意见大数据追踪全视体系（TRACE-S）
6	"续贷通 2.0"新模式

表 7-9　促进"监管高效便捷"的制度创新成果举例

序号	制度创新成果
1	保税油供油企业信用监管新模式
2	船舶供油"网上申报＋远程监管"模式
3	外锚地保税燃料油加注监管新模式
4	国际航行船舶港口国监督检查远程复查模式
5	大宗散货"先进库、后报关"监管制度
6	船舶配件"快速分拨"模式

表 7-10　促进"辐射带动作用突出"的制度创新成果举例

序号	制度创新成果
1	保税燃料油跨关区直供
2	保税船用燃料油"一船多地多供"供应模式
3	全国首单全流程船用燃料油出口退税
4	运输工具（船舶）全国通关一体化改革创新
5	全国首个保税燃料油供应业务操作规范
6	全国首个中国远洋渔业指数

表 7-11　促进"以油品为核心的大宗商品全球配置能力显著提升"的制度创新成果举例

序号	制度创新成果
1	油品全产品链合作平台建设
2	全国首个保税船用燃料油价格指数
3	大宗散货"先进库、后报关"监管制度
4	平台化综合报价服务体系
5	大宗商品金融服务创新中心服务基地建设
6	油品交易区块链"仓单通"融资与交易平台建设

表 7-12　具备"自由贸易港区先行区"建设要求的制度创新成果举例

序号	制度创新成果
1	不同税号保税船用燃料油混兑
2	全国首单全流程船用燃料油出口退税
3	全国首创开展锚地综合海事服务
4	国际航行船舶进出境通关全流程无纸化
5	"建标—对标—达标—创标"循环长效优化营商环境模式
6	外国人工作证件"一窗受理，一口办结"工作机制

3. 制度创新为试验任务的落地提供实践方法

《中国（浙江）自由贸易试验区总体方案》提出的主要任务和措施涵盖"切实转变政府职能""推动油品全产业链投资便利化和贸易自由化""拓展新型贸易投资方式""推动金融管理领域体制机制创新""推动通关监管领域体制机制创新"等领域。浙江自贸试验区舟山片区的 215 项制度创新成果，经第三方角度汇总分析，主要集中于五个领域，分别是"推进油气产业链高质量发展"82 项，"创新贸易监管与服务模式"34 项，"以系统思维着力优化营商环境"45 项，"提升事中事后监管能力和执法司法水平"37 项，"深化金融领域开放创新"17 项，如表 7-13 所示。所涉及领域与试点任务措施要求高度吻合，为试点任务措施的落地见效提供实践方法、系统解决方案。如《中国（浙江）自由贸易试验区总体方案》"建设国际海事服务基地"提出的其中一项试验任务是，"全力优化通关等服务方式，将保税燃料油加注纳入'单一窗口'申报平台，开通挂港加油船舶通航、通关特殊通道，简化和加快加油船舶进出自贸试验区通关手续，方便符合条件的船舶驶入特定海域（码头）进行加油操作"，浙江自贸试验区通过"保税燃油加注'一口受理'平台""保税油统一调度服务平台及专用锚位建设""国际航行船舶进出境通关全流程无纸化""口岸港航通关服务一体化'4+1'模式特色应用"等一系列举措，系统推进这一重要任务落地见效，从通关流程、通关通道、通关手续、通关效率等多个维度给出解决方案。

表 7-13　第三方角度，浙江自贸试验区五周年制度创新成果涵盖领域

创新领域	数量（项）	占比
推进油气产业链高质量发展	82	38.2%
创新贸易监管与服务模式	34	15.8%
以系统思维着力优化营商环境	45	20.9%
提升事中事后监管能力和执法司法水平	37	17.2%
深化金融领域开放创新	17	7.9%
合计	215	100%

资料来源：中国（浙江）自由贸易试验区舟山管理委员会《中国（浙江）自由贸易试验区五周年制度创新成果第三方评估报告》，由浙江省自由贸易发展中心评估。

二、聚焦创新性，打造特色产业制度开放集成性新突破

浙江自贸试验区舟山片区始终坚持需求导向和问题导向，聚焦创新性，打造了更多首创性、集成性、迭代性的新突破。秉承"大胆试、大胆闯、自主改"的要求，将"为国家试制度、为区域谋发展"有机联系起来。围绕行业和市场诉求、企业反映的现实问题，以制度创新为突破口，为本地行业企业解决制度性瓶颈、促进经济发展，也为国家全行业监管大体系的优化不断贡献力量。根据第三方评估分析，"全国首创" 103 项，占比 47.9%；"集成创新" 66 项，占比 30.7%；"优化创新" 46 项，占比 21.4%。浙江自贸试验区制度创新成果首创率、复制推广率居于全国自贸试验区前列，充分发挥自贸试验区作为改革开放"试验田"的作用，为全国其他地区提供有益借鉴。

1. 第一家、第一单、第一例，全国首创制度贡献较多

浙江自贸试验区创出的 103 项"全国首创"制度创新成果，具有较强的全局和典型示范意义。一是形成具有突破意义的全国"第一家"创新，是"从零到一"的成就，尤其放开了一些"过去不能做"的原油非国营贸易进出口资质等；二是因浙江自贸试验区在客观条件上具备一些国家重大改革试点落地的承载能力，也勇于担当、积极向国家争取，获得了国家赋予的"先试"权，完成了多个全国"第一单"测试；三是推出具有行业级、国家级标准意义的"第一例"监管办法、标准规范等，对接国际最高水平、最好标准，以"标准化"促进中国政府治理能力现代化。制度创新成果举例如表 7-14~

表 7-16 所示。

表 7-14 强调突破性，在全国推出的"第一家"制度创新成果举例

序号	制度创新成果
1	开展原油非国营贸易进口资格企业试点
2	保税燃料油"一船多供"供应模式
3	保税燃料油"一库多供"供应模式
4	油库功能整合
5	两仓库容"总量核准、动态管理"制度
6	实施竣工"测验合一"改革试点
7	国内成品油非国营贸易出口资质和配额试点

表 7-15 强调落地性，在全国推出的"第一单"制度创新成果举例

序号	制度创新成果
1	全国首票进口货物"两步申报"改革试点业务
2	全国首单全流程船用燃料油出口退税
3	运输工具（船舶）全国通关一体化改革创新
4	外汇投融资便利化创新试点
5	资本项目收入结汇支付便利化改革试点
6	油品转口贸易跨境人民币结算便利化
7	保税船用燃料油现货非标仓单质押融资业务试点

表 7-16 强调标准性，在全国推出的"第一例"制度创新成果举例

序号	制度创新成果
1	全国首个保税燃料油供应业务操作规范
2	全国首个船舶燃料油加注系统计量技术规范
3	全国首个保税船用燃料油价格指数
4	全国首个保税船用燃料油标准格式合同
5	全国首个绿色船舶修理企业规范
6	江海联运直达船舶造船技术标准与相关规范
7	构建保税低硫燃料油船供舟山报价机制

2.跨部门、跨区域、跨层级，系统集成制度作用突出

秉持"整体政府"治理理念，浙江自贸试验区制度创新工作不断由单一性创新向复合性创新、由单部门创新向多部门联合创新升级转变，跨部门、跨区域、跨层级密切协同趋势明显。第三方评估认为，浙江自贸试验区已推出66项较高质量的跨部门、跨区域、跨层级的制度创新成果。通过跨部门联合服务、联合监管，织密市场运行的保障网络；跨区域联动服务、联动监管，为市场主体更大区域范围内自主开展业务保驾护航；跨层级事权下放、信息资源共享，为全面激发市场活力带来新动能、新力量。制度创新成果举例如表7-17~表7-19所示。

表7-17 推出的"跨部门"制度创新成果举例

序号	制度创新成果
1	船用燃料油加注安全管理联合惩戒机制
2	国际航行船舶进出境通关全流程"一单四报"
3	"海上枫桥"海上综合治理与服务创新试点
4	基层社会治理综合服务中心
5	"1+N"重点领域事中事后监管体系
6	外国人工作证件"一窗受理，一口办结"工作机制
7	建立水产加工行业环保规范技术标准

表7-18 推出的"跨区域"制度创新成果举例

序号	制度创新成果
1	航运企业跨省迁移"船舶不停运"
2	开展跨港区船舶供受油作业一体化监管试点
3	宁波舟山港核心港区"船舶交通组织一体化"
4	保税燃料油跨关区直供
5	保税船用燃料油"一船多地多供"供应模式
6	平台化综合报价服务体系
7	全链条数字化营商服务综合平台

表 7-19 推出的"跨层级"制度创新成果举例

序号	制度创新成果
1	国际航行船舶保税油加注许可经营
2	完善江海联运综合服务平台
3	开展原油非国营贸易进口资格企业试点
4	运输工具（船舶）全国通关一体化改革创新
5	"标准地"淘宝商城
6	全国首单全流程船用燃料油出口退税
7	建立企业数字化智慧管理平台

3. 新技术、新流程、新模式，优化创新制度红利释放

浙江自贸试验区结合当地特色产业、特色条件、特色需求，应用新技术、新流程、新模式，让先进而成熟的政府治理模式升级成果用最短时间"为我所用"，创造出 46 项优化创新制度，为市场主体经营活动降成本、优服务，制度红利不断释放。制度优化创新成果举例如表 7-20~ 表 7-22 所示。

表 7-20 应用"新技术"的制度优化创新成果举例

序号	制度创新成果
1	保税燃油加注"一口受理"平台
2	保税油供油企业信用监管新模式
3	进境保税油检验监管新模式
4	进境固体大宗散货实施"无人机＋水尺计重"创新监管模式
5	船舶配件"快速分拨"模式
6	"海上枫桥"海上综合治理与服务创新试点
7	发布舟山油品仓储企业安全管理指导手册

表 7-21 采取"新流程"的制度优化创新成果举例

序号	制度创新成果
1	"资本项目收入结汇支付便利化"改革试点
2	进境保税金属矿产品检验监管模式
3	大宗散货"先进库、后报关"监管制度
4	航空产业园"区港联动、直通入区"模式
5	实施"投资项目承诺制＋标准地"改革试点
6	企业投资项目"一三六"高效审批机制
7	"智慧鱼山"——超大型工地数字化治理应用场景的岱山实践

表7-22 创造"新模式"的制度优化创新成果举例

序号	制度创新成果
1	"自贸通才"人才培养模式
2	建设自贸试验区企业融资监测导航体系
3	保税混配铁矿"三位一体"检验监管制度
4	大型进口设备"质量保证、抽批查验"监管模式
5	"或有负债"平移式破产和解模式
6	海域使用权、国有建设用地使用权联合招标拍卖挂牌出让模式
7	海岛三色智控均等化政务服务新模式

三、聚焦实效性，形成一批具有舟山特色的标志性成果

浙江自贸试验区保税船用燃料油混兑调和加工贸易出口退税、"电能碳指数"研究及运用等一批制度创新成果已经取得显著成效，为后续经验在全省、全国的复制推广工作提供有效保障，有效助力打造"重要窗口"重大标志性成果、共同富裕示范区建设。

1. 解析综合海事服务全生命周期，以健全的制度标准奠定做大做强的基础

浙江自贸试验区围绕"船东、船舶、船员"实际需求，积极深化拓展"一艘船"所需的"全套服务套餐"，即综合海事服务并配套相对完善的制度保障。通过系列制度创新成果的推出，船舶抵港更快速、物料供给更规范、燃油加注更敏捷、船员休整更方便、船舶维修更绿色、航运金融更丰富，并不断夯实法治化、国际化的特色营商环境保障体系，为进一步做大做强综合海事服务基地奠定坚实基础。浙江自贸试验区制度创新解构综合海事服务全流程如表7-23所示。

2. 以制度创新助推多元化产业体系构建，强化经济韧性

产业基础能力强，产业链水平高，支柱产业多元化，区域经济的韧性和活力就会更足。浙江自贸试验区以制度创新为重要手段，助力多元化产业体系的培育和夯实，在铁矿石混配中转、国际农产品贸易、航空制造、融资租赁等产业领域，也推出较高质量的制度创新成果，如表7-24所示。

表 7-23 浙江自贸试验区制度创新解构综合海事服务全流程

物料供给	燃油加注	船员休整	船舶维修	航运金融
国际航行船舶食品及饮用水供应"自助申报、动态监管"制度；船舶物料供退全程无纸化；出台国际航行船舶物料供应管理办法	外锚地加注；锚位智能调度；"一船多供"；"一库多供"；"一船多地多供"；"多船一供"	外国人工作许可证、工作类居留证件"一窗受理，一口办结"	船舶配件"快速分拨"模式；外籍船舶设备外发修理集中申报制度；绿色船舶修理企业规范	全国首个船舶保险服务平台

口岸便利通关环境保障

国际航行船舶进出境通关全流程"一单四报"
国际航行船舶进出境通关全流程无纸化
国际航行船舶港口国监督检查远程复查模式
口岸港航通关服务一体化"4+1"模式特色应用

公平法治监管环境保障

船用燃料油加注安全管理联合惩戒机制
船用燃料油加注计量技术规范

表 7-24 助推多元化产业体系发展的制度创新成果

产业业态	制度创新成果
铁矿石混配中转	同商品编码铁矿石混矿 保税混配铁矿"三位一体"检验监管制度 进口铁矿石"直卸直装"作业监管模式 进境保税金属矿产品检验监管模式
国际农产品贸易	进口粮食江海联运检疫监管制度创新 进口粮食"散改集"模式创新 全国首个中国远洋渔业指数
航空制造	航空产业园"区港联动、直通入区"模式 航空产业链合作平台建设
融资租赁	建造商直租业务允许享受现有融资租赁的税收政策

3. 完善全球资源配置的制度保障，形成特色营商环境优化的"舟山示范"

围绕油气全产业链和大宗商品全球配置对营商环境的特色需求，秉持"市场主体全生命周期便利化体验"的设计理念，浙江自贸试验区推出"3+3+1"营商环境特色指标体系，即大宗散货进出口贸易、跨境资金结算、外籍人员出入境及停居留服务管理 3 项特色指标，船用保税燃料油加注、外轮供应、国际航行船舶进出境 3 项创新指标，以及制度创新成果 1 项观察指标。以指标定性和定量目标为"风向标"，浙江自贸试验区各部门持续推出制度创新举措，助力特色营商环境优化，为打造国际大宗商品贸易自由化先导区和具有国际影响力的资源配置基地奠定坚实基础。与营商环境特色指标提升关联性较强的制度创新成果共计 45 项，如表 7-25 所示。

表 7-25　助推特色营商环境优化的制度创新成果

特色指标	有利于特色指标提升的制度创新成果
大宗散货进出口贸易	大宗散货"先进库、后报关"监管制度 进境固体大宗散货"无人机 + 水尺计重"创新监管模式 进境保税油检验监管新模式 进口粮食江海联运检疫监管制度创新 进口粮食"散改集"模式创新 全国首票进口货物"两步申报"改革试点业务 保税混配铁矿"三位一体"检验监管制度 进口铁矿石"直卸直装"作业监管模式 进境保税金属矿产品检验监管模式
国际航行船舶进出境	国际航行船舶进出境通关全流程"一单四报" 国际航行船舶进出境通关全流程无纸化 国际航行船舶港口国监督检查远程复查模式 口岸港航通关服务一体化"4+1"模式特色应用 运输工具（船舶）全国通关一体化改革创新 电子查船

特色指标	有利于特色指标提升的制度创新成果
船用保税燃料油加注	保税燃料油先供后报监管模式 保税燃料油"一船多供"供应模式 保税燃料油"一库多供"供应模式 保税燃料油出库"最多跑一次" 保税燃料油跨关区直供 保税燃料油跨港区供应 开展跨港区船舶供受油作业一体化监管试点 保税船用燃料油"一船多地多供"供应模式 保税燃料油"多船一供"模式创新 外锚地供油加注模式 外锚地保税燃料油加注监管新模式 外锚地保税燃料油受油船舶"申报无疫放行"制度 外锚地保税燃料油受油船舶便利化海事监管模式 简化外锚地保税燃料油加注船舶入出境手续 船舶供油"网上申报＋远程监管"模式 保税油统一调度服务平台及专用锚位建设 保税燃油加注"一口受理"平台 全国首个保税燃料油供应业务操作规范 出台船舶燃料油加注系统计量技术规范
外轮供应	国际航行船舶食品及饮用水供应"自助申报、动态监管"制度 出台国际航行船舶物料供应管理办法 船舶物料供退全程无纸化 全国首创开展锚地综合海事服务
跨境资金结算	资本项目收入结汇支付便利化改革试点 外汇投融资便利化创新试点 油品转口贸易跨境人民币结算便利化 油品贸易跨境人民币支付便利化 "境外船供油"跨境人民币结算试点 油品交易区块链"仓单通"融资与交易平台建设
外籍人员出入境及停居留服务管理	外国人工作证件"一窗受理，一口办结"工作机制

4. 构建市场主体全覆盖普惠制度，形成"最多跑一次"制度型方案

"最多跑一次"改革是浙江省政府治理体系和治理能力现代化的重要品牌工程，是刀刃向内的自我革命，其发端于简政放权，发展于技术应用，着力于流程再造，服务于群众需求。浙江自贸试验区制度创新充分秉承"最多跑一次"先进理念和科学方法，在更宽更广的领域应用和落实，已涵盖商事登记、工程建设项目审批、贸易通关、资金融通、办税服务、事中事后监管等多领域，共计37项，如表7-26所示，持续放大便利化效应，形成一套自贸试验区框架下、更多元、更高效、更深入的"最多跑一次"解决方案，切实优化营商环境，普惠各行业、各领域市场主体。

表 7-26 浙江自贸试验区"最多跑一次"的制度创新成果

领域	制度创新成果
商事登记	推行商事主体登记服务"四个零"举措
	建立"一窗受理，集成服务"的"一站式"服务模式
	首个自贸试验区市场主体登记行政服务地方标准
	航运企业跨省迁移"船舶不停运"
	水路运输业务经营许可和船舶营业运输证"两证联办"
工程建设项目审批	工程建设项目审批管理信息系统
	企业投资项目"一三六"高效审批机制
	实施竣工"测验合一"改革试点
	实施"投资项目承诺制 + 标准地"改革试点
	创新竣工图电子化管理模式
	施工图"自审承诺制"改革
	首个自贸试验区企业投资项目行政服务地方标准
贸易通关	国际航行船舶进出境通关全流程无纸化
	保税燃料油跨关区直供
	保税燃料油先供后报监管模式
	保税燃油加注"一口受理"
	船舶供油"网上申报 + 远程监管"模式
	保税燃料油出库"最多跑一次"
	保税船用燃料油"一船多地多供"供应模式
	国际航行船舶食品及饮用水供应"自助申报、动态监管"制度
	大宗散货"先进库、后报关"监管制度
	进口铁矿石"直卸直装"作业监管模式
	打造国际化油品贸易交易企业服务平台

领域	制度创新成果
资金融通	外汇投融资便利化创新试点
	"资本项目收入结汇支付便利化"改革试点
	油品转口贸易跨境人民币结算便利化
	油品贸易跨境人民币支付便利化
	供应链备货融资服务"代理福转通"
事中事后监管	外锚地保税燃料油加注监管新模式
	外锚地保税燃料油受油船舶便利化海事监管模式
	油气贸易企业全流程监管服务
	进境保税油检验监管新模式
	简化外锚地保税燃料油加注船舶入出境手续
	深化工商、质监、食药监一体化大市场监管体系建设
	基层社会治理综合服务中心
办税服务	"离岛办税"模式
人才服务	外国人工作许可证、工作类居留证件"一窗受理,一口办结"

四、着眼推广性,可复制可推广制度创新辐射效应卓著

自贸试验区制度创新以"可复制可推广"为基本要求。浙江自贸试验区已有30项制度创新举措被国家层面复制推广。保税燃料油供应服务船舶准入管理新模式、国际航行船舶进出境通关全流程"一单多报"、外锚地保税燃料油受油船舶便利化海事监管模式等10个改革事项经国务院发文向全国复制推广,如表7-27所示;"海上枫桥"海上综合治理与服务创新试点、海洋综合行政执法体制改革、"竣工测验合一"改革试点、工程建设项目审批制度改革试点等4项制度创新成果入选自贸试验区"最佳实践案例",入选数量居第三批自贸试验区之首,为全国其他地区提供良好范本;另有16项被国家部委直接采纳,进行垂直系统内复制推广,或者集成浙江自贸试验区与其他地区创新元素,形成全国推广举措等。

表 7-27　浙江自贸试验区制度创新成果经国务院发文复制推广示例

序号	改革事项	牵头部委	领域
1	保税燃料油供应服务船舶准入管理新模式	交通运输部	贸易便利化
2	保税油供油企业信用监管新模式	交通运输部	事中事后监管措施
3	保税燃料油跨港区供应模式	交通运输部、海关总署	贸易便利化
4	外锚地保税燃料油受油船舶"申报无疫放行"制度	海关总署	贸易便利化
5	简化外锚地保税燃料油加注船舶入出境手续	公安部	事中事后监管措施
6	外锚地保税燃料油受油船舶便利化海事监管模式	交通运输部	事中事后监管措施
7	国际航行船舶进出境通关全流程"一单多报"	交通运输部、海关总署、国家移民管理局	贸易便利化
8	优化进境保税油检验监管制度	海关总署	事中事后监管措施
9	进境保税金属矿产品检验监管制度	海关总署	贸易便利化
10	优化进口粮食江海联运检疫监管措施	海关总署	事中事后监管措施

五、着眼引领性，数字赋能区域协同的高质量发展成效好

在数字化改革大背景下，舟山片区根据浙江省委数字化改革的决策部署，按照数字化改革"1+5+2"工作体系要求，梳理改革需求，谋划多跨场景，问计于企，问计于民，厘清堵点、痛点、难点问题，突出多跨场景和协同创新，以数字驱动制度重塑和创新。舟山片区制度创新成果体现出浓厚的数字化改革味道，各领域涌现出许多数字化改革创新案例，呈现以数字化提高改善管理效能、提高资源要素配置效率助力产业高质量发展的引领态势，创新主体更加多元，创新场景进一步丰富，呈现出数字化改革特色、长三角一体化特色、国际港航枢纽特色。强化数字驱动，以数字化赋能自贸试验区创新发展。例如，"智慧鱼山"——超大型工地数字化治理应用场景的岱山实践，围绕"主动发现—精准研判—即时预警—高效处置"的目标，结合绿色石化基地核心问题及需求，构建人车管控、通行管理、矛盾调处、疫情防控四个数字应用场景，以及数据需求、数据接口、系统集成三张任务清单，通过建立联查

联审、联调联处等工作机制，初步形成整体智治、协同高效的治理新模式。保税船用燃油调度服务系统 2.0 版功能不断完善，已入选浙江自贸试验区态势感知中心第一批"揭榜挂帅"应用项目。高新区数字经济管理平台建设，围绕企业办事便利化需求，在企业档案中心基础上，开发政企互动服务、项目档案管理、企业动态监测和政策兑现中心等功能模块，达到"企业不跑数据跑"的实践效果。舟山片区直接与数字化改革相关的制度创新成果如表 7-28 所示。

表 7-28　舟山片区直接与数字化改革相关的制度创新成果

序号	项目名称
1	建立企业数字化智慧管理平台
2	"智慧鱼山"——超大型工地数字化治理应用场景的岱山实践
3	保税船用燃油供应管理平台数据协同共享
4	海岛三色智控均等化政务服务新模式

资料来源：中国（浙江）自由贸易试验区舟山管理委员会《舟山第八批制度创新成果第三方评估报告》，由浙江省自由贸易发展中心评估。

同时，聚焦数字整合，提升政府综合管理能力。围绕数字化改革一体化要求，实现自上而下的顶层设计和自下而上的应用场景创新相结合，如"云上大厅"远程办事模式，针对舟山海岛交通不便，基层下放事项能力不足，基层工作人员能力不足等情况，通过线上线下深度融合，100% 还原县级政务服务中心实体大厅功能，高效实现 100% 办事不出村新体验。围绕一体化推进，实现信息高效协同，相互贯通。例如舟山籍船舶跨部门"多证联办"2.0 改革，通过梳理船舶类政务服务事项，精简申报材料，制定"多证联办"申请书和服务指南，覆盖舟山籍普通货船和工程船证书办理的全部情形，各部门审批流程提速增效，政务信息互通互享，实现 29 个政务服务事项申请书合一，企业通过浙江政务服务网一次申请即可办理。此外，聚焦数字赋能，提升产业发展，通过精准定位需求场景内容，用数字化改革进行提高管理与应用效能。例如，针对重大项目推进过程中劳资纠纷易发的情况，建设"重大项目劳资纠纷精密智治"场景应用，推广使用以实名制管理为核心的智能用工管理体系，切实降低纠纷发生率。再例如国际航行船舶预报"网上办"，针对国际航行船舶入出境办理手续，通过数字化改革，实现上下外轮许可和搭靠外轮许可在线申请、在线办理、在线审批、无纸化签发，以及港口行政许可手续"网上办""预约办"。

表 7-29　舟山片区与数字化赋能相关的制度创新成果

序号	项目名称	改革领域
1	进口原油"两段准入"通关监管改革试点	油气贸易
2	保税船用燃料油跨关区无纸化直供	油气贸易
3	在港船舶动态精准管控机制	航运物流
4	建立数字化航运政务服务系统	航运物流
5	国际航行船舶预报"网上办"	航运物流
6	舟山籍船舶跨部门"多证联办"2.0 改革	航运物流
7	"云上大厅"远程办事模式	基层治理
8	"重大项目劳资纠纷精密智治"鱼山项目场景应用	基层治理
9	E 讼服务新模式	法治服务
10	"E 周融"新型融资模式	金融服务
11	打造营商环境市场活力应用	营商服务
12	城区内涝精准智控预警平台	城市管理
13	公安 5G 智助警务亭试点	基层治理
14	"长三角警务一体化"跨省服务新举措	基层治理
15	信用综合赋能改革创新	营商服务

资料来源：中国（浙江）自由贸易试验区舟山管理委员会《舟山第八批制度创新成果第三方评估报告》，由浙江省自由贸易发展中心评估。

第四节　浙江自贸试验区制度创新重点案例

　　浙江自贸试验区坚持以制度创新为核心，走首创性、差异化改革探索之路，特别是围绕油气全产业链大宗商品投资便利化和贸易自由化进行不断探索和实践。舟山片区在制度创新方面呈现以下特征。一是"首创率"比例较高。215 项制度创新成果中，103 项为全国首创，"首创率"为 47.9%，充分体现首创性、差异化探索。二是"引领性"特点突出。超过一半的制度创新成果集中在油气相关领域。聚焦油气贸易、交易、储运、加工等全产业链，加快建设油气领域系统化闭环改革体系。特别是在保税船用燃料油加注方面，全面对标新加坡，围绕保税船用燃料油加注主体、油源供油、贸易交易、通关监管等全领域，下发5批改革创新任务清单，形成行业准入、技术标准、通关监管等31项集成性创新成果。三是"实效性"作用显著。坚持问题导向、产业导向，注重从企业需求、市场反响等角度推进改革，为企业发展提供实效性的制度保证。为优化船舶进出境通关环境，舟山片区围绕船舶通关打造全国样板。创新国际贸易"单一窗口"运输工具（船舶）"一单多报"、船舶通关一体化改革，在全国率先建成船舶无纸化通关口岸，船舶通关时长从16小时压减到2小时，大大提高效率，大幅降低企业经营成本。四是"复制推广性"明显。舟山片区在制度创新成果可复制可推广上也取得明显成效，"浙江经验"在全国范围复制推广，数量和质量上都走在第三批自贸试验区前列。国际贸易"单一窗口"船舶通关经验和国际航行船舶转港数据复用模式已在全国推广应用。五是精准性好。浙江自贸试验区以国际航行船舶保税油加注许可经营突破为切口，围绕油气全产业链开展制度创新实践，制度创新成果精准符合浙江自贸试验区功能定位和建设要求，较好符合市场主体实际需求。总之，浙江自贸试验区深化改革和全面开放以习近平新时代中国特色社会主义思想为指导，坚持稳中求进的工作总基调，聚焦聚力高质量、竞争力、现代化，深入践行新发展理念，坚定不移地推动高质量发展。围绕高质量，结合浙江特色，不断丰富高质量发展组合拳的招法；围绕竞争力，突出创新驱动，打造更多支撑国家战略的重大平台；围绕现代化，对标先进，培育具有引领性、示范性的浙江样板。以国际航行船舶保税油加注许可经营为重点案例，分析浙江自贸试验区制度创新的评估流程。

一、创新背景

开展"国际航行船舶保税油加注许可经营"改革试点，是推进浙江自贸试验区油品全产业链投资便利化和贸易自由化的重要举措，对于开放浙江自贸试验区国际航行船舶保税油加注市场，提高浙江自贸试验区国际航行船舶保税油加注国际竞争力，具有重要意义。通过改革审批方式和加强事中事后监管，进一步完善市场准入标准，使企业明确保税油加注许可经营的办理条件、办理程序，促使办证流程更加便捷高效，以解决国际航行船舶保税油加注许可经营办证难和市场准入难的问题。根据国务院印发的《中国（浙江）自由贸易试验区总体方案》，将自贸试验区内国际航行船舶保税加油许可权下放至舟山市人民政府。在此之前，国际航行船舶保税油供应业务实施特许经营审批权在国家相关部委，国内经营国际航行船舶保税油供应资格的仅有中国船舶燃料油有限责任公司、中石化中海船舶燃料供应有限公司、中石化长江燃料有限公司、中石化浙江舟山石油分公司、深圳光汇石油集团股份有限公司 5 家企业，这 5 家企业中 4 家属于国资企业，1 家是民营企业。

二、主要做法

舟山市人民政府根据国务院授权，于 2017 年 5 月 25 日印发《中国（浙江）自由贸易试验区国际航行船舶保税油经营管理暂行办法》（以下简称《管理暂行办法》），并于 6 月 1 日正式实施。①明确权责分工。舟山市人民政府对保税油经营实行统一管理，总量控制。进一步明确监管机制，由商务部门牵头，各相关职能机构参与，根据经营状况、安全监管、船舶管理、油品质量以及诚信管理等方面的情况，对新加入企业的经营进行严格管理。②优化市场准入。《管理暂行办法》按照公平准入的原则，统一各类市场主体准入的条件和标准，精简准入程序，在准入条件和管理机制上对照国际标准。在资质条件方面，只需供油企业自有 1 条以上供油船，油库可租赁，降低准入门槛。外资准入方面，放宽资本准入限制，未设置限制外资准入的条款，力争促进保税油行业良性竞争发展。③跨关区直供方面，突破跨关区直供限制，允许浙江自贸试验区审批的保税油加注经营企业，根据业务发展需要，突破 120 平方公里浙江自贸试验区范围，延伸宁波、南京、上海关区开展跨关区直供业务。此外，规范还要求注重相关供油设施、设备等有关规范要求，专业评估企业的行业地位、实力及商业计划，确保企业高水平规范运作，在放开市场的同时避免低水平恶性竞争。④树立行业规范。经营资格管理方面，新增企业经营背景要求。要求申请提供三年的相关油品经营记录和未来三年保税燃油销售商业计划书。通过评估近三年企业油品经营经验，判定其可持续发展态势和市场扩张能力，衡量企业在保税燃油领域的未来作为。新增安装质量流量计要求。作为公平交易和监管的必要手段，要求准入企业的船舶，无论自有或租赁，都必须安装质量流量计，同步实现新加坡的技术水准。为了进一步规范保税油市场，对保税油经营的全过程提出明确的规范性要求和严禁的行为，并实行年检制度，确立明确退出机制，指出企业在经营活动中未规范经营，达到退出条件的，吊销经营资质，并在一定年限内不得申请。

三、实践效果

第一，丰富保税油供应行业市场主体。填补国内保税油行业的制度空白，国内首先统一和放开各类企业准入的条件和标准，精简准入程序，允许不同性质的市场主体进入保税燃料油供应市场，调动国有、外资和民营企业投资积极性，打破几十年来只有"5+1"企业垄断经营的"坚冰"，增加浙江自贸试验区燃料油供应市场的竞争力和活跃度。自政策出台以来，已有13家企业获得浙江自贸试验区国际航行船舶保税油经营资质，涵盖市场主体广泛。第二，增强自贸试验区保税油加注能力。获得保税油经营资质的企业已陆续开展常态化供油业务，推动浙江自贸试验区保税油加注量的提高，加注能力提升，进一步促进浙江自贸试验区保税燃料油市场发展。截至2021年年底，舟山保税油供应量突破552万吨，年均增长31.9%，成为全球增速最快、潜力最大、效率领先的区域。迈入全国第一、全球第五国际船加油港行列。第三，推动全球船用油市场中心向中国转移。随着此次保税油加注资质许可权的下放，国际国内更多有实力的企业进入保税油供应市场，中国在全球船用油市场的份额大幅增加，未来将极大提升在亚洲地区的影响力和市场份额，成为世界重要船用油市场中心之一。

四、总体评价

毕马威企业咨询（中国）有限公司出具《中国（浙江）自由贸易试验区国际航行船舶保税油加注许可经营评估项目第三方评估报告》。总体评估意见是该创新案例内容与浙江自贸试验区定位、总体及实施方案、功能特色及发展需求的精准性等级为高。《管理暂行办法》的出台和实施，标志着国务院将国际航行船舶保税油经营许可权限正式下放，舟山市政府根据授权，明确行业准入的条件和标准，便于多元化市场主体参与，属于全国首创。由于该政策刚放开市场准入标准，对于市场放开后供油企业的监管管理尚需时日检验，加上浙江自贸试验区国际保税油供应产业链特殊战略地位决定其率先进行供油企业准入先行先试，目前可复制推广性等级为较低。

五、评估详解

制度创新评估从精准性、创新性、复制推广可行性展开。①精准性。浙江自贸试验区的战略定位为中国东部地区重要海上开放门户示范区、国际大宗商品贸易自由化先导区和具有国际影响力的资源配置基地。《中国（浙江）自由贸易试验区建设实施方案》中明确提出，制定出台《管理暂行办法》，确保国际航行船舶保税油经营管理规范有序，"以保税燃料油供应服务为突破口，建设国际海事服务基地"。根据国家有关规定，国际航行船舶保税油供应业务实施特许经营，多年以来，国内经营国际航行船舶保税油资格的企业仅有5家，为国际航行船舶加油提供的选择较少，供油能力相对有限，且未明确保税油供应资格的申请条件。评估认为，该创新案例内容与浙江自贸试验区的定位、总体方案和实施方案、功能特色及发展需求的精准性等级为高。②创新性。根据国务院印发的《中国（浙江）自由贸易试验区总体方案》，首次将区内国际航行船舶保税加油许可权下放至地市级政府。舟山市人民政府在全国首承国家下放的保税加油许可权，于2017年6月1日出台实施《管理暂行办法》，放开保税油企业审批，全国首创保税油供应资格的准入条件与标准，精简准入程序，允许多元化市场主体进入保税燃料油供应市场，已先后向13家企业颁发保税油经营资质，打破多年来国有保税油企业垄断经营的现状，增强浙江自贸试验区燃料油供应市场的竞争力和活力。这是自1972年国家批准开展保税燃油供应以来，首次规范企业进入保税燃油供应市场的标准程序。评估认为，此项案例属于全国保税燃料油供应行业的全国首创。③复制推广可行性。统一各类保税燃料油供应市场主体准入条件和标准，明确管理分工模式、精简市场准入机制、规范行业经营管理以及完善后续监管模式，有利于增强中国保税燃料油加注能力，丰富市场主体，增强市场竞争力，为中国保税燃料油供应市场的稳定发展提供了坚实保障，推动中国成为世界重要船用油市场中心之一。评估认为，放开保税油供应企业门槛，允许不同所有制企业进入，实施效果和监督管理尚需时日检验，目前可复制推广性等级较低。

第五节　浙江自贸试验区制度创新优化建议

站在扩大开放和深化改革全新的历史起点，浙江自贸试验区舟山片区制度创新，牢牢把握"为国家试制度，为地方谋发展"的使命，把自贸试验区建设与构建新发展格局衔接起来，以更大胆气和魄力，以更具战略性、前瞻性、洞察力的思路和理念，提升全球资源配置能力，以数字化改革为引领，加大差异化、特色化探索，完善制度安排、优化制度供给、贡献制度型解决方案，助力建设改革开放新高地、高质量发展共同富裕先行区，打造新时代全面展示中国特色社会主义制度优越性的"重要窗口"示范区。

一、牢牢把握国家战略布局，继续深层次制度创新延展

聚焦油气全产业链开放战略，针对市场主体业务开展遇到的具体难题，以制度创新、制度变革、制度集成的思维，积极打造以油气为核心的大宗商品全球资源配置基地建设。一是推动构建新型大宗商品储备基地，打造大宗商品战略中转基地。如争取石油储备基地改革，开展混兑储存、加工、现货交易等。完善油气储备与贸易金融融合发展的制度体系，推动油气储备业与金融保险业有机融合，加强储备贸易企业与金融机构联动，创新油气储备的金融衍生产品，发挥油气储备贸易的最大边际效应。二是利用上海期货交易所入股浙江国际油气交易中心的有利契机，深化与上海期货交易所的期现合作，创新交易模式，逐步提升舟山油气加工影响力。三是构建新型大宗商品跨境金融管理制度，稳步推进本外币一体化账户试点，争取新一轮跨境人民币政策，创新油气全产业链金融集成服务。四是强化法治理念引领和法治环境规范，研究探索油气等大宗商品治理领域改革的法理依据，建立完善与国际接轨、符合国家改革要求的油气新规则、新规章。

二、健全并完善制度创新体制机制，唤醒强大改革合力

继续完善多级联动、多方协作的制度创新体制，为更高质量制度创新的推出，带来源头活水。一是建立"短流程、快反应"制度创新设计和落地推进机制。浙江省自贸办和浙江自贸试验区管委会更好发挥重大制度创新谋划设计、统筹推进的作用，着眼深层次、结构性问题，协调跨层级、跨地域、跨部门力量，提出系统化解决方案；各相关地区、相关部门积极配合、快速响应、敏捷动作、扎实落地。二是继续完善制度创新体制机制，形成制度创新保障体系。持续完善自贸试验区制度创新体制机制体系，推动各级部门联动协作，发掘各类制度创新主体，释放更大的创新活力，形成更多具有集成性、高效性的制度创新。三是持续完善自贸试验区制度创新容错机制，强化

激励考核机制。以目标责任制考核为指挥棒。把制度创新工作作为各部门目标责任制考核的重要组成部分，建立差别化的激励机制，持续调动各级各部门的积极性。对制度创新工作开展情况完成较好的部门给予通报表扬，并作为协调推动各领域专项资金、土地及能耗指标等资源要素和工作年度考核评价的重要依据。加快研究出台相关正向激励办法，将制度创新工作作为评价人才、使用人才的重要参考，激发创新活力，激励创新探索。优化拓展容错机制适用范围，通过基本程序推进的突破性改革创新，最大限度宽容干部在改革创新中的失误，鼓励大胆试、大胆闯，为制度创新提供优良的空间保障。四是持续加强人才队伍保障。强化自贸试验区制度创新人才支撑引领作用，通过培养现有梯队、引进优秀人才，加强自贸试验区制度创新培训学习，持续提升制度创新工作质量，为自贸试验区制度创新提供强大的智力支持。进一步强化系统观念、运用系统方法，健全高效协同、一贯到底抓落实的体制机制，特别是高效协同机制、要素保障机制、争先创优机制，完善统计制度体系，推动形成更多高质量的标志性制度创新改革成果。

三、深化数字赋能，高质量开展数字贸易制度创新探索

深化数字赋能，打造一流营商环境。坚持数字化改革引领，迭代完善数字口岸综合服务、"江海联运在线"、国际船油加注智能调度服务等应用平台，加快油品仓储数字化监管、数字化交易等平台建设，努力打造自贸试验区特色领域数字化改革高地。持续深化"放管服"改革，争取省级权限下放，实施更高水平的便利化监管服务措施，完善全链条、全生命周期监管，进一步完善数字化特色营商环境体系。以加快建立与国际投资和贸易运行规则相衔接的制度为核心，以简政放权、放管结合、优化服务为主线，以营造市场化、法治化、国际化的营商环境为目标，重点围绕"五大自由＋数据安全有序流动"，推动自贸试验区政策制度体系深层次、系统性、集成性、首创性变革，提升自贸试验区软环境建设水平。继续紧跟浙江省数字化改革浪潮，高标准推进数字全领域制度创新。在浙江省数字化改革大背景下，按照《浙江省数字化改革总体方案》要求，加大数字化技术下多跨场景应用与政府治理、政府服务创新的智慧融合，全力提升制度创新数字化水平，进一步培育和激发市场主体活力，通过推进各类舟山特色的数字化应用场景建设，完善"互联网＋政务服务""互联网＋监管"体系，提升贸易投资便利化，建立健全事中

事后监管服务机制等，推动各类市场主体产生切实改变，为舟山数字贸易高质量发展增添新动能、创造新价值。

四、深化制度创新与产业发展融合，引领产业转型升级

浙江自贸试验区积极扩大改革自主权，深化制度创新与产业发展融合，争取国务院及相关部委进一步从简政放权、产业准入、海关监管、出入境管理，金融创新等方面出台一系列规范性文件，鼓励各国企业和资本进入舟山片区投资兴业，分享中国市场和改革开放成果。进一步聚焦培育重点产业，开展特惠型便利化制度创新，引领产业转型升级。以创新引领产业转型升级、动能培育、模式塑造，转变传统发展思路和发展方式，拓展产业发展新空间，推动浙江自贸试验区从要素驱动向创新驱动转变，打造具有浙江特色的产业创新高地。围绕传统产业领域企业自主创新水平提升、创新型企业集群培育等核心任务，着力提升企业创新主体地位，推动各类创新要素向企业集聚，充分激发传统产业领域创新主体活力。在拓宽油气全产业链制度创新的基础上，持续放宽海洋经济、生命健康、新材料等领域投资与经营限制，加快贸易负面清单制定。

五、深度嵌入长三角一体化，攻坚区域合作互惠型创新

长期以来，邻接上海是浙江发展的重要区位优势，也是浙江的资源优势。充分利用这一重要优势，全方位对接上海，是浙江提升在国家发展战略格局中的地位、实现产业转型升级和发展战略目标的关键性举措。浙江全方位、全领域接轨上海并非机械被动地等待上海的"辐射"和产业转移，而是充分认识、利用自身优势，练好内功，主动接轨，互相促进，共同发展。浙江自贸试验区制度创新，深度嵌入长三角一体化，更加需要"知己知彼"，攻坚区域合作互惠型创新。第一，立足浙江大湾区建设，在浙江自贸试验区赋权扩区时推进打通与上海自贸试验区新片区的连接通道，推动形成一体化的长三角自贸试验区。第二，积极推进大小洋山（洋山港区）全域一体化开发建设，推动洋山港区成为支撑长三角乃至长江经济带货物进出、江海联运的主要节点枢纽。第三，深化国际油气交易中心与上海期货交易所的期现合作，共同建设期现一体化的油气交易市场。第四，把握中国国际进口博览会机遇，邀请参展商赴浙江各地举办相关进口展、招商投资推介会等活动，推动中国国

际进口博览会相关项目到浙江落地。第五，以浙江在沪人才联合会为桥梁和纽带，做好以才引才、以才引企工作，赋能推动长三角 G60 浙江科创基地开花结果，共同构建长三角产业创新协同体系。谋划设计更多跨区域信息共享、业务共推、监管互认、规划互通、设施互联、利益共享的制度创新成果。同时，加强攻坚区域合作互惠型创新。例如，利用大数据挖掘和分析，研判抵达舟山港的国际航行船舶轨迹，以市场天然本源的轨迹为"一体化"制度设计的重要参考，积极主导推进长三角各港区通关监管和服务一体化进程；争取长三角海上交通联合指挥调度中心落户浙江自贸试验区，打造海上"无感智慧监管"等。以"期现合作"为纽带，持续推进与上海期货交易所合作，推出金融产品、金融服务创新，促成大宗商品期现市场联动发展。

第八章　浙江自由贸易试验区制度创新成功经验

浙江自贸试验区大胆闯、大胆试、自主改，为国家深化改革提供浙江经验，为扩大开放提供浙江案例，为国家能源安全贡献浙江力量。坚持系统谋划，对标浙江自贸试验区建设先进经验，用好浙江自贸试验区现有特色优势，找准具有突破性的重要抓手，真正做到站得高、想得远、看得准、抓得实，全力促进浙江自贸试验区建设提速增效。改革释放出制度红利，浙江自贸试验区舟山片区交出一份高分报表，不仅是我国加快打造新时代改革开放新高地的国家战略，还是融入国内国际双循环新发展格局的重要枢纽，也是浙江省高质量建设共同富裕示范区的排头先锋，更是舟山市高水平建设现代海洋城市的战略引领。

第一节　小切口突破

浙江自贸试验区主要依托舟山区域，以"小切口"撬动"大改革"，重点推进以油气全产业链为核心的生产、贸易、储运、结算的闭环改革，优化大宗商品投资便利化和贸易自由化，走出一条特色化差别化发展道路。突出改革创新，聚焦重点领域和关键环节，以小切口推动大改革，努力形成更多走在前列的制度创新成果，实现更高水平的开放发展。浙江自贸试验区建设油气全产业链，瞄准保税燃料油加注这个"小切口"。找到这个突破口，舟山片区沿着产业链上下游不断探索实践，找到制度限制所在，向中央争取"一船多供""一船多能""低硫燃料油退税"等一系列政策。以小切口改革牵引制度型开放迈向更高水平，以一座城市的改革试点，为国家重大战略布局，先行探路、积累经验。

一、以保税燃油为切口

浙江自贸试验区选择以保税燃油供应为突破口，建设国际海事服务基地。这不仅因为舟山本身区位优势和油气领域产业基础，更因为这个小切口背后有庞大的国际市场。据测算，平均每 1 美元燃料油加注费用背后，至少有 15 美元的综合海事服务产值。舟山港区每年有 2 万多艘外轮进出，而这些外轮却习惯去新加坡等港口进行加油补给。舟山港区背靠世界第一大集装箱港上海洋山港和世界第一大散杂货港宁波舟山港，巨大货流量并没有带来高端要素集聚。原因在于新加坡在企业资质和进出口配额许可方面，对从事油品进出口贸易的公司没有注册限制；从事油品进出口不需要事先领取进出口许可证，只需在进出口前通过电子系统向海关申请完成通关流程即可。浙江自贸试验区坚持问题导向，积极借鉴国外先进经验做法，逐项攻克瓶颈、小步快跑做加法，以小切口改革牵引制度型开放，率先构建保税船用燃料油多元竞争格局。作为全国首个保税燃油准入审批试点城市，以保税船供油为切口，放开保税油企业审批、改革审批方式和加强事中事后监管，批复 13 家地方牌照企业，形成国有、民营、外资多元发展趋势。浙江自贸试验区探索供油流程、供油环境、供油效率的改革创新，保税船用燃料油加注率先开展一船多供、先供后报、一库多供、多船一供、一船多地多供等 50 多项通关便利化举措，推动保税船用燃料油加注效率比肩国际水平。推动国产燃料油出口退税政策在全国实施，并在舟山率先落地，带动全国沿海港口供油价格降低，舟山价格已与新加坡持平。率先推动长三角保税船用燃料油供应一体化。在全国首创保税船用燃料油跨关区港区直供模式，开展与宁波、南京、上海等跨关区港区保税船用燃料油供应业务，实现区域性监管互认，大幅降低企业供油成本，进一步推动长三角海上一体化发展。率先开展海事服务综合集成改革。率先制定海洋锚地物料供应监管操作规程，依托国际贸易"单一窗口"，上线运行船舶供退物料通关服务平台，实现供水船、润滑油供应船等多元化"一船多能"，建立一站式综合海事服务体系，服务效率与新加坡基本持平。同时，保税油业务衍生的航运服务、金融服务和国际贸易，还将带动配套的仓储、物流、保险等行业，为加快浙江自贸试验区打造国际航运枢纽和离岸贸易中心的进程起到支点与推进器作用。

二、以绿色石化为支柱

油气是浙江自贸试验区的核心特色产业，绿色石化基地是舟山自觉承担国家战略、推进新区开发和自贸区建设的标志性项目。舟山片区紧紧围绕新发展理念，积极谋划，绿色石化基地顺利实现从 0 到 1 的跨越。油气全产业链，加工是核心。众所周知，乙烯是石化产业的重要原料，乙烯产品占整个石化产品的 75% 以上，其产量是衡量一个国家石油化工发展水平的重要标志之一。我国的乙烯下游产品长期存在缺口，需要从日本、韩国等大量进口。舟山绿色石化基地项目，是我国打破日本、韩国等石化强国对乙烯、芳烃等重要石化原料垄断的标志性工程，被认为是中国石化产业迈入国际一流行列的扛鼎之作。既是浙江自贸试验区打造油气全产业链、落实"一中心三基地一示范区"发展战略的重要依托工程，也是浙江建设"一带一路"，推动经济转型，构建开放型经济发展新高度、新优势的核心项目之一，对浙江省石油化工产业转型升级具有十分重要的意义。舟山绿色石化基地项目规划之初，就围绕高质量发展、高起点谋划的要求，确立以"国际、绿色、民营、万亿、旗舰"为发展定位，以乙烯、芳烃等国内紧缺的高端化工品为特色，以完善上下游一体化产业链、加快形成国际一流的万亿级石化产业集群为愿景。舟山绿色石化基地项目三期开发 15 平方公里，将谋划进一步扩大产业规模，重点发展与现代制造业、新能源、生命科学等新兴产业配套的石化新领域，形成世界级大型、综合、现代的石化产业基地。继续推进炼化一体化产业链延伸，加快中下游配套产业项目落地建设。十年任务四年完成，创造全国石化行业最快建设速度。放宽民营炼化领域投资准入，浙江石化 4000 万吨／年炼化一体化项目作为全国最大、全球第二的单体炼化项目创下多项纪录。

三、以能源安全为己任

舟山国家石油储备基地是首批四个国家石油储备基地之一，也是国内单体最大的国家石油储备基地。浙江自贸试验区积极践行"服务国家战略储备，护航国家能源安全"的初心使命，努力建设规模超前、管理领先、安全环保、设施一流的石油储备基地。肩负服务国家能源战略、护航国家能源安全，打造世界一流石油储运基地的重任，已建成 3400 万立方米油储基地，成为全球最大的油气储运基地，且尚有 5000 万立方米以上的可规划可建设空间；LNG 接卸能力达到 750 万吨，占浙江省 50% 以上，且已有 2750 万立方米以上的规划建设项目启动，浙江自贸试验区按照"1 亿吨"储备能力的目标，推进国际油气储运基地建设。视保障国家能源安全为己任，积极探索石油储备体制改革。形成陆海岛统筹联动、管线资源共建共享、国有民营外资公平竞争的开放格局。开展国储租赁民营油罐，商储与国储联动等相关业务试点，为国家油品储备创新改革提供经验。浙江自贸试验区舟山片区积极打造浙江省首个油气仓储价格品牌，成功实现仓储价格采集、处理和发布全流程线上化、便捷化。先行先试油气贸易市场化改革，率先在全国开展油品"批发无仓储"内贸分销改革，并向全国复制推广；率先在全国开展原油非国营贸易资格试点以及成品油非国营贸易出口改革，加快 LNG 接收中心建设，推动六横至宁波 LNG 外输管道接入省内天然气管网规划，适时接入国家管网。

四、以资源配置为导向

中国已成为世界上最大的石油消费国，但在国际石油定价等方面缺乏规则制定能力。建设油气大宗商品交易中心，对提高我国参与国际大宗商品定价、资源配置能力具有重大意义。以大宗油气市场建设带动大宗粮食、大宗建材、大宗矿石等其他大宗商品交易，打造与国际产业相融、市场相通、人民币结算为主的市场体系，是人民币国际化的重要一步，对中国国际地位、国际话语权的提升至关重要。自贸试验区作为我国对外开放的试验田，改革创新的排头兵，其核心是制度创新。建设国际油气交易中心，是依托浙江石油化工交易中心开展原油、成品油、保税燃料油现货交易的平台。在非产油地建设油气交易市场，货物需要快捷、方便地进行进出口和转口贸易，资金可以自由地流动，油气储存和运输都有完善保障，金融服务方便快捷。浙江自贸试验区制度创新就是通过打造以油气全产业链为特色的自由贸易制度体系，建设便捷港口航运、全面完善储存设施、优质高效金融服务，打造以国际大宗商品交易为中心的金融核心市场，助力推动中国以油气为核心大宗商品全球配置能力显著提升。浙江自贸试验区在持续推进油气全产业链投资便利化和贸易自由化的进程中，不断推陈出新，打磨和完善自贸试验区创新制度，提供源源不断的优秀改革经验，为中国开拓大宗商品交易市场建设、提高中国资源定价在国际上的话语权、为人民币国际化发展建设提供世界级的优质平台。挂牌五年多来累计新增油气企业 9000 余家，油气贸易额年均增长 83%，成为我国油气企业最集聚的地区。

五、以舟山价格为标杆

浙江自贸试验区围绕油气贸易、交易、储运、加工等全产业链，已初步构建起油气领域系统化闭环改革体系。聚焦改革系统集成，打造形成保税船用燃料油全领域改革开放新高地，有效补强我国国际航运服务短板。聚焦推动贸易自由化改革，先行先试打造国际大宗商品贸易自由化先导区，有效推动我国油气流通领域市场化改革进程。聚焦提升投资便利化水平，形成国有、民营、外资充分竞争的多元市场格局，有效优化我国油气领域营商环境。以保税燃料油为突破口，与阿格斯编制发布保税船用燃料油价格指数，与上海期货交易所研发上线以人民币计价的"中国舟山低硫燃料油保税船供报价"（简称 INE 舟山锚地供油价，即卖方报价）、"中国舟山低硫燃料油保税船供买方报价"，推动保税低硫燃料油加注领域使用人民币计价，逐步提升中国保税燃料油现货价格国际影响力。率先开展油气贸易跨境人民币结算便利化试点。允许优质油气企业仅凭收／付款说明或支付信息清单，直接办理跨境贸易人民币结算；以无提单放款保函等代替正本提单，办理油气转口贸易跨境人民币结算。跨境贸易人民币结算量年均增长 212%，已覆盖 54 个国家和地区。深入开展油气交易期现一体化合作，通过期现联动逐步争取油气领域国际定价话语权，探索打造中国油气舟山价格。舟山价格是以上海国际能源交易中心低硫燃料油期货价格为基准的舟山保税低硫燃料油船舶加注价格，计价单位为人民币，报价形式为低硫燃料油期货 M（首行）+2 合约的当日结算价加升贴水。舟山价格使用人民币计价，有利于助力浙江自贸试验区建设大宗商品跨境贸易人民币国际化示范区，做大跨境人民币交易量，助推人民币国际化。持续拓展期货价格应用场景，力争以 INE 舟山锚地供油价为基准，打通航运产业上下游贸易定价链条，力争早日建成以 INE 舟山锚地供油价为价格基准、具有区域性影响力的现货贸易平台。同时，适时将 INE 船供油锚地报价推广至青岛等指定交割仓库辐射区域。加快建设国际油气能源供应链中心，形成具有国际影响力的油气贸易和定价中心。浙江自贸试验区保税燃料油"舟山价格"影响力逐渐显现，提升了我国国际能源市场定价话语权。

第二节　产业链引领

不断深化浙江自贸试验区建设，既是国家赋予浙江的重大使命，也是浙江全面参与国家构筑对外开放新格局、谋求新一轮对外开放新优势的重大战略选择。浙江自贸试验区在以油气为核心的大宗商品投资、贸易等领域先行先试，构筑全国最活跃的油气产业发展高地；打造全国第一大油气贸易港；搭建具有全球影响力的国际油气产业合作平台，走出一条产业链引领特色发展之路。从"不产一滴油"到乘"油"而上，形成万亿级油气产业格局，浙江自贸试验区在不断拓展油气产业发展的"深度"和"广度"的同时，也扩大了油气全产业链建设的国际知名度和影响力。

一、无中生油

浙江自贸试验区建设成效主要体现在万亿级油气产业集群从零起步、基本成型，制度创新走在全国第三批自贸试验区前列，逐步发挥对浙江省开放的引领带动作用。围绕"建设国际油气交易中心、国际海事服务基地、国际绿色石化基地、国际油气储运基地和大宗商品跨境贸易人民币国际化示范区"的"131"建设目标任务，形成龙头企业引领、产业链条完善、辐射带动突出的油气产业集群，在全球油气领域打响"无中生油"的浙江品牌。浙石化4000万吨/年炼化一体化项目实现"十年目标，四年建成"，成功引领中国石化产业转型升级，甚至影响全球石化格局重构，是国内首个民营企业主导、投资规模最大、炼化能力最强的项目。油气储备领域，舟山成为全国最大的油气储备基地，为保障国家能源战略安全做出贡献。保税船用燃料油加注领域，舟山跃升为全国第一、全球第五大加油港，是全国供油体量最大、市场主体最丰富、市场竞争最充分的区域。国际海事服务领域，海事服务生态链基本形成。人民币国际化领域，大宗商品跨境贸易人民币结算从无到有，结算额累计突破3000亿元，惠及浙江省800多家企业。聚焦油气生产、储运、贸易、结算等环节，创新实施保税燃料油混兑调和等改革举措，累计形成制度创新成果215项，全国首创103项，全国复制推广30项。油气全产业链制度创新得到国家层面的充分认可，2020年5月20日，国务院自由贸易试验区工作部际联席会议第 11 期简报专题介绍浙江自贸试验区舟山区域油气领域发展取得的显著成效；上海期货交易所正式战略入股浙江国际油气交易中心，成为上海期货交易所首次在证监系统外进行股权投资的典范；浙石化获批成品油出口资质和配额，成为全国首家同时获得资质和配额的民营企业。制度性开放取得突破，形成全国最优全球前列的口岸通关环境，国际贸易"单一窗口"持续优化，船舶通关时间从 16 小时缩减到 2 小时，成为全国首个船舶无纸化通关口岸。

二、聚气发展

加"油"打"气"，浙江自贸试验区舟山片区筑就产业集群发展新高地。浙江自贸试验区以制度创新为核心，以"小切口"撬动"大改革"，走出一条"加'油'打'气'""聚气发展"的系统化、特色化、差异化发展道路。纳天下之"气"，为舟山争"气"。借良港之利，全国首个民营千万吨级的新奥舟山 LNG 接收站建成投用，年接卸能力 750 万吨，一举扭转舟山无"气"、浙江缺"气"的被动局面，成为长三角重要气源基地。随着三期项目加快推进，新奥舟山 LNG 接收站作为宁波舟山 LNG 登陆中心的重要组成，为华东乃至全国天然气保障提供有力支持的美好愿景正走向现实。通过接收站外输管道马目分输站及鱼山岛支线，实现向浙石化供气，为舟山绿色石化基地的基础配套能源供应和能源结构优化升级提供有力保障。通过创新业务模式、提升服务水平，新奥舟山 LNG 接收站实施在行业内首创的"无接触式作业"模式接卸 LNG 船舶，并被国内其他接收站借鉴采用。以数字化转型升级安全运营模式，建成生产运营、设备管理、管道保护、无人值守为核心的安全数智化产品体系，安全管控能力得到大幅提升。8500 立方米 LNG 加注船投运，助推浙江自贸试验区保税燃料加注增加 LNG 品种；持续探索并推动 LNG 江海联运和离岸保税仓等新业务，打造舟山区域 LNG 行业标杆；继续推进冷能综合利用项目，开展冷能发电、冷能空分等有效改善能源结构的项目。制定《中国（浙江）自由贸易试验区国际航行船舶保税 LNG 加注试点管理办法》《舟山海事局船舶 LNG 加注作业现场监督指南》，国内首个 LNG 船舶燃料加注计量通用条款在舟山生成，船用 LNG 加注开展首单业务。启动全国最大 LNG 接收中心建设，中石化六横 LNG 接收站和浙能六横 LNG 接收站项目一期正在加快建设，衢山 LNG 接收站项目也在谋划推进。LNG 企业还与国外多个国际大型贸易商磋商，欲打造国际 LNG 离岸贸易中心，在东北亚开展 LNG 国际转口贸易业务。聚焦双碳战略，不断满足区域天然气的增长需求，增强天然气应急储备能力，为区域能源安全、民生保障提供有力支持，为舟山建设共同富裕示范区先行市、浙江创建清洁能源示范省贡献力量。

三、期现联动

期现联动，浙江自贸试验区助力长三角打造以油气为核心的大宗商品全球资源配置基地。在长三角一体化发展的土壤中，期货与现货市场的联动效应正逐步放大，助力长三角打造以油气为核心的大宗商品全球资源配置基地。期货和现货的合作，仓单是最坚实的基础。2019 年 12 月，上期标准仓单交易平台上线"浙油中心报价专区"，这在地方交易场所登陆期货交易所尚属首创。2020 年 11 月，上海期货交易所入股浙江国际油气交易中心，这是上海期货交易所首次对证监系统以外的地方机构进行股权投资，实现"期现联动"合作共建长三角期现一体化交易市场。原油、柴油、燃料油等 41 个交易品种及现货挂牌、单向竞价、场外撮合交易模式获得监管部门备案批复，累计集聚油气化工企业 9300 余家，实现油品贸易量 1.5 亿吨，贸易额超 19600 亿元。2021 年 6 月 21 日，浙江国际油气交易中心与上海期货交易所共同发布中国舟山低硫燃料油保税船供报价（以下简称"舟山价格"）。"舟山价格"是首个以国内期货市场价格为定价基础的人民币报价机制。运行以来，"舟山价格"与新加坡普氏 Mops 价格、国内期货价格和舟山船供油现货价格的相关性均达 99% 以上，具有较强的专业性。参与报价的企业在舟山地区保税船供油市场占比已提升至 84%。该机制打破海外市场对价格形成机制的垄断，探索形成浙江自贸试验区优势产品的"舟山价格"，有助于增强我国在国际油气市场的价格影响力。浙江国际油气交易中心与上海期货交易所以浙江自贸试验区优势品种保税燃料油作为试点，利用区块链技术"唯一性、可追溯、防篡改"的特征，通过数据互证，实现保税商品从入库到出库的全流程管理和确权，助力解决大宗商品"一女多嫁""重复质押"等难点。这将为保税商品的仓单交易、仓单质押提供技术支撑，进而提升海关数字化监管能力，推动浙江自贸试验区仓储企业数字化、标准化建设。此外，浙江国际油气交易中心与上海期货交易所还在推进仓单互认互通，加强了期现联动。2021 年，上海期货交易所同意与浙江国际油气交易中心共享在舟山的保燃期货交割仓库，也是全国期现交割库的首次合作。2021 年 12 月，双方对接仓单交易系统，实现双方会员仓单交易互通。双方搭建一个互联互通、长期合作的共同平台，架起一条"期货与现货""场内与场外""境内与境外""线下与线上"的联通桥梁，搭上一根"实现油气交易期现一体化""构建多层次大宗商品交易市场"的天地线，共同为我国油气市场增强在全球市场中的影响力和话语权贡献力量。

四、链式建设

2017 年 4 月，中国（浙江）自由贸易试验区在舟山挂牌成立。2020 年 3 月，浙江自贸试验区获批全国首个油气全产业链开放发展的专项支持政策，并于 2020 年 9 月在全国率先扩区，标志着浙江自贸试验区油气全产业链建设进入新阶段。浙江自贸试验区舟山片区按照"一中心三基地一示范区"的既定思路，打造国际油气交易中心、国际油气储运基地、国际石化产业基地、国际海事服务基地和以油气为核心的大宗商品跨境贸易人民币国际化示范区，全力迈向三个"1 亿吨"的目标，即 1 亿吨油气储备能力、1 亿吨炼油能力、1 亿吨交易能力。浙江自贸试验区推进油气全产业链建设，注重链式发展，打造对外开放新高地。一是以龙头企业引领全产业链发展。充分发挥龙头企业在产业链协同发展中的"头雁效应"，吸引上下游企业集聚。二是以多链融合促进全产业链发展。推进产业链、资金链、人才链、技术链等多链协同，加快产业全链条融合发展。盘活资金链，从拓宽企业融资渠道、加大重点产业信贷支持等方面推出 23 条支持实体经济高质量发展的政策措施；优化人才链，出台《关于进一步加大自贸试验区人才集聚的十条措施》，为浙江自贸试验区建设提供有力人才保障；激活技术链，推动设立"产业大脑"数字化研发平台，开展关键产业链核心技术攻关，大力提升浙江自贸试验区技术研发能力。三是以制度创新助推全产业链发展。始终坚持以产业链部署创新链，以创新链布局产业链。例如，围绕油气全产业链发展，累计形成首创型改革创新成果 103 项，其中 30 项在全国复制推广，有效助推油气全产业链创新化、集群化、国际化发展。自贸口岸、保税船用燃料行业、石化新材料、海洋电子信息等一批产业链、工作链联盟结合自贸试验区建设中心工作和产业特色，聚合起各方资源，通过"建链""活链""兴链""强链"，凝聚助推高质量发展强大合力。有力护航争创社会主义现代化海上花园城市和高质量发展建设共同富裕示范区先行市。

五、数字赋能

利用全面推进数字化改革契机，加大数字化技术下多跨场景赋能产业发展，开展普惠型便利化制度创新。自贸试验区作为浙江改革开放水平最高的区域，以数字化改革为牵引，以服务国家战略为导向，以制度型开放为关键，着力建设以油气为核心的大宗商品资源配置基地、新型国际贸易中心、国际航运和物流枢纽、数字经济发展示范区和先进制造业集聚区，争当新一轮高水平改革开放的排头兵。进一步对标国际数字贸易先进规则，营造优质的市场化、法治化、国际化营商环境，再以此为优势招商引商，促进项目的引进落地，助力浙江自贸试验区高质量发展。加快探索更高水平的制度创新，对标国际最高标准、复制推广国内先进、对标一流营商环境，推进制度重塑。特别为适应数字经济和数字贸易发展需要，加快对标数字领域国际新规则，针对数据确权交易、隐私权保护、数据跨境流动等重点或敏感领域，加快先行先试。同时，继续制定并出台具有标志性、引领性的政策制度。浙江自贸试验区开展首创性和差别化改革探索，实施油气储备体制改革、新型国际贸易监管、通关一体化改革、数字贸易制度机制建设等系统集成化改革，争取赋予四个片区更大改革自主权；交出制度创新、经济发展、对外开放三张"高分报表"，把浙江自贸试验区打造成为开放底色最鲜明、产业优势最突出、市场主体最活跃、创新动能最强劲的区域，为浙江经济社会高质量发展注入强劲动力。

第三节　赋权又扩区

浙江自贸试验区牢牢把握服务国家战略的核心任务，深化改革创新，实现改革突破，从聚集油气全产业链拓展到新型国际贸易中心等"五大功能定位"，为全国自贸试验区改革创新蹚出特色化、差异化发展道路。2020年9月，浙江自贸试验区正式获批扩区，从舟山一域扩展至"一区四片"发展布局；2021年6月，湖州、绍兴、衢州、丽水获批第二批联动创新区，浙江实现自贸试验区联动创新区省内全覆盖。在"自贸试验区＋联动创新区＋辐射带动区"的新格局之下，浙江自贸试验区建设是浙江省每个设区市都能参与、都要抓牢的大事。在探索实践过程中发现，如何实施更大范围、更宽领域、更深层次的改革开放，成为进一步推动浙江自贸试验区深化改革、创新发展的重大课题和重要任务。

一、扩大自主权

在党的十九大提出赋予自贸试验区更大改革自主权的契机下，浙江自贸试验区抓住机遇先行先试，为油气产业争取政策红利。油气产业自由贸易涉及部门复杂、政策突破点多，大多是油气全产业链建设过程中碰到的行业垄断、部门利益等深层次体制机制问题，赋权对油气产业发展意义重大。在习近平总书记亲切关怀、亲自推动、亲自审定下，2020年3月，国务院出台全国首个聚焦自贸试验区全产业链系统集成的赋权文件《关于支持中国（浙江）自由贸易试验区油气全产业链开放发展的若干措施》，赋予浙江自贸试验区11个领域26条开放发展新举措，对推动浙江自贸试验区油气全产业链开放发展给予许多首创性、唯一性的特殊政策，在国内油气行业领域尚属首创。为用足用好国家赋予的支持政策，浙江省委省政府迅速出台《关于支持中国（浙江）自由贸易试验区油气全产业链开放发展的实施意见》，中国（浙江）自由贸易试验区舟山管理委员会也在第一时间出台《关于推动油气全产业链开放发展的行动方案》，并且制定两批《关于支持中国（浙江）自由贸易试验区油气全产业链开放发展的若干措施》落地见效重点任务清单共257项重点任务。有利于浙江自贸试验区推动油气全产业链建设，打造体制机制灵活、生产要素充分流动、高度对接国际标准的自贸试验区。第一，落实"提升油品流通领域市场化配置能力"要求，进一步推进油品贸易自由化。推动物产中大不断做大原油进口业务，浙江省石油股份有限公司（以下简称浙石油）成功获批第二张原油进口牌照，浙石化成为全国唯一一家获得成品油出口资质和配额的民企。第二，进一步推进大宗商品期现市场联动发展。继续深化与上海期货交易所全面合作，重点推进保税商品登记系统、仓单互认互通体系、舟山保税燃料油为主的价格形成机制等项目落地。第三，加快燃料油加注领域制度集成创新。完成全国首单全流程低硫油出口退税、全国首单浙沪跨港区国际航行船舶供油业务，并与上海市签订《保税船用燃料油一体化供应协议》，实现长三角供油市场一体化。第四，建设LNG接收中心，保障国家清洁能源供给。加快一批重大LNG项目建设运营，新奥接入浙江省供气管网，供气量占浙江省50%以上，三期建设顺利推进。中石化六横 LNG 接收站、浙能六横 LNG 接收站加快推进，未来形成 2750 万吨以上 LNG 接卸能力。此外，出台《浙江自贸试验区船用 LNG 加注管理办法》，全国首条 8500 立方米 LNG 加注船下水，为我国船用 LNG 加注制度化探索形成改革经验。

二、联动创新区

建设自贸试验区联动创新区是贯彻落实浙江省委省政府决策部署，推进浙江自贸试验区深化改革创新，推动形成"自贸试验区 + 全省开放平台"整体发展格局的重要举措。浙江省人民政府办公厅印发《关于进一步推进中国（浙江）自由贸易试验区改革创新的若干意见》，明确提出要在全省范围内建设"自贸试验区联动创新区"。建设联动创新区不仅是对自贸试验区地域范围的一次拓展，更要求实现差异化、特色化发展。支持联动创新区充分发挥自身特色优势，紧扣浙江省八大万亿产业和战略性新兴产业，深化数字经济、民营经济、智能制造、小商品贸易等方面优势，探索形成一批具有代表性、体现浙江特色的改革创新经验。根据不同联动创新区的发展需要，将下放特色改革领域相关管理权限。按照"依法放权、按需放权、应放尽放"和"放得下、接得住"的原则，联动创新区将对照自贸试验区同步获得省级管理权限的下放。联动创新区全面复制推广自贸试验区改革经验。重点复制推广政府职能转变、投资管理、贸易便利化、金融创新与开放、综合监管等领域的制度创新成果。在资源禀赋与自贸试验区相似的区域，率先复制推广油气全产业链投资便利化和贸易自由化创新举措。联动创新区成为浙江全面复制推广自贸试验区经验的主阵地，带动全省共享自贸改革的试点经验，不断增强浙江自贸试验区的辐射带动作用。鼓励自贸试验区与联动创新区开展平台、产业、项目、人才等方面的深度合作，推动产业优势互补、协调联动、错位发展。推动联动创新区区内各类经济功能区的联动发展，发挥政策叠加优势，促进各类开放平台整合提升、提高能级。浙江以自贸试验区联动创新区为牵引高质量建设发展，强化与浙江自贸试验区及国内其他自贸试验区联动试验和系统集成，争创一批跨区域、跨部门、跨层级的重大改革创新成果。

三、扩展新片区

浙江自贸试验区实现从挂牌到赋权再到扩区的"三级跳"，迎来重磅"升级"，扩地盘，添使命，打造全球资源配置基地。2020年9月21日，国务院发布《中国（浙江）自由贸易试验区扩展区域方案》，浙江自贸试验区在原有舟山区域实施范围119.95平方公里基础上，扩展区域实施范围119.5平方公里，涵盖宁波、杭州、金义三个片区。扩区后着力打造以油气为核心的大宗商品资源配置基地、新型国际贸易中心、国际航运和物流枢纽、数字经济发展示范区和先进制造业集聚区五大功能定位。四个片区在各有侧重的基础上联动发展，持续开展首创性、差异化的探索，深化自身开放优势。围绕"五大功能定位"，立足各片区特色优势，充分利用自贸试验区先行先试的制度优势，聚焦"创新""发展"两大关键词，深入开展差别化探索，已初步建设成为具有国际影响力的"以油气为核心的大宗商品资源配置基地"、具有较高标准的"新型国际贸易中心"、具有较强辐射力的"国际航运和物流枢纽"、具有引领性的"数字经济发展示范区"和具有地方特色的"先进制造业集聚区"，在新形势下发挥标杆表率、服务全国的积极作用。浙江自贸试验区坚持以"八八战略"为统领，发挥"一带一路"建设、长江经济带发展、长三角区域一体化发展等叠加优势，为改革闯新路，为发展注动能，作为新时代改革开放新高地和"重要窗口"示范区的引领作用不断显现。浙江自贸试验区朝着高端化、现代化的方向迈进，为全国自贸试验区高质量发展提供更加生动的"浙江实践"和"浙江经验"。

四、对标高水平

浙江自贸试验区对标高水平，从先行先试到示范引领，为全国自贸试验区建设提供浙江范例。2021年8月，国务院出台《关于推进自由贸易试验区贸易投资便利化改革创新的若干措施》（国发〔2021〕12号），提出19项改革举措，其中有17项适用于浙江自贸试验区，赋予自贸试验区在贸易投资便利化方面更大的改革自主权，以更大力度推进自贸试验区高水平建设。从改革破题到开放赋能，始终秉持唯实惟先、善作善成的优良品质，以前瞻性思考、系统性观念、精准性举措，持续推动浙江自贸试验区建设迭代升级、创新发展，油气全产业链开放新局不断开拓，大宗商品全球资源配置显著优化，浙江与世界联通的道路越走越宽，浙江向世界开放的大门越敞越大。深化贸易、投资、运输、资金、人员进出"五大自由"，自贸试验区红利逐步释放，打造国际一流贸易主体聚集区。一是实施广泛培育重点推进的贸易主体发展策略，给予所有贸易主体平等竞争条件。二是借鉴国内外自由贸易区先进经验优化营商环境。三是全方位激发人才创新活力。实施"鲲鹏行动"等引才工程，大力引进国际一流的战略科技人才、科技领军人才和高水平创新团队。鼓励企业布局海外"人才飞地"，支持外资研发机构与本省单位共建实验室和人才培养基地。实施"浙商青蓝接力工程"和新生代企业家"双传承"计划。引进和培育一批企业科学家。实施新时代工匠培育工程和"金蓝领"职业技能提升行动，构建产教训融合、政企社协同、育选用贯通的高技能人才培育体系，打造与全球先进制造业基地相匹配的高技能人才集聚地。深化人才体制机制改革，推进全省人才公共服务一体化，建设一批人才管理改革试验区，充分赋予人才"引育留用管"自主权。深化人才创新创业全周期"一件事"改革，加强人才创新创业服务综合体建设。四是加快构筑高能级创新平台体系。实施自贸试验区、高新区高质量发展行动计划，建设世界一流的高科技园区。按照块状经济、现代产业集群"两个全覆盖"的总要求，打造标杆型创新服务综合体。五是全面加强知识产权保护。加快知识产权强省建设，开展知识产权保护试点示范区建设，严格知识产权执法。加快知识产权保护中心和快速维权中心建设。推进知识产权信用体系建设，完善知识产权黑名单和联合惩戒制度。加强知识产权海外布局，加大企业海外知识产权预警纠纷应对指导与援助力度。

五、发展高质量

浙江自贸试验区制度创新，聚焦聚力高质量发展，秉承着"为国家试制度、为地方谋发展"的使命，多项改革举措走在全国前列。浙江自贸试验区把制度创新与优势特色产业发展紧密结合，加速集聚优质要素资源，逐步成为高质量发展的示范者和引领者。地域性和创制性是自贸试验区的两大显著特征，通过充分运用其所被赋予的可以在特定区域内进行先行先试的政策试点权限，自贸试验区能够源源不断地进行政策探索和实践创新。凭借其独特的制度优势，政策试验区引发了更活跃的要素聚合、资本循环和产业创新，构成我国重塑国家和区域竞争力的关键性政策和空间治理手段。按照推进自贸试验区高质量发展的总体要求，加强风险防控体系建设，统筹好开放发展与经济安全。自贸试验区既有贸易、投资、金融开放创新、事中事后监管等共性试验任务，又有一些服务国家重大战略、服务当地产业发展等方面的差异化试验任务，涉及领域广，基本事关所有部门，需要部门之间甚至跨区域之间协同推进，充分调动各层级、各部门、各区域积极性，争取形成更多跨层级、跨部门、跨区域的改革试点经验。

按照高水平、高标准、高质量建设自贸试验区，打造改革开放新高地，推动形成国内国际双循环相互促进重要枢纽，推动自贸试验区高质量发展。一是强化政策制度的系统集成性，加快完善以贸易自由化和投资便利化为核心的政策制度体系。构建以贸易自由化和投资便利化、金融开放创新、运输自由、数据人员等要素自由便利安全有序流动为重点的政策制度体系。二是推动制度创新更好地服务产业高质量发展，建设一批世界领先的产业集群。把握制度的系统性特征，注意系统集成，避免零敲碎打式的制度创新，通过基于全产业链的集成创新，打破制约产业高质量发展的体制机制障碍，推动形成一批世界领先的产业集群。三是强化服务国家战略能力，积极服务和融入国家重大战略。服务区域重大战略和区域协调发展战略、优化区域经济布局是自贸试验区建设的应有之意。四是强化先行先试国际经贸新规则功能，对标和引领国际经贸新规则。对市场主体反映强，代表未来发展方向或在国际多边、区域和双边谈判中广泛关注的问题，如政府采购、知识产权、电子商务、竞争、数字贸易等新议题，作为对标国际经贸新规则的重点领域，优先在自贸试验区开展压力和风险测试。五是充分发挥企业创新主体作用。实施企业技术创新赶超工程，完善梯次培育机制。实施高新技术企业和科技型中小企业"双倍增"行动计划，制定更加精准的扶持政策，加快培育一批"瞪羚""独角兽"企业，促进初创型成长性科创企业发展，形成一批有影响力的创新型领军企业。着力打造"头部企业＋中小微企业"创新生态圈，加强创新链和产业链对接。推进技术创新与商业模式创新、品牌创新融合。

第四节　打好改革牌

自贸试验区作为新时代改革开放新高地和"重要窗口"示范区，对标国际最高经贸规则，全面推进制度创新。把自贸试验区建设与构建新发展格局衔接起来，以制度创新为核心，以数字变革为动力，主动服务构建新发展格局，尽快取得突破性进展、标志性成果。浙江自贸试验区发挥创新联动优势，积极服务长三角一体化发展，发挥新时代改革开放新高地和"重要窗口"示范区的引领作用，为全国提供浙江实践与浙江方案。

一、系统性谋划

浙江自贸试验区按照中央赋予的新使命和新任务，全面推进"五大功能定位"建设。推动浙江自贸试验区高水平对外开放，在贸易、投资、金融、数字经济等领域先行先试，为稳外贸稳外资做出贡献。主要目标设定上，围绕把浙江自贸试验区打造成区域经济增长极，提出浙江自贸试验区GDP增速、研发经费支出增速均高于浙江省平均2个百分点，外贸进出口总额、实际利用外资总额增速均高于浙江省平均3个百分点。加强浙江自贸试验区对外推介，吸引全球技术、人才、资本等高端要素集聚，高质量培育打造一批国家战略平台和重要产业链集群，打造引领经济高质量发展的增长极。围绕油气储备体制改革、全球数字贸易中心、新型国际贸易监管模式等，开展差别化探索，形成更多制度创新成果。特别要推进数字自贸区先行突破，推进制度型开放。着力构建数字贸易的产业、平台、生态、制度、监管"5个体系"，打造以数字贸易为核心的自贸试验区，形成一批"人无我有、人有我优"的制度创新成果。围绕油气全产业链建设的鲜明特色，在保税燃料油经营、原油非国营贸易、外资准入、民营企业参与大石化及LNG建设等方面创新体制机制，打破油气领域国有垄断的"坚冰"，在全球油气等能源领域发展中异军突起，行业影响力和知名度大幅提升。积极主动融入长三角一体化，力争在形成沪舟甬长三角一体化海上示范区、极化浙沪合作洋山港国际开放枢纽联动效应、整合使用好大宗商品期现合作机制、提升自身能级并站稳长三角世界级城市群中重要支柱型城市地位功能、降低区域制度性交易成本等方面，迈出实质性步伐。

统筹谋划，深入对接，强化政策调查研究能力，加快自贸试验区政策的落地见效。定期组织相关部门领导和专家学者深入自贸试验区开展调查研究，探究发展过程中政策突破的需求与瓶颈，为科学决策提供参考。举办"中国（浙江）自由贸易试验区创新发展"高峰论坛，广邀国内外专家开展定期研讨。召开省级有关部门协调推进会，从省级层面协调解决自贸试验区建设有关具体问题。强化整体性政府建设，增强协同推进能力。通过自贸试验区平台将分散在政府各部门的职能加以整合，构建起统一的协调沟通机制。由浙江省委省政府牵头，相关部门抽调人员配合，构建一个多层级、跨部门、全流程的管理平台，建立自贸试验区管理的协同联动机制。加快审批权限下放到自贸试验区的改革步伐，打破部门与政府层级的界限，打造以协同推进为核心的业务工作流程。强化试验成果复制推广，增强浙江省的辐射效应。编制《中国（浙江）自由贸易试验制度创新年度报告》，梳理总结自贸试验区创新成果，扩大浙江自贸试验区的影响力。谋划自由贸易港，整合资源，发挥优势，引领浙江经济高质量发展。

二、当好排头兵

浙江自贸试验区围绕"五大功能定位"，打造油气、数字、枢纽"三个自贸区"，为浙江省高质量发展建设共同富裕示范区注入强大动力。油气自贸区当好改革排头兵，聚焦高标准国际经贸规则，进一步发挥压力测试平台作用，积极对标 CPTPP 等高标准条款，加大规则、规制、管理、标准等制度型开放。浙江自贸试验区紧紧围绕新时代改革开放新高地的目标定位，以制度创新为核心，以深化油品贸易自由化和投资便利化特色探索为主线，坚持对标国家战略、国际标准，聚焦产业培育、制度创新、营商环境建设，高质量完成第一阶段试点任务，已成为全国油气企业最集聚的地区。浙江自贸试验区特色发展之路在于聚焦油气全产业链，全力打造"一中心三基地一示范区"。具体而言，在国际油气交易中心方面，浙江自贸试验区组建全国首家原油非国营进口贸易企业，推动浙江国际油气交易中心做大做强，油气等大宗商品贸易交易额累计突破 19600 亿元；在国家海事服务基地方面，以保税船用燃料油为突破口，带动海事服务业不断发展壮大，保税油年供应量突破 552 万吨，年均增长 31.9%，跃升为全国第一、全球第五大加油港；在国际油气储运基地方面，一大批油气储罐、管道建成投用，油品储存规模达到 3400 万吨，国家能源安全保障能力进一步加强。"排头兵"要勇于创新，聚焦各片区联动，统筹舟山、宁波、杭州、金义 4 个片区的联动发展，加强产业集聚发展，吸引全球技术、人才、资本等高端要素集聚，瞄准国际高端制造企业，打造一批具有国际竞争力的先进制造业产业集群。

三、紧扣发力点

浙江自贸试验区紧扣获得感这个"发力点"，探索建设颗粒度小、"小切口、大牵引"的应用场景；探索建设更多令企业有获得感、群众有满意度的改革应用场景。始终坚持"市场导向与效果导向"相结合，以市场主体的满意度作为检验制度创新改革成效的重要标准，注重改革为企业发展服务、为市场壮大服务，实现企业减负与精准改革的无缝对接，获得企业好评，加速企业集聚。一是不断增强企业获得感。通过对标 RCEP 等国际最高标准，积极响应企业诉求，争取各种贸易投资便利化政策在自贸试验区内开展先行先试，注重将制度创新的成果通过宣传培训等途径来提升企业的知晓度，让企业开展经营活动更便利。例如：舟山片区推行国际航行船舶转港数据复用模式，将企业申报流程所需时间从 1 小时缩短至 5 分钟；宁波片区在全国首创实施外国籍船舶"港口国监督远程复查"机制；金义片区推行出口退税备案单证数字化管理模式，企业退税最少能提前 25 天，这些直接为企业减负。建立企业开办"一门进出、一窗受理、一套材料、一次采集、一网通办"服务模式，实现常态化企业开办 4 小时办结。率先在浙江省实施外国人口岸签证代转服务，A 类外籍高层次人才签证 3 个工作日办结，效率在全国最快；外籍船员登离船实现秒办。二是注重增强群众获得感。浙江高质量发展建设共同富裕示范区使命有利于创新消费模式，释放消费潜力。例如杭州片区在全国首创"保税进口 + 零售加工"的进口模式，已经实现咖啡等产品"线上下单、次日送达"的消费方式。又如金义片区建设的进口商品直购中心，消费者可以通过到店付款以及"线下体验、线上购买"两种方式获取美妆个护、母婴用品等千余种进口商品。杭州片区萧山国际机场已经获批成为浙江省首个离境退税政策的实施口岸，境外旅客在浙江省内购物可享受离境退税政策，自贸试验区的政策红利将惠及消费者。因此，自贸试验区制度创新要激发市场和企业的活力，一定要贴近企业、贴近市场、贴近消费者，制度创新一定要来源于企业、来源于市场，应该满足企业和消费者的需求，提升企业和消费者的获得感。

四、栽好梧桐树

栽好"梧桐树"，引得"凤凰"来，大力推进人才集聚。特别是吸引有一技之长的人才落户，助推油气产业发展是浙江自贸试验区舟山片区发展的秘籍之一。舟山片区始终坚持"做人才工作就是做经济工作，重招商引资就是重招才引智"的理念，把制定实施务实管用、贴心温情的人才政策，作为集聚人才、吸引产业、服务企业的重要抓手，先后推出一系列有含金量、有影响力的人才政策和创新举措。围绕人才最关心的房子、孩子、票子、车子、菜篮子等"关键小事"，推出一系列保障服务措施，让人才办事省心、居住安心、生活舒心。以数字化改革为契机，聚焦人才创业创新"引育用留"高频事项，创新推出"舟创未来"人才智岛多跨场景，实现人才认定、政策兑现、服务保障等事项"码上办、一秒办、无感办"。多点布局"人才之家"，打造窗口型、联谊型、专业型、创业型、综合型 5 类功能平台，逐步让人才之家贯通市县、联通岛际，让人才服务便利便捷、温馨实惠。精准制定产业谱系、人才分布、引育路线三张引才"全球图"，形成人才飞地、人才赛会和海纳计划三条引才"主干道"。舟山市出台《关于加快打造新时代海洋特色人才港的实施意见》，高规格提出"黄金六条"，从垒人才高峰、重实体经济、引青年才俊、提平台能级、优赛会品牌和破双创瓶颈等方面出发，为人才向浙江自贸试验区集聚奠定坚实的政策基础。围绕石油化工、大宗商品交易等自贸建设重要领域、重大项目和重点企业需求，创新实施"自贸专才"评价体系，破除人才认定"四唯"倾向。舟山片区围绕"海""贸"特色，创新人才引育方式，完善人才政策体系，创建人才发展平台，打响人才工作品牌，迭代人才治理体系，优化人才发展环境，为高水平建设现代海洋城市提供强有力的人才支撑和智力保障。浙江自贸试验区在全省首创实施"自贸通才"工程，实施"千岛工匠"培育工程。例如，中国海员技能大比武培育一支享誉全球的舟山船员队伍，目前已达 4.2 万人，规模占全省的 60%、全国的 5.2%，有力支撑舟山海事服务产业快速发展。

五、跑出加速度

浙江自贸试验区锚定"五大功能定位"，实施更大范围、更宽领域、更深层次对外开放，高质量发展引领作用不断显现。2020 年，浙江自贸试验区新增注册企业超 2.8 万家，进出口总额超 4800 亿元，实际使用外资近 12 亿美元，4 个片区以占全省不到 1/400 的面积贡献了全省 14% 的外贸和 8% 的外资，为全省经济发展增添新活力、注入新动能。数字赋能，加数前行，舟山全力打造国内首个政企直连航运数字服务系统。打通部门数据路由，对接浙江政务服务网、船讯网等数据平台，随时更新权威数据资料，实现监管对象和监管机制协同。江海联运实时在线，船油加注智能监管，数字化助力浙江自贸试验区舟山片区建设。充分利用浙江自贸试验区的政策支持和浙江外贸大省的优势，努力推动国内国际"双循环"相互促进，整合海洋、河流、公路、铁路等运输的资源优势。积极建设链接内外、成链集群的国际航运枢纽。以智慧化赋能"一流技术"，打造枢纽型国际数字强港，实现对浙江省沿海港口"船、港、货"全要素的数字化管理。在全国率先实现集装箱进出口及海铁联运进提箱业务全程"无纸化"；自主研发的集装箱码头生产操作系统 n-TOS 3.0 版成熟上线，结束"千万级"大型集装箱码头依赖国外系统的历史。加快航运大数据中心国家试点项目建设，完善"海上丝路指数"体系，成功发布全球首条航运气象指数，打造成为全球航运物流的风向标。协同推进"四港"联动发展，正式发布"四港"联动智慧物流云平台，实现了海、陆、空物流信息与业务的互联互通、可视可查。发挥"硬核"力量，争创"优异"成绩，奋力投身浙江自贸试验区建设，全力打造"重要窗口"示范区。

第五节 擦亮金名片

浙江自贸试验区在国内不仅率先实现物理扩区，还顺利推进从货物贸易和外资准入自由便利为主，转到数字贸易、跨境金融等自由化、便利化的多支柱功能创新。浙江强化自贸试验区和共同富裕示范区"双区联动"，以制度创新为基本路径，向改革要动力、向创新要活力，持续推动共同富裕体制机制创新，围绕五大功能定位，全力打造油气自贸区、数字自贸区、枢纽自贸区"三张金名片"，着力打造"五个自贸区"。以区域合作为纽带，加快建设平台型"油气自贸区"；以硬核力量为支撑，全力建设战略型"枢纽自贸区"；以数字变革为动力，加快建设引领型"数字自贸区"；以产业集聚为路径，加快建设创新型"智造自贸区"；以自贸片区与中东欧经贸合作示范区融合为契机，加快建设复合型"新型自贸区"。成为新发展阶段畅通国内循环为主、国际国内双循环的战略平台，在推动实现共同富裕进程中畅通经济良性循环，成为高质量发展建设共同富裕示范区的标志性成果。

一、打造"油气自贸区"

"油气自贸区"要当开路先锋，深化油气全产业链闭环改革，筑牢共同富裕的能源安全底线。深化油气储备和原油进口体制改革试点；全力支持油气现货交易模式创新，实质性推动油气交易"期现合作"；石油化工产业以"美丽园区"建设为载体，推动自贸试验区走绿色低碳发展道路。紧紧扭住牵一发动全身的重大改革、重大项目、重大平台、重大政策，抓纲带目、集成突破。深化国际贸易"单一窗口"合作共建，构建长三角港口群跨港区供油体系，合力打造东北亚保税燃料油加注中心。深化项目攻坚，打造大宗商品资源配置新高地。大力推进大宗商品储运基地建设，确保主体工程如期开工建设，持续深化产业溢出效应招商，引进落地一批贸易、航运、金融等产业项目，开工建设金塘油品储运、中石化六横 LNG 接收站、浙能六横 LNG 接收站等项目，推动中奥能源油品储运、黄泽山油储二期等项目建成投产，实现小衢山、双子山油储项目破题。全力推动重大政策和体制机制重塑性改革，在开放型经济、区域经济合作、"放管服"改革、油气体制改革、投资贸易、金融财税等领域挖掘改革潜力，坚决啃下更多改革"硬骨头"，为高水平开放、高质量发展提供制度保障。探索引进油气交易中心国际战略投资者，创新突破交易模式，探索开展"稳价订单业务"，加快研究调期交易、基差交易等创新业务，推动保税商品登记系统上线运行，全面推进仓单互认互通。积极争取放宽原油进口配额限制，赋予原油非国营贸易企业进口配额；争取开展国家原油储备借还动用改革试点，推动地下空间确权和分层利用；探索开展船用 LNG 加注业务。

浙江自贸试验区聚焦油品全产业链的制度创新，必须确立企业的市场主体地位，加大油气供给侧结构性改革，即由追逐利益走向参与规则制定，推动自贸试验区内产业的自身发展和跨界融合，加快促进自贸试验区内新企业、新产业、新模式、新平台不断涌现；加快培育发展新动能和国际竞争新优势，释放改革红利，惠及浙江全省，为浙江经济发展注入新动能，为新一轮改革提供"浙江方案"。在打造"油气自贸区"中，持续扩大深化油气全产业链特色，聚焦油品贸易自由化和交易体制改革，争取国家层面推动浙江自贸试验区油品国储商储改革试点落地，加大油气贸易自由化、便利化压力测试，打造大宗商品全球资源配置中心，提升大宗商品国际定价话语权。

二、打造"数字自贸区"

"数字自贸区"要下好全国"先手棋"，构建类似于油气全产业链的数字全产业链改革，共享共同富裕的数字经济红利。谋划推出数字贸易领域的标准和规则，积极筹建浙江省数字贸易标准化技术委员会，出台《中国（浙江）自由贸易试验区打造数字自贸区三年行动计划》，全力以赴主办好全球数字贸易博览会。以数字化改革为引领，以打造全球数字贸易中心为目标，按照"458"系统架构（4个目标定位：数字产业集聚区、数字金融创新区、数字物流先行区、数字监管标杆区；5大体系：产业、平台、生态、数据、监管；8项工程：国家数字贸易示范区、数字人民币试点、数字智能物流枢纽、数字贸易"单一窗口"、数字贸易标准化技术委员会、全球数字贸易博览会、数据资产评估中心、国际数据交易平台），着力构建数字贸易全产业链，打造与国际接轨、具有浙江特色的数字自贸区新典范。从自贸试验区的初心使命出发，当前"数字自贸区"的建设重点是打造数字全产业链。通过数字确权、加工、存储、交易、监管来构建数字全产业链；通过数据确权、数据交易、跨境数据的安全有序流动来构建"数字贸易全产业链"。"数字自贸区"全产业链的枢纽是数字贸易，围绕数字贸易，发展数字金融、数字物流、数字口岸，从而实现数字治理。其中，数字贸易，以建设全球数字贸易中心为目标，加快发展跨境电商和数字服务贸易；数字金融，要积极利用亚运会等重大契机，争取数字人民币试点落地，打造数字货币应用示范区；数字物流，主要是构建集海陆空运输、分拨运转、保税仓储、快递配送等一体的全方位数字物流产业链；数字口岸，是建设数据联通、数字围网、秒级通关、智能服务等数字口岸功能；探索设立全球数据交易中心；精心筹备举办全球数字贸易博览会，把浙江数字化改革的成绩呈现给世界；努力打造全球数字贸易规则与标准制定的高地。浙江自贸试验区以打造数字变革高地和加快建设数字贸易示范区为目标，加快数字自贸区破题发展，力争成为浙江省数字化改革的战略高地。在打造"数字自贸区"中，创新数字化改革，运用5G、大数据、人工智能、区块链等数字技术赋能，搭建场景化、集成性、智慧型的数字监管和数字服务平台。在发展数字贸易、数字产业、数字金融、数字物流、数字治理中开展压力测试，实现更高水平的贸易、投资、运输、人员、资金自由化和便利化，以及跨境数据安全有序流动。

三、打造"枢纽自贸区"

持续擦亮"枢纽自贸区"金名片，提升"四港"联动能级，建设高端服务型国际航运物流中心。借鉴新加坡世界第一港口的运作经验，进一步推动浙江自贸试验区海港、陆港、空港、信息港"四港"一体化立体联动，建设全球智能物流枢纽。加快"数字港口"建设，拓展"互联网＋口岸"服务，实行海关电子方向和智能卡口模式。深化宁波舟山港与国内国际港口、航运企业的战略合作，参考新加坡航运配套服务，大力发展高端航运服务，提升航线的数量和质量，做大做强沿海捎带和国际集拼等特色业务。加快义甬舟开放大通道建设，推动宁波舟山港海港功能向金华延伸，实现港务、船务、关务一体化发展。"枢纽自贸区"要成为"硬核"力量，畅通全球高端要素。打通双循环痛点堵点，夯实共同富裕的要素基础。联动宁波、义乌2个国家进口贸易促进创新示范区发展，打造以新型国际贸易为主的商业变革和贸易枢纽；深化宁波舟山港一体化发展，推动义乌建设"第六港区"，打造以"四港联动"为基础的现代物流枢纽。聚焦四港联动，畅通国际国内循环，创新提升流通效率，为浙江打造国内大循环的战略支点，国内国际双循环的战略枢纽率先探路。对标国际，构建设施水平、国际化水平、航运水平、服务水平四大指标体系。争取宁波舟山港建设口岸型国家物流枢纽，在有效监管、风险可控前提下实施启运港退税政策。建立多式联运转场机制，推动简化开辟至"一带一路"沿线国家和地区国际航线的经营许可审批程序，落实开通第五航权航线。探索航空中转集拼业务。争取在海关特殊监管区外开展全球航空维修业务。在打造"枢纽自贸区"中，围绕全产业链条集群式发展，形成较强的全球资源配置能力，成为面向全球汇聚人流、物流、资金流、技术流、信息流的高地，形成高质量发展的先进制造业集群。

四、打造"智造自贸区"

浙江强化自贸试验区和共同富裕示范区"双区联动"，以制度创新为基本路径，向改革要动力、向创新要活力，持续推动共同富裕体制机制创新。围绕精细化工、数字经济、生命健康、高端装备制造产业等重点产业，打造以"产业集群"为特征的世界级先进制造枢纽。增强制造业创新能力，加强基础研究与关键核心技术开发，实施科技创新尖峰、尖兵、领雁、领航计划，开发一批战略创新产品。着力打造高水平公共创新平台，建设国家重点实验室、新型研发机构及科创平台，建立国家级、省级制造业创新中心，探索设立科创飞地。探索建立"离岸研发、就地转化"的产学研合作机制。推广"5G+

工业互联网"、网络协同制造、数字化车间、智能工厂等技术，鼓励重点企业开展协同研发。完善制造业创新生态，建设国家科技成果转移转化示范区，探索建立研究开发、成果转化容错保护机制。建设制造产业集群，优化制造业布局，培育生命大健康、新材料、智能制造等产业集群。加快生物技术研究，发展抗体、重组蛋白、新型疫苗等新型生物技术类药物。建立关键零部件国际国内双回路供应政策体系，前瞻布局复合材料、海洋新材料、汽车轻量化材料等新兴领域。加快智能汽车、智能装备、航空航天等产业关键基础件研发，打造智能制造产业基地。布局氮化镓、碳化硅为代表的第三代半导体产业项目，推动产业链、创新链深入融合。建设全球数字安防产业中心，重点发展视频监控人工智能芯片、智能传感器、射频识别等新技术的配套终端设备和解决方案。建设海洋科技基地，推动海洋产业规模化。推进产业配套建设，加强先进标准供给，构建浙江制造标准体系，组建产业技术标准创新联盟。建立健全品牌培育、发展与保护机制。开展医疗器械注册人制度试点。落实科技创新进口税收政策，争取科学研究机构、科技开发机构、学校等单位依法享受进口免税政策。开展浙江之制造拓市场"严选计划"专项行动。研究探索国际合作新内容、新规则、新机制，推进国际产业合作园建设。

五、打造"新型自贸区"

打造全球数字贸易中心等"新型自贸区"，大力培育服务贸易、市场采购等外贸新增长点，深化内外贸一体化和国际贸易综合改革，推动贸易高质量发展。浙江以需求和问题为导向，推动数字化改革和自贸试验区建设双轮驱动、相互赋能，以制度创新破解治理数字化、产业数字化、城市数字化中的瓶颈制约，进一步做强全类型跨境电商等优势领域，积极拓展数字服务贸易、中欧班列"运贸一体化"等创新领域，有力助推浙江制造业、航运业等实体经济发展。发展现代服务业，打造新业态、新模式培育的现代服务业主阵地。大力发展大宗商品、跨境电商、冷链物流、保税加工四大业态，实施自贸政务服务"无否决权"改革、项目投资"极简极速"审批改革，上线运行自贸试验区"电子地图"。加强自贸试验区对外推介，吸引全球技术、人才、资本等高端要素集聚，高质量培育打造一批国家战略平台和重要产业链集群，打造引领经济高质量发展的增长极。一方面认真落实好跨境电商税收政策，降低行业税费负担；另一方面，积极发挥财政资金引导作用。在财税政策支持下，浙江自贸试验区跨境电商业态快速发展，引领全国。宁波跨境电商零售进口额突破千亿元，居全国首位；杭州拓展"保税进口＋零售加工"等新品类，成为跨境电商创新发展策源地；金义片区推广"跨境电商＋市场采购"新模式，跨境快件业务全国第一。鼓励跨境电商企业建设国际转口配送基地，依法与结算银行、支付机构开展人民币计价、结算。试点开展寄递渠道进口个人物品数字清关模式，推进药品及医疗器械跨境零售进口。完善跨境电商进口退货处理机制，开展海关特殊监管区跨境电商出口商品退货试点。探索开展全球库存同仓存储、自由调配，实现内外贸货物、退换货商品一仓调配。建设具有国际影响力的进口商品展销平台，打造进口商品"世界超市"。深化杭州服务贸易创新发展试点，构建"互联网＋服务贸易"新体系，逐步推进服务贸易数字化。鼓励以市场化方式推进 eWTP 全球化布局，推进 eWTP 进口"数字清关"项目。建设数字贸易综合服务平台，打通支付、关汇税通道。探索在跨境数字贸易中应用区块链技术。推进服务外包转型升级，创新发展信息通信、软件、金融、物联网服务外包，开拓"一带一路"沿线市场。加快义乌国际贸易综合改革试验区建设，创新市场采购进出口贸易机制。争取在市场采购贸易集聚地适用转关模式，创新多种贸易拼箱货物运输单证签发、流转机制。开辟外国人来华采购快捷通道，便利有常驻记录的外商入境。完善市场采购贸易方式监管机制，规范组货人管理。推动宁波、舟山、金华、义乌等地联动发展"日用消费品、农产品、大宗商品"的新型易货贸易。以"一带一路"沿线国家和地区为重点，整合境内仓、海外仓和结算等全球供应链服务体系，建设供应链易货贸易服务平台和中非交流合作综合服务平台。探索在小洋山北侧区域建立长三角自贸试验区协作区，借助临港新片区和洋山特殊综保区政策，强化"两区"在大宗商品交易、保税船用燃料油、高端港航服务、国际贸易加工、离岸跨境金融等领域的直联互动。共同推进新型离岸贸易真实性审核平台建设，探索申报新能源等领域的跨境数据流动试点。助力高端要素集聚，加快形成国际化、市场化的要素保障机制。加强对擅长提供大宗商品贸易金融服务的外资银行的招引。引进培育一批熟悉产业发展规律、国际经贸规则的专业人才队伍。

第九章　浙江自由贸易试验区制度创新未来征程

浙江自贸试验区形成较多目标导向、企业需求导向的解决方案，圆满完成投资贸易便利、高端产业集聚、金融服务完善、监管高效便捷、政府职能转变5个共性目标的阶段性任务，在全国21个自贸试验区中处于第一方阵的领先地位。站在全新的历史起点，浙江自贸试验区制度创新应以更大胆气和魄力，以更具战略性、前瞻性、洞察力的思路和理念，对标国际先进自由贸易港，主动服务和融入国家能源战略，为提高全球资源配置能力这一终极目标，实施具有较强国际竞争力的开放政策和市场制度，形成开放型经济发展新动能和国际竞争新优势，完善制度安排，优化制度供给，贡献制度型开放解决方案。

第一节　创新再起航：在瞄准国家战略和重大需求中找准方向

提高政治站位，高度重视自贸试验区制度创新工作。转变过去依赖政策优惠的思维模式，认真贯彻落实党中央对自贸试验区以制度创新为核心任务的总体要求，坚定不移地推进制度创新。站位要高，对标国际先进自由贸易港，坚持高标准制度型开放。作为党中央在新时代推进改革开放的一项战略举措，自贸试验区建设不仅承担着全面深化改革与实施新一轮高水平对外开放的责任，而且承担着推动高质量发展，打造动力更强、结构更优、质量更高的增长极的责任，必将在未来发展中发挥更大作用。浙江自贸试验区创新再起航，以打造社会主义现代化先行省和共同富裕示范区标志性成果为目标，需要在更高层次、更开阔视野中寻求新方向。

一、成为深化改革开放的引领者

深化自贸试验区建设必须立足新时代，适应新常态，对标国际、服务国家、发展浙江，坚持国家所需、地方所能，进一步拉高自贸试验区发展定位，朝着更高水平、更高质量方向迈进。立足战略定位和区位优势，主动融入和服务国家发展战略，助力推动形成全方位、多层次、多元化的开放合作格局。对标国际先进自由贸易港政策，浙江自贸试验区创新发展主要通过投资经营自由、货物贸易自由、资金收付自由、人员流动自由、物流开放便利、服务智慧快捷，形成经济转型发展新动能和国际竞争新优势。在油气自贸区领域，重点推进大宗商品自由贸易先行，打造大宗商品自由贸易港。在枢纽自贸区领域，聚焦航运物流枢纽与贸易制造枢纽双轮驱动，以"四港联动"为基础，以国际供应链创新为主体，推动各种要素资源在自贸试验区内畅流汇聚。自贸试验区作为浙江省全面开放的大平台、深化改革的试验田，承担压力测试、试点推广的重任。紧紧围绕国家赋予浙江自贸试验区的"五大功能定位"，打造油气自贸区、数字自贸区、枢纽自贸区"三张金名片"，聚焦大宗商品自由贸易、数字贸易、小商品自由贸易"三个先行"，着力推动绿色石化、新材料、智能制造、数字经济、生命健康、现代服务业等重点产业发展，力争取得更多变革性实践、突破性进展。对标国际最高标准，加快实施更加自由的投资、贸易、金融、运输等政策，全面放开市场准入，进一步改善投资环境。探索制定《中国（浙江）自由贸易试验区油气全产业链跨境服务贸易负面清单》，试点更大力度对外资开放中国油气市场；争取深化执行自贸试验区外商投资国家安全审查机制试点，借鉴欧美经验完善"外资安全审查"制度，为国家层面提供经验。大胆试、大胆闯、自主改，形成更多制度创新成果，建设成为我国新时代全面改革开放的引领者、开放新格局的核心平台。

二、强化东部沿海地区开放门户

顺应经济全球化，主动应对国际产业分工深度调整，积极嵌入全球产业链、价值链、创新链，打造应对 CPTPP、对接 RCEP 和深入融入全球经济一体化的东部沿海地区开放门户。打造开放门户重在做好区域发展战略这篇大文章。充分发挥浙江地理区位独特以及背靠超大规模国内市场和腹地经济等优势，以加强浙江自贸试验区与长三角一体化、"一带一路"产业合作为重点，打造油气自贸区、枢纽自贸区、数字自贸区，提升浙江自贸试验区全域性的重要影响力。浙江自贸试验区紧紧围绕中央提出"赋予自由贸易试验区更大改革自主权"和"探索建设自由贸易港"的战略要求，对照 CPTPP 和 DEPA 这些高标准的自贸协定，在货物贸易、服务贸易、电子商务、知识产权等领域加大探索力度，试点对接国际高标准推进制度型开放，迈上制度型开放新高地。紧跟自贸试验区建设的实践前沿，注重从"实践经验"中凝练"浙江智慧""浙江方案"；大力强化自贸试验区建设取得更多可复制、可推广的制度成果，进一步彰显自贸试验区在全面深化改革、扩大对外开放中的示范引领作用。

三、努力打造高质量发展示范区

在推动新一轮改革开放的重要进程，在加快构建"双循环"新发展格局、争当"重要窗口"模范生的重要关口，浙江自贸试验区要坚定扛起更高水平开放的战略使命，提高政治站位，强化使命担当，勇当开路先锋，深入开展差别化探索，大胆试、大胆闯、自主改，努力构建高效能国际贸易全球供应链体系，把自贸试验区打造成为高质量发展示范区和新时代浙江的"金名片"。浙江自贸试验区应发挥国家战略的叠加优势，扩大高水平对外开放，实施一揽子对标国际经贸新规则的政策制度措施，实施对标规则与产业高质量发展协同推进策略。一是从"协调"的理念出发做好顶层设计，既要协调好物理世界、网络世界、数据世界的关系，也要协调好国内与国外的关系以及技术与管理的关系。二是形成科学合理的供应链体系，积极发展高端供应链，缩短中间供应链层级，形成透明、共享、直达、高效的全球供应链架构。三是引导区内企业经营模式转型升级，快速深度融入全球供应链体系，使之成为立足于全球供应链的现代企业。高标准建设自贸试验区，真正把规则对标与产业高质量发展紧密结合，争创大宗商品特色自由贸易港，探索建立以投资便利化和贸易自由化为核心的制度体系。围绕产业链协同发展与自主可控，加强产业链与创新链跨区域协同，构建协同式、嵌入式的产业生态圈，打造世界级产业集群。打造全球数字贸易中心，大力培育服务贸易、市场采购等外贸新增长点，深化内外贸一体化和国际贸易综合改革，推动贸易高质量发展。纵深推进义甬舟开放大通道建设，推动义新欧班列高质量发展，推动数字技术和产业走向"一带一路"。打造高质量外资集聚地，稳步扩大对外投资，加强海外风险防控。

四、争当"一带一路"开放枢纽

依托舟山江海联运服务中心和"一带一路"起始港，全面服务"一带一路"沿线国家和长江经济带的交流合作，深入推进更加广泛的互联互通和产业合作，提高国际合作和辐射带动能力，探索推进"一带一路"国际能源合作、与发展中国家的贸易合作，助力国家实现对外开放新布局，成为"一带一路"和长江经济带互利共赢的开放枢纽。瞄准浙江自贸试验区在"一带一路"建设中的功能定位，进一步促进自贸试验区的改革开放。推进与长三角区域国际贸易"单一窗口"数据互联互通，构建"一带一路"与长三角核心区域物流大通道大平台。加强区域海关标准体系建设和标准化服务，共同探索建立国际海关安全准入合作机制，与"一带一路"沿线重要节点国家（地区）海关加强合作。全面对接国际高标准市场规则体系，营造一体化高水平的区域营商环境，联动打造国内规制对接国际高水平经贸规则的"试验场"。构建复合型多式联运通道，发展与"一带一路"沿线国家和地区的国际中转业务。以"一带一路"沿线国家和地区为重点，整合境内仓、海外仓和结算等全球供应链服务体系，建设供应链易货交易服务平台和中非交流合作综合服务平台。充分发挥"一带一路"的作用，增强对国际产业链、供应链、创新链核心环节的吸附力，完善与更高水平开放相适应的经济安全保障体系。重点研究出台 RCEP 与"一带一路"双循环先行启动方案，打造"一带一路"开放枢纽，加大与长三角其他自贸试验区的合作，共同推动长三角一体化海上示范区以及浙沪共建中国特色自贸港建设。提升"一带一路"建设框架下的制度供给水平，有助于加强贸易、投资、金融、人文等诸多领域内不同机制之间的对接与整合，并将其体现到当前国际贸易、投资、金融等制度的最新发展中。总之，浙江自贸试验区开放创新立足于推动"一带一路"建设和长江经济带发展，率先落实长三角区域一体化发展，把自贸试验区作为融入长三角、服务全国开放大局、参与"一带一路"建设的主要平台，打造中国经济升级版，形成参与国际竞争的新优势，力争成为国家实现全球资源配置的"枢纽点"。

五、打造全球战略资源配置中心

追求全球资源高效配置是浙江自贸试验区的内在要求。在统筹国家战略和区域发展目标、统筹国际市场和国内市场的前提下，通过航运服务、贸易投资政策、交易平台以及金融体系，引导油品、铁矿砂、煤炭、粮油等大宗战略资源向浙江舟山集聚，重点围绕油气产业链的延伸及其贸易投资自由化，探索与国际贸易规则相适应的外贸新政策，逐步成长为以大宗资源以及资本、技术、信息等要素为主的国际资源配置型港口，努力打造成国际高端资源要素的交汇地。通过多领域、系统性、集成性的改革创新，构建市场化、法治化、国际化的政策体系和营商环境，聚合全球高端资源要素为我所用，更好地推进浙江乃至我国经济转型升级和高水平现代化。随着全球市场要素的加速流动，各国产业分工持续重构，经济融合不断深化，掌握全球资源配置话语权的全球自由贸易港城市逐渐形成，如同强大的吸附器和辐射源控制着资本、产业、科技、人才、信息等高端要素的集聚和扩散，提高全球资源配置能力日益成为自贸试验区参与全球合作发展的核心目标。浙江自贸试验区作为我国的第三批自贸试验区，实施重点在建设自由贸易港，而舟山地处长三角和东部沿海要冲，拥有多条国际航线重要节点，以及独特的区位优势和岸线资源。借鉴国内外自由贸易港的成功经验，以浙江自贸试验区国际船舶燃料油供应为基础，逐渐强化油气等重大战略物资的国际贸易、保税加工、转口集散、配送补给等功能，聚焦推动以油气为主的大宗商品投资便利化和贸易自由化的探索任务，打造亚太地区油气贸易枢纽和油气产品定价中心，形成在全球具有话语权的油气资源配置中心。

第二节　集成性创新：充分利用既有平台资源展开系统性创新

开展集成创新，要解决的关键就是从更为宏观的创新生态打造、创新动力持续强化、创新资源不断供给、创新成果有效运用等方面入手，解决制度创新应景性与浅表性问题。譬如，围绕产业创新发展的制度创新，在用地管理、人力开发、金融便利、财税优惠、技术孵化、环节规制、市场监管、信息服务、商业法务等诸多方面，需要有"一揽子"制度创新规划，让制度创新成为一种稳定可预期的制度建设、制度发展行为，从而在提升营商环境内涵品质基础上夯实发展根基。进一步加强各项制度之间的内在联系，以系统性和集成化原则开展具体工作。建立"企业主体、市场导向、系统集成、部门联动"的制度创新体系，加强创新部门的联动，从产业链全链条优化的视角进行"一篮子"的制度创新，推出耦合性高的制度组合，提高制度竞争力。

一、以企业需求为中心，形成政府与市场的集成创新合力

自贸试验区本身根据高水平开放要求和市场主体的需要，承担着主要的制度创新任务。自贸试验区真正的制度创新源泉还是来自市场，而最终制度创新的结果还是要用市场来检验，在创新过程中要注意充分挖掘市场的改革需求，提升改革试验三大"衡量度"，即提高改革创新系统集成度、市场主体感受度、制度创新领先度。制度集成创新要聚焦市场主体关切，制度集成创新最终受益者企业的需求应是一切贸易便利化制度创新的中心和出发点。同时还要重视便利化制度红利的落地效果，加强对企业的政策宣传并组织企业学习，使更多的企业了解政策、使用政策。理顺创新突破的激励机制，形成政府与市场的集成创新合力。把制度集成创新摆在突出位置，聚焦贸易自由化、投资便利化和各类要素便捷高效流动，突出系统集成创新，研究出台一系列支持政策，推动浙江自贸试验区高质量发展。自贸试验区应当践行"大胆试、大胆闯、自主改"的九字方针，建立产、政、学联席会议机制，通过听取市场主体的意见，结合专家的观点与建议，形成政策与制度创新的思路，实现政府政策创新为市场服务的改革目的，最终建立制度集成创新的闭环。从实际出发，切实提升顶层设计与现实需求的匹配度，增强改革创新措施的有效性和可行性。以"放管服"为突破口，深化简政放权，提升企业感受度和市场活跃度。进一步提高"一站式"服务集成度，加快建设统一受理平台和"国际贸易单一窗口"。从"全产业链视角"创新监管模式。针对一些创新成果的"碎片化"和"重复化"问题，建议相关管理部门强化对创新成果"集成性"的评估和考核机制，使基层创新单位更加注重系统集成改革与协调配合。首先，管理部门要建立创新成果"集成性"的评估指标体系，在该体系中设定好关于创新成果"集成性"的若干指标，并且根据其重要程度分别赋予不同的权重和比例。其次，除了管理部门本身评估之外，在条件允许的情况下，还要邀请第三方评估机构对创新成果进行评估，并且可以采取专题调研、问卷调查以及座谈会等方式开展评估，尽量保证最终评估结果的客观

与公正。最后，在评估过程中要对基层创新单位明确评估期限，并且根据不同的评估期限提高其工作效率。

二、以数字赋能为手段，探索数字贸易的国际经贸新规则

以数字化手段赋能，积极探索数字经济与数字贸易创新需求的国际经贸新规则。互联网、信息技术的应用，带来了国际贸易通关的无纸化、数据元标准化、监管信息化的发展，对贸易便利化改革已产生深远影响。商务部印发的《"十四五"对外贸易高质量发展规划》中强调要加快贸易全链条数字化赋能，提升贸易数字化水平。因此，现阶段浙江贸易便利化制度创新一定要顺应数字技术发展的趋势，利用5G、大数据、人工智能、区块链等最新技术，用数字化手段赋能贸易便利化制度创新，拓展国际贸易"单一窗口"功能，打造智慧口岸、智能通关，加快智慧仓储物流体系建设，推广智能机器人审单，推行贸易融资、跨境支付等金融服务线上化场景应用。加快各类数字技术在贸易便利化领域的应用，提升服务和监管效能。一是自贸试验区要致力于打造数字贸易开放创新体系。一方面，加快5G、IPv6、云计算、物联网等新一代信息基础设施建设，打造国际数字交换中心，同时加强数字信任安全底座建设；另一方面，重点发展云服务、数字内容、数字服务与跨境电子商务等数字贸易产业，鼓励数字贸易领域的新业态新模式，扩大数字贸易行业的产业群，加快形成数字贸易发展新高地。二是在数据跨境流动方面，通过自贸试验区展开试点，形成数据跨境流动经验，尽快建立关于跨境数据流动管理的基本原则和制度，为我国在DEPA开展全球互认的数据跨境流动规则中发出中国声音奠定基础，进而掌握全球数字经济经贸合作的话语权。三是先行构建适应国际数字贸易发展的法律体系。参照CPTPP和DEPA的条款，结合数字贸易的实际需求，对产品版权、源代码开放、数据流通、信息保护、数字交易、不正当竞争、保守商业秘密和数字化产品税收等行为设立详细而明确的规范要求，完善适应国际数字经济和数字贸易创新需求的国际经贸新规则。

三、以产业培育为目标，强化特色产业的高质量发展动力

自贸试验区既是制度创新的"试验田"，也是"特殊经济功能区"，不但要为国家试制度，还要为地方谋发展。自贸试验区发展，要打造主题产业和特色产业，通过制度集成创新促进新模式、新业态、新技术、新产业发展，

激发产业跨跃发展新动能。自贸试验区制度创新要与当地产业及经济高质量发展紧密结合。以战略性新兴产业和现代服务业等为重点，以制度创新引领特色优势产业开放发展，推动自贸试验区培育特色主导产业，基于特色优势产业开展系统集成性政策制度设计，围绕产业链关键环节和前沿领域开展制度创新，打通制约产业发展的难点和堵点，推动产业实现高质量发展。自贸试验区要基于经济功能需求推进制度创新，体现产业培育功能，注重产业制度创新，聚焦产业链与供应链的整合。更加强调贸易促进与产业发展并重，以夯实产业基础能力为根本，打造具有战略性和全局性的产业链，引导产业加快向供应链、价值链、创新链高端跃迁，引领产业转型升级，力争形成产业集群规模经济优势；更加注重创新驱动和开放合作并重，强调持续推动全面开放与强化自主创新相结合，努力营造更加适于创新要素跨境流动的便利环境，充分发挥产业集聚和科技创新的协同效应，走创新驱动、内生增长的发展道路；更加强调区内发展与区外联动并重，以点成线、以线组面，推动优势互补、协调联动、错位发展，最终带动全域步入高质量发展的快车道；更加强调顶层设计与基层创新并重，既要对标更高水平的国际经贸规则，结合地方特色，加强顶层设计，又要立足于建设"先行区和示范区"，为提高对外开放整体水平树立更高的标杆。

浙江自贸试验区重点打造油气产业，包括油气贸易、炼化加工、结算、储备运输、油品检测、大宗商品交易等，不断挖掘分工经济、规模经济和范围经济潜力。自贸试验区制度创新要加快转型。在范围上，不仅是局限于自贸试验区内一亩三分地，而是要从产业链及其生态系统构建出发，从点上突破，构建产业链及其生态系统，集合各种资源，形成创新发展能力。自贸试验区产业链上下游各环节的基础设施、信息化、制度创新、服务等能力存在差异，要实现自贸试验区制度创新"一体化"，就必须对产业链上下游进行能力援助。按照自贸试验区对标国际经贸规则所建立的标准、制度、规则和监管，实施能力援助。着眼于国际化和法治化，在国际法治的语境下建设一流的国际营商环境。在顶层设计和制度供给的支撑下，重视法治的先行示范效应。

四、以差异创新为重点，对标国际经贸规则供给创新资源

每个自贸试验区从设立之初被赋予差异化制度创新的使命和任务。这种差异化体现在三个层面：一是各自贸试验区依据地域特色和区位优势，为服

务国家对外开放和区域经济发展战略进行有差别的便利化制度创新探索；二是每个片区错位发展，依据自身产业优势，精准定位，进行差异化制度改革；三是在贸易便利化制度创新层面上，不应仅是传统货物贸易便利化的制度创新，还要围绕贸易新业态、新模式，扩大服务业开放以及服务贸易便利化方面进行差异化制度创新。国际高标准自由贸易园区实行的是"一线放开、二线管住"的海关特殊监管政策，并通过极其优惠的税率吸引要素集聚，促进货物中转、仓储、加工等业务发展。中国的自贸试验区并未实现完全的"一线放开"，且税率水平与高标准自贸园区相比仍然较高。因此，自贸试验区贸易便利化改革的最终目标就是要对标国际高标准自贸园区实现"一线完全放开"，同时还要继续优化"二线高效管住"。全球经贸规则的重构是国际分工和自由贸易发展的必然要求，贸易规则的一体化有利于提高效率，提升贸易便利化水平。为了实现更广泛的国际经贸利益，中国已加入 RCEP，并已正式向 CPTPP 和 DEPA 提出申请。然而现阶段中国的开放程度和水平与以上这些区域组织的高标准贸易、投资规则差距较大。中国自贸试验区作为参与全球贸易投资规则重构的试验田，要跟踪测试与高标准国际贸易规则相衔接的体制机制。RCEP、CPTPP 的规则具有高标准、全覆盖、宽领域的特点，深入研究高标准贸易规则，为浙江自贸试验区的便利化改革提供参考，并注入新的内容。通过对标、实施高标准国际经贸规则，将推动浙江自贸试验区进入高质量发展阶段。

五、以集成制度为引领，提升自主权向自贸港区方向发展

制度集成创新是创新主体协同发展、相互作用，共同创造新业态、新模式的过程。需要多方联动，共同推动制度集成创新。一是自贸片区各部门之间联动的制度供给，如关检联合查验制度创新，推进海关全业务领域一体化；二是各片区之间联动的制度供给，积极推动全业务领域跨关区协同治理与发展；三是自贸片区与海关特殊监管区联动的制度供给，依托海关特殊监管区的仓储、加工等功能，借助自贸试验区的制度红利，促进两者融合发展的制度创新；四是自贸试验区与区域经济发展战略之间联动的制度供给，使自贸试验区的便利化制度创新最大限度辐射地区经济发展；五是自贸试验区与其他国家相关部门联动的制度供给；六是自贸试验区与国家战略联动的制度供给，如自贸试验区与"一带一路"的联动等。在制度集成创新的推动下，以

一体化建设为抓手，能够确保片区之间资源共享、优势互补，形成区域经济一体化发展联动链。系统集成后的制度创新能够加速营商环境不断优化，使区域吸引力持续增强、优势资源加速集聚、经济发展新引擎不断涌现。通过制度集成创新推动发展，需要谋划顶层设计、落实创新举措、协同平衡推进、营造生态环境，继续提升自贸试验区开放权限，鼓励有条件的自贸试验区向自贸港区方向发展。以制度集成创新打造高水平开放新高地。持之以恒地在强化改革的集成性、开放的制度型、创新的策源力、资源的配置力上用劲使力、争取突破。强化改革系统性集成，围绕"办成一件事"，推进跨部门业务流程革命性再造。在把握制度创新的趋势方向上，要把握国际经贸新规则的趋势和特点，对标国际先进规则，在贸易、投资、知识产权、竞争政策、政府采购、电子商务、环境问题、劳工标准、透明度和反腐败等领域，深入推进制度型开放。在强化制度创新的前期设计上，制度集成创新具有全局性、系统性等特点，一项制度的建立和实施，必须从事物的整体和发展的全过程确定制度建设的内容，要高度重视系统性，强化从全局角度系统设计制度集成创新。

第三节 重点域突破：挖潜与破圈并重推进主导产业领域创新

浙江自贸试验区以投资贸易便利化为核心的制度体系建设趋于完善。截至 2022 年 8 月，累计实现制度创新 382 项，其中全国首创 113 项，入选国务院复制推广 11 项、国务院最佳实践案例 5 项，"为国家试制度、为地方谋发展、为企业优环境"本领不断增强。制度创新需要在两个维度上有所突破，一是挖潜，二是破圈。就挖潜的制度创新而言，对片区内既有的油气、海工、机械等传统优势产业，需要有整合性思路，形成产业链条和产业集群，凸显制度创新引领优势更优、强势更强的功效；对于破圈的制度创新而言，在信息化条件下，需要紧密关注新型工业化与信息化深入融合的制度创新，打通痛点堵点，在数字产业化与产业数字化路上迈出更大步伐，在油气全产业链等产业发展方面不断强势提升能级，形成增长极、发展极、创新极。与此同时，在整合利用军转民技术、重大装备、先进制造等方面，亦有进一步拓展深耕的巨大空间。打造产业集聚发展高地，加快新兴产业集群发展。

一、举旗帜：打造全球产业链开放高地

以自贸试验区为依托，着力打造油气全产业链开放高地，创新推进国际油气交易中心、国际绿色石化基地、国际油气储运基地、国际海事服务基地建设，打造宁波舟山国家大宗商品战略储备基地和全球资源配置中心。进一步扩大原油、LNG、LPG 进口，发展油气大宗贸易，创新发展天然气期货交易。引进国际知名矿石生产商和贸易商，开展混配矿储存、加工、出口和现货交易；吸引集聚粮油加工、物流、仓储企业，推动矿石、粮食等大宗贸易。创新大宗商品贸易形态，推进大宗商品中转贸易、离岸贸易发展。加快建设宁波舟山港世界一流强港，打造亿人次级国际化空港门户，纵深推进义甬舟开放大通道建设，提升"义新欧"中欧班列市场竞争力。深化中国—中东欧国家经贸合作示范区建设，提升中国—中东欧国家博览会能级，实施"丝路领航"三年行动计划，完善境外经贸合作区、系列站和国际产业合作园联动发展网络，打造高质量外资集聚地和高层次对外投资策源地，推进外商投资股权投资企业试点。推动自贸试验区开展首创性和差别化改革探索，实施油气储备体制改革、新型国际贸易监管、通关一体化改革、数字贸易制度机制建设等系统集成化改革。推进自贸试验区与联动创新区协同发展，加强与长三角区域自贸试验区协同联动。培育外贸竞争新优势，全省域推行市场采购、跨境电商、外贸综合服务平台等外贸新业态，高效推动 eWTP 发展，推动服务贸易创新发展，打造进口贸易促进创新示范区和重点进口平台。把自贸试验区作为真正试验田谋好篇布好局，着力打造油气全产业链世界新高地，扛起浙江自贸试验区在构建新发展格局中的重大使命担当。

二、转动力：奋力打造数字中国示范区

浙江自贸试验区以数字化改革为引领，加快推进技术变革、产业变革、模式变革、治理变革，着力提高资源要素配置效率，推动产业链、创新链、供应链深度融合，推进产业基础高级化和产业链现代化，提高全球数字规则话语权，着力构建以数字经济为核心的现代化经济体系，率先形成与数字变革时代相适应的生产方式、生活方式、治理方式，形成全社会共享"数字红利"的良好氛围，奋力打造数字中国示范区、全球数字变革高地，重塑数字时代的运行规则。深化国家数字经济创新发展试验区建设，建成以"产业大

脑＋未来工厂"为核心的数字经济系统，加快形成数字安防、集成电路等具有全球影响的数字产业集群，实现百亿以上产业集群产业大脑应用和工业互联网平台全覆盖，形成新智造企业群体。基本建成全球数字贸易中心，实施跨境电商高质量发展行动，全省域深化跨境电商综合试验区建设，持续推进"店开全球"万店培育专项行动，筹办全球数字贸易博览会，积极争取国际互联网数据专用通道，探索制定数字贸易规则和标准。深入开展数字生活新服务行动，开展千家企业云化、百万商家上线行动，引进培育数字生活开放平台，充实丰富在线教育、在线医疗、在线文体等线上消费业态，建成数字生活新服务强省。实施全民共享数字红利行动，制定消除数字鸿沟的政策机制。加快推进下一代互联网建设，实现5G和千兆网络基站乡镇以上全覆盖。推动各类数字化平台开发适应弱势群体需求的功能模块和接口，降低公共服务领域新技术使用门槛，推广移动微法院等数字惠民载体，提升数字技术普惠功能，保障不同群体更好共享数字红利。探索开展数字化制度和标准体系建设，建立数据资源权属、交易流通、跨境传输和安全等基础制度和标准规范，积极参与数字领域国内国际规则和标准制定。

三、探路径：建设国际竞争力产业体系

自贸试验区已经成为中国扩大开放的前沿阵地，也是带动中国经济发展的新引擎。浙江自贸试验区加快建设具有国际竞争力的现代产业体系，巩固壮大实体经济根基，夯实共同富裕的产业基础。探索"腾笼换鸟、凤凰涅槃"新路径，加快建设全球先进制造业基地。深入实施制造业产业基础再造和产业链提升工程，迭代升级体系化实施方案，打造十大标志性产业链。实施产业集群培育升级行动，实施未来产业孵化与加速计划，培育一批"新星"产业群，加快建设未来产业先导区。实施传统制造业改造提升2.0版，创建国家传统制造业改造升级示范区。争创国家制造业高质量发展试验区，建设一批制造业高质量发展示范园区和"万亩千亿"新产业平台。聚焦特色优势产业，高水平建设特色小镇。争创服务业扩大开放综合试点，创新完善现代服务业发展政策体系，加快服务业数字化、标准化、品牌化，建设一批现代服务业创新发展区，推动现代服务业同先进制造业、现代农业深度融合，创建一批试点区域和企业。深化质量强省、标准强省、品牌强省建设，一体打造名品名企名产业名产地，实施"品字标"拓面提质行动，打响"浙江制造""浙江

服务"品牌。在打造产业集聚发展新高地方面，深入推进国家战略性新兴产业集群发展工程，构建产业集群梯次发展体系，形成分工明确、相互衔接的发展格局。增强产业集群创新引领力，推进产城深度融合，聚焦产业集群应用场景营造，提高产业集群公共服务能力。自贸试验区应坚持制度创新，科技驱动，绿色引领，不断改善营商环境，持续提升国际贸易水平，提高国民经济贡献率，使其成为中国高水平开放发展'风向标'。浙江自贸试验区加快建设具有国际竞争力的现代产业体系，应深入对标国际先进标准，打造最具国际竞争力的规则体系，放宽自主改革权限，建立制度化的容错机制和激励机制，助推深层次制度创新。为经济高质量发展注入新动能，要处理好"赶"和"转"的关系，在赶超中转型、在转型中赶超，在稳定增长中实现质量变革、效率变革、动力变革。坚持优化结构、转型升级，加快调整供给侧结构、需求侧结构和所有制结构，在供给与需求之间搭好桥梁，推动产业链优化升级和价值链提升，实现发展方式转型、发展动能切换、发展质量提升。

四、强辐射：打造全球高端要素引力场

浙江自贸试验区要更好发挥示范引领作用，实行更加开放的人才政策，深入实施"鲲鹏行动"计划，推进"三大人才高地支持行动"和高素质人才"六大引培行动"，搭建世界青年科学家峰会等平台，造就一批世界水平的科学家、科技领军人才、工程师和高水平创新团队，加快建设全球人才蓄水池。建设一批人才管理改革试验区，在人才市场化评价、增加知识价值、人才协同创新、人才服务一体化等方面先行先试，激发人才创新活力。加快构建辐射全国、链接全球的技术交易体系，加大科技成果应用和产业化政策力度，打造网上技术市场和"浙江拍"品牌，促进技术要素跨国界跨区域流动。构建数智化区域金融运行体系，深化"移动支付之省"建设，争取数字人民币试点，探索构建"金融大脑"，加快建设新兴金融中心，打造数智金融先行省。实施融资畅通工程升级版，深入推进普惠金融改革，开展首贷户拓展行动，开展区域性股权市场创新试点，深化政府性融资担保机构体系改革，构建金融服务共同富裕政策制度。构建现代流通体系，推动海港、陆港、空港、信息港"四港"高效联动，打造国家级和区域级流通节点城市，培育具有全球竞争力的现代流通企业和商贸枢纽型市场，形成互联互通、智慧绿色的数字化流通体系，增强现代流通竞争力。坚持"市场有效"和"政府有为"有

机结合，扩大对外贸易和双向投资，充分利用国内国际两个市场、两种资源，探索构建自贸试验区现代化经济体系生态链，进一步发展成为吸引全球高端要素市场的引力场。一是加强高能级的创新功能，打造自主创新发展新标杆；二是加强高水平的制度供给，激活经济高质量发展的新动力；三是加强高质量的服务赋能，打造融入全球经济格局的新高地；四是加强高效能的治理体系，打造成为引领我国新时代对外开放的鲜明旗帜和重要开放门户。

五、测底线：牢牢守住安全开放的边界

浙江自贸试验区要牢牢守住风险防控的底线，通过制定实施有效措施，有针对性防范化解贸易、投资、金融、数据流动、生态和公共卫生等领域重大风险，确保在实行高水平开放政策制度的同时，能够管得住、管得好。实施高标准市场体系建设行动，建立健全统一开放的要素市场，制定实施优化营商环境五年行动计划，打造营商环境最优省。坚持发展和规范并重，建立健全平台经济治理体系，推动平台经济为高质量发展和高品质生活服务。加大反垄断和反不正当竞争执法力度，提升监管能力和水平，实现事前事中事后全链条监管，防止资本无序扩张。打造创业创新创造升级版。大力弘扬浙商精神、企业家精神，完善创业创新创造支持政策体系，探索让数字经济、创新经济、生态经济、现代服务经济成为新时代老百姓经济的有效路径。实施"品质浙商提升工程""浙商青蓝接力工程"和新生代企业家"双传承"计划，深入推进浙商回归。尤其要充分发挥自贸试验区开放优势，把营造自由便利的投资贸易环境放在突出位置，紧密对接跨国企业和本土企业需求，打造开放、包容、透明、可预期的投资贸易环境，大幅提升对全球高端要素的吸引力和国际竞争力。

"管得住"才能"放得开"，做好风险防控。一是积极构建制度型开放框架下维护国家安全的新型体制机制。一方面，以健全外商投资国家安全审查、反垄断审查、国家技术安全清单管理、不可靠实体清单等制度为重点，建设高水平经济安全体制；另一方面，积极探索运用在境内对要素的各种应用进行严格管理以维护国家安全的新机制，逐步改变以限制乃至禁止对外开放合作来维护经济安全的传统做法，有效提升安全维护机制的精准性、科学性和灵活性，以低风险控制原则取代现有的零风险控制原则，为各类生产要素自由流动创造良好的外部环境。二是积极构建推动制度型开放的部门协调机制。

对于传统的贸易投资合作领域，强化原有的部门协调机制，重点制定并落实推进制度型开放的具体时间表；对于人才流动、数字贸易等新兴合作领域和补贴政策、国有企业等"边境后"领域，建议成立专门的部门协调机制，针对重点问题制定系统性的开放方案，并和相关重大改革任务有机衔接；对于各个行业的具体标准、规则问题，建议成立由相关部门参与的部门协调机制，针对各类细节问题进行分类施策。三是积极构建制度型开放的效应综合评价机制。一方面，应从促进中国经济社会高质量发展的角度出发，建立强制性的制度型开放效益预评估和事后评估机制，科学测算各项制度型开放任务对经济和社会高质量发展的积极作用；另一方面，应立足于对接国际高标准规则，建立强制性的制度型开放的外溢效应事前评估和事后评估制度，科学评价对于其他经济体的影响，以引导制度型开放向保持甚至增加正向外溢效应的方向发展。

第四节　协同式创新：合理借鉴基础上深化片区多类协同创新

自贸试验区肩负服务国家战略的责任，通过与更多区域、更多部门、更多领域联袂，推动更多协同式创新，力求让创新"小切口"成就实体经济的"大产业"和"大市场"，共同绘就高质量发展"同心圆"。浙江自贸试验区坚决扛起浙江省"稳进提质"大梁，2022 年 1—7 月，浙江自贸试验区以不到 1/400 的全省面积贡献了 19.7% 的进出口额、19.4% 的实际利用外资，占全省比重相比 2021 年年底分别提高了 1.1 个百分点和 5.6 个百分点；进出口对全省同期增量贡献率达 22.6%；实际使用外资增速高于全省平均 61.3 个百分点。通过自贸试验区制度创新牵引，形成市场衔接、政策互惠、产业协作、人才交流和文化融通的纽带，能够有序推进重大基础设施和开放平台互联互通，逐步打造规模化、特色化的跨区域产业集群。自贸试验区的协同发展，兼顾内外统筹、协作互动、优势互补，不仅重视个性，也要重视共性，从而达到互利共赢，开创我国发展的新局面。

一、功能联动，内外统筹，坚持服务国家战略

浙江自贸试验区围绕推进形成全面开放新格局、提高参与全球治理能力

的战略需要，发挥全球最大港口、最大小商品市场、最大电子商务平台和最全油气产业链的特色优势，勇于改革创新，打造更具国际市场影响力和竞争力的新经济功能区，更好地服务国家对外开放总体战略布局。功能制度上，强调特殊功能塑造，重点包括贸易、投资、金融、监管模式、税制等方面试点突破。关注国家油气产业供给侧改革，坚持以制度创新为核心，深入推动"放管服"、投资、贸易、金融、服务长三角一体化发展等重点领域改革，进一步转变政府职能，打造提升政府治理能力的先行区；对标国际先进规则，建设"一带一路"国际能源合作示范区和开放型经济新体制先行区；争创国际经济合作竞争新优势，打造高水平对外开放门户；开拓协调发展新领域，打造长三角一体化合作示范区；加强改革系统集成，建设开放和创新融为一体的综合改革试验区。同时，浙江自贸试验区未来应以聚焦世界级自由贸易平台、对标国际先进自由贸易港标准、覆盖更全品类大宗商品等为战略导向，以对标国际高标准规则深入推进各领域改革创新、深化特色试验任务持续提升自贸试验区建设水平、增强发展动能做大大宗商品新经济流量等为路径选择，深入探索实施具有较强国际市场竞争力的开放政策和制度，先行先试筑就改革开放高地，形成更多可复制可推广经验，为浙江省乃至全国的全面深化改革和扩大开放做出贡献。强化国际枢纽服务功能，全面参与国际竞争合作，要以建设国家级综合交通枢纽城市为重点，以海港、陆港、空港、信息港为关键支点，打造海上、陆上、空中、网上四位一体的国际大通道，努力构建沟通沿海内陆、联结境内境外的桥头堡。加强浙江省自由贸易区域联动发展，深化与宁波、杭州、义乌等地在产业发展、项目合作、资源共享上的联动。加快甬舟一体化建设，打破区域壁垒，推进六横、金塘等地产业发展，谋划建设甬舟合作区。谋划推进北向大通道建设，打通宁波、舟山、上海沿海陆路通道，使上海港、宁波舟山港连为一体，形成东部沿海环形集疏散公路网络，推动长三角区域基础设施互联互通。探索在杭州等地设立"飞地园区"，推进两地政策叠加、人才共享，推动企业在杭创新、在舟创业。探索与义乌在小商品贸易、市场采购、跨境电商等领域联动，提升贸易便利化。

二、机制协同，优势互补，推进规则制度开放

浙江自贸试验区构建以贸易自由化、投资便利化、金融开放创新、运输自由、数据人员等要素自由便利、安全有序流动为重点的政策制度体系。特别为适应数字经济和数字贸易发展需要，加快对标数字领域国际新规则，针对数据确权交易、隐私权保护、数据跨境流动等重点或敏感领域，加快先行先试。同时，继续制定并出台具有标志性、引领性的政策制度，如制定适用于所有自贸试验区的跨境服务贸易负面清单。借鉴国际最高标准的自由贸易区经验，机制协同、优势互补，在制度规则层面深化改革、扩大开放，实现境外投资经营便利、货物自由进出、资金流动便利、运输高效畅通、人员自由执业、信息快捷联通，率先建立与我国开放发展战略相适应、引领国际经贸新规则的开放型经济新体制。高水平开放意味着既要推动要素流动型开放，也要推动制度型开放。一方面，自贸试验区要通过推动规则相联，对接高水平国际经贸规则，深化规则、规制、管理、标准等制度型开放，形成更高水平的开放；另一方面，自贸试验区还要通过高端要素的集聚，加强国际交流合作，聚焦基础研究和原始创新，打造成科技创新的策源地，为高质量发展，特别是创新发展提供动力。

三、产业联动，提质增效，构筑现代产业集群

当前国际竞争的核心仍体现为产业主导权之争，产业主导权是提升全球资源配置能力的关键基础。浙江自贸试验区要抓住"中国制造2025""科技创新2030"等国家重大战略发展机遇，发展壮大网络经济、高端制造、生物经济、绿色低碳和数字创意等新经济领域，超前布局天空海洋、人工智能、基因技术、超级材料和核技术等未来战略前沿领域，全面提升化工、建材、轻工等传统产业领域，大力发展以生产性服务业为重点的现代服务业，进一步加快构筑现代产业体系。同时贯彻国家新一轮开放发展战略部署，构建现代产业国际合作机制，推动产业链全球布局。突出本土跨国公司作为全球资源配置的核心主体地位，支持具有一定经验规模和综合发展优势、拥有自主知识产品和自主品牌的本土企业加快实施国际化战略，发展成为一批具有较强国际竞争力的大型跨国公司。鼓励其发挥产业组织者作用，带动与之配套的上下游企业一并走出去，形成集群式跨国经营模式。自贸试验区是现代产业体系建设的有力手段，在自贸试验区之中各产业联系紧密，形成产业互补且辐射带动能力强，为产业链的构建提供了重要的支撑力量。浙江自贸试验区坚持以油气全产业链为特色重点，实施产业联动，提质增效，集中精力抓好政策研究和攻坚突破，为油气全产业链高质量发展提供政策支撑。深化制度

创新和对内对外开放，实现先进制造业和现代服务业创新发展、重点产业能级和竞争力显著提升，建成产业高质量发展的示范区。把握制度的系统性特征，注意系统集成，避免零敲碎打式的制度创新，通过基于全产业链的集成创新，打破制约产业高质量发展的体制机制障碍，推动形成一批世界领先的产业集群。根据区位优势、产业定位和产业关联，促进自贸试验区相关片区和协同创新区产业协同发展，发挥自贸试验区创新平台功能，做大做强相关产业，形成产业链条。围绕产业转型发展、创新发展和"走出去"的实际需要，全面提升产业链、供应链、价值链、创新链和数据链融合集成的水平和能级，做强做优做大民营经济，推动实体经济迈向全球中高端，以高水平开放促进高质量发展。

四、平台联动，互利共赢，共建信息管理平台

自贸试验区是对外开放的新平台，这一新平台影响力的提升，既需要平台内部之间的协调联动，也需要与原有示范区形成有效互动。浙江自贸试验区利用大数据的理念、制度和方法，实现人才、资源和信息的共享，通过共建信息化管理平台，实现要素在区域内的自由流动，发挥各自的比较优势，大大减少自贸试验区内企业的生产成本，最大程度提高企业利润，促进自贸试验区经济的高质量发展，从而带动周边地区发展。进一步完善长三角国际贸易"单一窗口"合作共建模式，推进与长三角地区营商规则对接，推动长三角标准制定、资格互认、人才培养等领域的合作。发挥浙江对国际商品和要素资源的吸引力，在更高开放水平上与国际经济大循环对接，推动共建"一带一路"国际合作新平台。"一带一路"建设以开放为导向，致力于打造开放型合作平台，维护和发展开放型世界经济，共同创造有利于开放发展的环境，推动构建公正、合理、透明的国际经贸投资规则体系，促进生产要素有序流动、资源高效配置、市场深度融合。服务融入国家重大发展战略，加强"一带一路"国际产能合作和生态合作，支持企业参与建设境外经贸合作区、产能合作区、生态合作区。围绕谋划建设开放创新大平台，增强利用国际国内两种资源、两个市场的能力。积极争取自贸试验区、自贸港等开放创新平台，强化开放、创新、国际化等功能，打造与国际接轨的开放创新引领区。按照我国深化改革"试验田"和链接"双循环"关键节点的要求，增强主动参与改革的内在动力，对标国际经贸新规则，加大差异性制度创新的力

度，加强制度创新与产业发展之间的互动，全面发挥自贸试验区开放"风向标"、改革"试验田"和经济"增长极"的作用。进一步优化营商环境，平台联动，互利共赢，在金融、税收、质检、通关、土地、环保等方面建立主动服务制度，搭建更加优质的引外资、扩外贸服务平台；加快传统行业数字化转型，强化和培育更多具有全球优势的产业链和供应链，弥补产业链关键堵点和断点，实现内外联动发展。

五、区域联动，协同发展，放大辐射带动效应

服务区域重大战略和区域协调发展战略、优化区域经济布局是自贸试验区建设的应有之意。浙江、江苏、安徽、上海三省一市的自贸试验区为了推动制度创新，深化区域内自贸试验区的联动发展，携手建立长三角自贸试验区联盟。加强区域联动，协同发展，共建数字长三角、世界级港口集群，放大自贸试验区辐射带动效应。以市场主体需求为导向，着手深化贸易便利化、投资便利化、金融创新、技术性贸易措施协调、科技协同创新等十大服务功能。设计实施有助于打破地区间市场壁垒、畅通国内大循环、助力优化区域经济布局的政策制度。加强与省内联动创新区区域联动，推动产业优势互补、协同发展。自贸试验区是一个区域创新、开放、发展的"领头羊"，自贸试验区发展不能局限于自身，要将制度创新红利向外扩散，进行联动创新，成为全域发展的引擎。加强产业规划、招商引资、项目落地、政务服务等方面统筹联动，为自贸试验区进一步深化改革开放、放大辐射带动作用提供有力支撑。自贸试验区目标是建设制度创新高地，聚焦推动联动创新，放大高水平开放效应。着力加快推进市场一体化进程，以本地特色产业为核心，以全产业链生态链为纽带衔接周边资源，坚持"小切口"导入，实施精准突破，强化对产业链全生态的培育与引进，注重对自贸试验区之间产业链协同的政策供给，注重跨区域政策适用性，构建基于产业发展与地方经济发展的政策设计机制，逐步形成制度集成创新。紧紧围绕服务国家战略，放大辐射带动效应，加快推进与"一带一路"的联动发展，为在新形势下推动形成"陆海内外联动、东西双向互济"的全方位对外开放新格局提供新经验新模式。随着长三角一体化合作以及对标高标准国际经贸规则等不断深入，市场化、法治化、国际化的营商环境持续优化，区域联动，协同发展，开放辐射带动效应进一步放大。浙江自贸试验区在油、港、货、数间产生联动效应和化学反应，

在"五自由、一便利"和税制、规制、体制上大胆突破，推动数字化改革和自贸试验区建设充分融合，让制度创新更好服务省域现代化和共同富裕"两个先行"战略目标。

第五节　致力于长效：构建制度型开放的保障机制与长效机制

浙江自贸试验区将以特色定位为指引，以更大力度、更高标准谋划具有鲜明特色的发展路径和建设目标。继续以"油""港""货""数"为"金字招牌"，构建制度创新有序释放的保障机制与长效机制，争创大宗商品特色自由贸易港，实施开放新高地战略。

一、构建高水平制度型开放保障机制

对标国际先进，不断提升自贸试验区创建水平，构建高水平的制度型开放保障机制。一是坚持高标准，建设发达便利安全的基础设施网络。包括港口码头、仓储物流、交通运输、信息网络等。加快推进义甬舟大通道建设和舟山江海联运服务中心建设，抓紧建设甬舟铁路，推进建设甬舟沪北向大通道，尽快开辟普陀山机场国际航线，构建畅通快捷高效的陆海空集疏运和多式联运体系。对标国际一流港口，推动宁波舟山港建成运输效率最高、服务质量最优的国际强港。抓好制度建设，在实践中创新完善长效机制。二是坚持以创新、协调、绿色、开放、共享的新发展理念引领发展实践，继续把改革推向深入，以制度创新促进治理能力现代化，成为引领高质量发展和现代化建设的排头兵。对标 CPTPP、RCEP 等高标准国际经贸规则，主动在一些条件成熟的地区，尽快拿一些高水平的经贸规则做压力测试，加快知识产权保护、政府采购、竞争中性、劳工条款、环境保护等领域的相关法规制度改革，同时以争取加入 DEPA 为契机，重点聚焦跨境电子商务、数字服务贸易、制造业服务化、数据要素流通和交易等领域，根据各个自贸试验区特点开展差异化试点，探索可复制推广的制度框架。三是自贸试验区应当在新发展格局中担负关键角色，努力成为双循环战略链接和枢纽平台。一方面，充分发挥在国际大循环中的引领带动作用。高水平外循环是双循环良性运行的前提，

只有在更高水平扩大开放，吸引高端技术、资本和人才，才能占据全球竞争制高点。尤其是在当前复杂外部环境下，自贸试验区应率先实施更加大胆的开放举措，在拓展国际大循环上勇当开路先锋，打造深度开放的战略通道，以国际循环提升国内大循环的层次。另一方面，打造服务国内大循环的发展新引擎。新发展格局的本质特征是高水平自立自强，必须强化国内大循环的主导作用。自贸试验区应立足超大规模国内市场，与特定区域发展战略紧密联动，充分发挥对国内大循环的辐射示范效应。我国自贸试验区是新产业革命和数字经济时代崛起的新一代开放创新高地，应当在制度创新和产业发展上大胆探索，为全球自由贸易园区建设做出新的贡献。四是大力打造创新经济新高地，针对制约科技创新和产业创新的制度瓶颈和问题障碍，率先予以突破，营造有利于创新要素跨境流动和开放创新的良好环境。大力打造数字经济新平台，对标国际先进水平探索符合国情的数字贸易发展规则，构建跨境数据流动、信息技术安全、数据隐私保护等重点领域规则，在风险可控前提下开展压力测试。大力打造高端制造和服务经济新高地，围绕智能制造、工业互联网和跨境服务贸易等领域，集聚高端要素和人才，不断夯实产业基础，为促进高质量发展提供有力支撑。

二、健全政策效果动态评估长效机制

浙江自贸试验区围绕国家赋予的五大战略功能定位，突出抓好特色亮点，充分发挥长江经济带发展、长三角区域一体化发展等叠加优势，重点围绕建设自由贸易先行区、数字变革策源地、区域经济新增长极，为新发展格局探路，找到一些像内外贸一体化、跨关区一体化、本外币一体化等牵一发动全身的改革和制度创新切入点，想新办法、找新出路，建设一批具有重大代表性、引领性、推进力的标志性工程，成为畅通国内国际双循环的战略平台，成为构建新发展格局的有效支撑。以制度创新为核心，率先构建更加市场化、法治化、国际化的营商环境，引入动态评估机制，提升国际影响力，成为我国优化营商环境的标杆和样板。建立基于行业协会和典型企业抽样调查基础上的自贸试验区政策效果动态评估机制。官方编制和发布自贸试验区营商环境指数、货物贸易便利化指数、金融与服务自由化指数、产业竞争力指数、法制化水平指数等，动态反映自贸试验区制度创新政策效果。对自贸试验区已有的创新举措，应当在做出评估的基础上进行梳理和集成，引入第三方评估，两相对比并逐一分析政策效果。对"碎片"之间的衔接及时补缺，以有效增进创新质量和放大红利，进一步提升国际影响力。建立政府绩效第三方评估的长效机制。其中，产业化是实现第三方评估机制持续发展的有效路径。追求客观中立是绩效评估的价值原点，也是保障科学性和可行性的基础条件。另外，第三方评估是一个知识密集型的咨询服务业，有着发达的产业链和服务链，与政治、经济、社会、文化等各方面有着千丝万缕的联系，其长效机制的建立离不开政府的产业政策扶持与市场化的运行机制。重点是要挖掘第三方评估的社会经济增值功能，持续深化研究新一轮国际贸易自由化新趋势、新规则、新理念，借鉴国内外自贸试验区的模式创新、制度创新、政策创新等先进经验，研究在浙江自贸试验区落地的可行性。持续深化自由贸易港区建设研究。进一步细化事中事后监管制度创新，完善社会信用体系，健全守信激励和失信惩戒机制，建立油品安全生产监管机制，改善出入境管理监管环境，实施安全和经营者集中反垄断审查，放大自贸试验区的探索效应，有利于进一步加快形成社会各界力量共同参与浙江自贸试验区建设的制度环境。建立浙江自贸试验区评估推广机制，邀请国际国内专业第三方机构对浙江自贸试验区的总体建设成效、制度创新成果、最佳实践案例、试点改革任务进行评估、发布报告，做好经验做法的复制推广。同时，建立自贸试验区信息发布机制，定期开展自贸试验区督查工作，晾晒各片区和区块、联动创新区重点项目推进情况，形成工作推进的"滚雪球"效应。通过改革经验复制推广、试点任务落实、自主创新成果、重大举措出台等，引导各片区间学习交流，营造比学赶超的良好氛围，推动自贸试验区高水平建设。定期总结评估自贸试验区在投资管理、贸易监管、金融开放、人才流动、风险管控等方面的制度经验，制定推广清单，明确推广范围和监管要求，按程序报批后进行推广实施，带动全国共享自贸试验区改革红利。

三、完善简政放权提高效能长效机制

浙江自贸试验区加快打造油气自贸、数字自贸、枢纽自贸"三张金名片"，为浙江推进共同富裕和省域现代化"两个先行"做出更大贡献。自贸试验区推进简政放权将形成长效机制，有助于营造规范有序的营商环境。自贸试验区多项制度创新和改革举措激发外资企业的投资热情，主要体现在投资体制改革、贸易便利化、金融开放创新等方面。负面清单管理模式取消诸多准入限制，激发外资企业的投资积极性。通关便利化水平的提升，大大提高船舶、货物的流转速度，为企业创造效益。同时，对货物实施分类监管，海关特殊监管区内可以同时经营保税和非保税业务，大大提高通关效率。多项金融政策落地，新型金融服务模式推出，企业融资更便利、渠道更宽。简政放权提高行政效能，外商投资领域进一步扩大，对外合作更加自由便捷，自贸试验区吸引外资的"三大利好"将持续发挥作用。例如，对于不涉及公共安全和生产安全，确需审批的事项，原则上实行形式审批，限定在 48 小时内办结，提高审批效率。同时，探索通过减少审批材料、压缩审批时限、网上办理等方式进行简化优化。审批部门公开申请材料、合格条件和办理流程等，推动全部行政审批事项的公开透明，增强企业对审批结果的可预期性。要抓任务协同，突出抓好科技创新，健全支持原始创新、成果就地转化、激发人才创新创业的制度，持续探索科技创新和实体经济发展深度融合机制；突出抓好"数字赋能"，加强数字政务、数字经济、数字监管创新，持续探索"上云用数赋智"；突出抓好联动发展，强化省内联动、国内联动、国际联动，持续加强区域协调链接。探索自贸试验区管理体制机制创新，全面发挥辐射带动作用。加大对自贸试验区片区的放权力度，鼓励其放开手脚大胆闯、大胆干、大胆试，用好容错纠错机制，创新评估和督查机制。适时新增重大试验任务，在环境保护、知识产权等方面加强探索，为 WTO 改革的中国方案先行先试。积极探索实施对自贸试验区内优先发展产业有利的税收优惠政策。探索政策优势叠加和创新驱动发展的制度安排，促进形成一批跨区域、跨部门、跨层级的改革创新成果，推动实现有机衔接和互融互促。以制度对接、平台融通、产业互动为重点，加强自贸试验区和周边各类经济功能区进行联动发展，探索在开放程度高、体制机制活、带动作用强的区域建设自贸试验区联动创新区，放大其辐射带动效应，将其建成未来自贸试验区扩区的基础区和先行区。

四、形成创新成果复制推广长效机制

通过政策赋能，浙江自贸试验区大力推动制度创新，将制度创新纳入政府的考核机制，形成制度创新成果复制推广长效机制。继续梳理汇总自贸试验区试点经验和最佳实践案例，力争取得更多成熟定型、可复制推广的制度创新成果，按照国家统一部署，在全国范围内复制推广。加强顶层设计和统筹安排，依托现有工作机制，加强与现有其他试点联动，推动对比试验和互补试验，更好推动自贸试验区服务地方发展和全国改革开放大局。自贸试验区发展坚持改革开放"试验田"和"新高地"的基本定位，加快改革试点经验总结和复制推广工作，持续释放自贸试验区改革开放红利。为了更好地鼓励各片区开展制度创新，强化正向激励，进一步加大复制推广工作力度，加快总结提炼全国可复制推广制度创新经验，建立定期复制推广工作机制，采取部门推荐、地方报送、第三方评估等多种方式，定期复制推广在全国具有首创价值的最佳实践案例或创新举措，把真正具有可复制推广价值的改革试点经验第一时间在全国或特定区域复制推广。自贸试验区的开放，必须是面向未来的开放，是要创造可复制、可推广的原创性经验，要走在全国前列。把握制度创新特点，注重突破性创新、系统性集成创新和前瞻性政策制度设计。强化自贸试验区改革同浙江省改革的联动，按照打造世界级"一中心三基地一示范区"的战略定位，围绕油气全产业链贸易便利化、大宗商品贸易自由化、服务"一带一路"建设等突出自贸试验区的浙江特色，推进自贸试验区建成中国东部地区重要海上开放门户示范区、国际大宗商品贸易自由化和投资便利化先导区以及具有国际影响力的资源配置基地，提升以油气为核心的大宗商品全球配置能力，探索建设自由贸易港。利用"数字浙江"建设形成的先发优势，率先提出打造数字自贸区，将浙江自贸试验区建设成为全国数字自贸区的策源地和数据开放的新窗口。在复制推广内容方面，注重从单项试验举措、最佳实践案例的复制推广，向改革开放模式、国际规则等更高层面转变，争取总结一批可复制可推广的制度创新模式、开放合作模式以及服务贸易等领域的国际规则。从复制推广范围看，既要在全国范围内全面复制推广，又要鼓励国家部委、各省市在各自事权范围内，采取多种方式进行复制推广。同时，在复制推广试点经验的基础上，形成更多高质量的制度创新成果和创新案例，率先推动一批改革创新成果在浙江省复制推广，努力打造市场化、法治化、国际化的营商环境，在浙江自贸试验区加快形成大众创业、万众创新蔚然成风的生动局面。

五、建立安全保障开放风险防控制度

浙江自贸试验区聚焦大宗商品自由贸易、数字贸易、小商品自由贸易"三个先行"，落地本外币合一账户、新型离岸国际贸易、跨境贸易投资高水平开放、数据知识产权保护等国家级试点，实现各类要素加速集聚、有序流动。在推进制度型开放的同时，还应注意有效维护国家安全。加快健全国家安全审查和反垄断审查协助工作机制。完善金融风险防控制度，加强对大规模短期资本跨境流动的监测和管理。加强部门间协同联动防控，确保不发生区域性和系统性风险。加快完善区域性、系统性金融风险监测、评估和预警体系。加大对大宗商品贸易风险的防范控制，着重研究针对油气行业的特殊风险分散机制，积极构建与国际接轨的油气贸易信息统计、监测体系，建立油气交易市场风险管理体系。完善外贸预警和监管机制，提高外贸企业抵御风险能力。完善与投资规则相适应的过程监管，开展外商投资安全审查，对油气等高风险行业和领域实行重点监管。推进反洗钱、反恐怖融资和反逃税工作，防止非法资金跨境、跨区流动。建立健全人才风险防范机制，强化风险管理人才队伍建设，完善对外籍人士等特殊人群的管理模式。探索跨境数据流动分类监管，开展数据跨境传输安全管理试点。加强对专利、版权、企业商业秘密等保护。建立与产业发展相适应的环境风险处置应对能力。建立完善多元纠纷化解体系，打造具有浙江特色和国际影响力的国际商事、海事仲裁平台，进一步健全诉讼、仲裁、调解有机衔接、相互协调的纠纷解决机制。支持最高法院国际海事司法浙江基地建设，探索建立涉浙江自贸试验区建设相关纠纷审理"一件事"机制，发挥杭州互联网法院、宁波海事法院等的服务保障作用。充分利用大数据、人工智能、5G等先进信息技术，创新开展风险研判和防控，建设高标准智能化监管平台。运用区块链技术开展源头治理，探索"沙盒"监管模式和容错机制，推行免罚清单等审慎监管方式，打造数字一体化监管服务平台。加强信用分级管理，加强监管制度创新，推广事前告知承诺、事中分类评估、事后联动奖惩的信用监管模式。开展企业信用风险分类管理试点工作，加强企业信用风险指数分析，提升企业信用风险预警和动态监测能力。在知识产权领域实施以信用为基础的分级分类监管，建立全链条信用监管机制，探索信用评估和信用修复制度。在试验任务落实过程中，对于重大敏感事项，要充分评估其风险，并据此提出切实有效的风险防控措施。对文化、教育、金融、数字等敏感领域，争取尽快在自贸试验区加快开展压力测试和风险测试，尽快健全开放安全保障体系，形成可在全国复制推广的制度创新成果。

第十章　浙江自由贸易试验区制度创新的舟山样本

建设自贸试验区是党中央在新时代推进改革开放的一项重大战略举措，承载着联动内外、扩大开放的重要责任。浙江自贸试验区舟山片区主动服务国家战略，发挥示范作用，以干在实处、走在前列、勇立潮头的积极姿态，构建自贸试验区制度创新的浙江模式，奋力建设新时代全面展示中国特色社会主义制度优越性的重要窗口，以浙江之窗扛起中国之制、中国之治，当好建设"重要窗口"的模范生，不断提供高质量发展的"舟山贡献"。

第一节　牵牢牛鼻子：始终坚持服务国家战略

浙江自贸试验区的牛鼻子，就是服务国家战略，保障国家能源安全，提升大宗商品资源配置全球竞争力。提升我国资源配置全球竞争力，是党中央、国务院交给舟山片区的重大战略任务。全球资源配置能力是综合国力的核心组成部分，虽然中国经济规模已是世界第二位，但全球资源配置能力却相对较弱，与经济规模不太相称。舟山片区始终立足自身定位，按照习近平总书记"以更大力度谋划和推进自由贸易试验区高质量发展"[1]的要求，以油气全产业链投资便利化和贸易自由化为重中之重，在主动承接国家战略中展现舟山担当，在积极参与国际竞争中发出舟山声音。为保障国家能源安全、争夺定价话语权、推动人民币国际化做出重大贡献，有效维护和拓展我国发展

---

[1]　"更大力度"，总书记对自贸试验区建设提出新要求［EB/OL］.（2021-07-12）［2022-04-29］. http://www.xinhuanet.com//mrdx/2021-07/12/c_1310055874.htm.

利益。"为国家试制度"效果突出,"首创性"案例成果丰富。浙江自贸试验区制度创新特色明显、重点聚焦"首创率"、已有 30 项创新举措经国务院或国家部委发文在全国复制推广;围绕建设东北亚船用燃料油加注中心,模块化制度创新成效显著;践行"最多跑一次"制度化成效显著。市场主体获得感不断增强,营商环境磁力效应凸显。

一、聚焦国家能源安全

能源安全是国家安全的重要组成部分,是经济社会发展的物质基础和命脉所在。我国是世界第一大石油进口国、世界第二大石油消费国。当前国际形势错综复杂,面对地缘冲突、突发疫情以及气候异常等多重因素的叠加,未来一段时期全国能源消费总量仍将处于平稳上升期,国内油气安全形势依然严峻。石油天然气资源在我国能源资源结构中占有举足轻重的位置,一直被视为保障国家能源安全的战略性矿产资源。能源资源和战略性矿产资源的重要性,决定了相关管理制度的重要性和改革的紧迫性。舟山片区聚焦保障国家能源安全,以制度创新为使命,全力推动国际油气储运基地建设。合理规划油气储运基础设施,加强管网、码头、地下油库、航道、锚地等设施建设。积极推进油气储运投资便利化,鼓励各类主体参与投资建设油气接卸泊位、储运罐区、输油输气管道等设施,一批重大油气储运项目陆续建成,构建了国有、民营共同发展的储备模式。探索创新政府储备与企业储备相结合的石油储备模式。创新油品储运管理机制,形成以原油为主,汽油、柴油、航空煤油、液化气等多品种储备。探索国储、企储、义储以及轮换机制。目前,舟山片区累计形成油气储存能力 3400 万立方米,国家储备原油保障能力占全国四分之一,成为全国最大的能源保障基地。

二、聚焦人民币国际化

建设大宗商品跨境贸易人民币国际化示范区是浙江自贸试验区舟山片区的重点任务之一,自挂牌以来,紧紧围绕全面贯彻落实党中央、国务院打造"大宗商品跨境贸易人民币国际化示范区"的战略目标和中心任务,以推进投资贸易自由化便利化为主轴,聚焦油气全产业链建设,持续强化金融改革和业务创新,全力推动扩大大宗商品贸易跨境人民币结算。人民币国际化历经十余年的长期发展,仍处于从支付结算货币的第一层次向计价和投融资货币的第二层次爬升的阶段，与全球主要储备货币的第三层次还有较大的距离。在中国人民银行的支持下，浙江自贸试验区舟山片区围绕人民币国际化示范区建设的目标任务，先行先试开展跨境人民币结算便利化试点、资本项目收入结汇支付便利化试点，重点聚焦"跨境人民币结算量"和"大宗商品跨境贸易"两方面，有效推动人民币国际化。作为全国 5 个获得资本项目收入结汇支付便利化试点资格的自贸试验区之一，浙江自贸试验区抢抓试点先机，在全国同批次批复试点区域中率先落地试点政策，结汇资金覆盖外债和资本金，实现浙江自贸试验区资本项目业务改革的新突破。发挥舟山片区作为全国第一大油气贸易港以及全国第一、全球第五大国际船舶加油港的产业优势，探索在原油非国营贸易、跨境电商、低硫燃料油供应、飞机租赁等领域开展跨境人民币结算。积极引进跨境人民币结算服务机构，集聚功能性金融机构入驻舟山片区，与中国工商银行新加坡分行等金融机构签订战略合作协议，探索建立跨境资金流动风险监管机制，逐步扩大人民币在油气、铁矿石等大宗商品跨境贸易中的结算比重。加强与其他地区联动创新发展，扩大跨境结算规模，业务范围由原来的中国香港、中国澳门逐渐发展至日本、美国、德国等 54 个国家和地区。外汇支持全球船供油业务领跑全国，累计跨境人民币结算量超过 3800 亿元，年均增长 136.8%。积极推进新型离岸国际贸易业务发展，创新推出国内证跨境融资、区块链福费廷、人民币资金池、NRA 账户不落地结汇等业务，推动 1 亿美元的 QFLP 基金落地。

三、聚焦油气定价指数

我国已成为全球最大的油气进口国，也是全球重要的油气消费市场。2021 年，我国原油对外依存度为 72.2%，天然气对外依存度为 46%。当下我国还缺少与市场地位相匹配的油气交易市场和定价中心，却持续提升在国际能源市场的话语权、掌控权和定价权，日益成为"中国所需"。舟山片区以制度创新为引领，加快建设国际油品交易中心，积极开展原油、成品油转口和离岸贸易，大力发展 LNG 贸易，加快形成以油气为重点的大贸易格局。大力支持浙江国际油气交易中心建设，推动上海期货交易所首次战略入股证监系统以外企业，深化"期现合作"，6 个油库成为上海期货交易所原油和燃料油期货指定交割库，实现与上海期货交易所标准仓单互认互通，加快建设长三角期现一体化交易市场。创新丰富交易模式和品种，实现燃料油、汽油等 41

个交易品种和现货挂牌、单向竞价等 4 个交易模式备案。加快建设区域能源消费结算中心，吸引相关市场主体将全国或区域结算中心落地舟山片区，引进中石化全球船供油业务中心，争取中石化部分海外业务顺利回流。舟山片区港口年油气吞吐量达到 1.32 亿吨，累计实现油气贸易额 19033 亿元，年均增长 83%，成为名副其实的全国第一大油气贸易港。浙江国际油气交易中心联合上海国际能源交易中心双方携手探索油气价格发现机制，相继推出"中国舟山保税低硫燃料油船供油报价指数""中国舟山低硫燃料油保税船供买方报价指数"，推动我国首次在保税燃料油加注领域应用舟山的价格指数，打破严重依赖国际定价的局面，为争夺保税燃料油定价话语权打下坚实基础。以人民币计价的船供油报价，推动形成以我国低硫燃料油期货价格为定价基准，在我国保税船燃油主要集散地——舟山打造具有区域性影响力的定价机制，为我国船供油产业链的稳健运营保驾护航，也为增强我国在能源领域的价格影响力先行先试。低硫燃料油期货的上市，提供了期现结合、价格发现、优化资源的可靠通道，较好发挥了价格"指挥棒"、市场"压舱石"和风险"隔离带"作用。可以说，我国低硫燃料油期货正在重塑亚太地区的低硫燃料油定价机制。我国正在进入由石化大国迈向石化强国的重要阶段，这也是我国在全球争取石化产品定价权和市场话语权的关键时期。当前产业融合不断深化，为建设全国统一的能源市场提供了基础。在加快推进大宗商品期现市场建设、健全油气产品体系方面，长三角期现一体化油气交易市场建设已在保税商品登记系统、仓单互认互通、产能预售和稳价订单等方面取得显著成效，覆盖仓储仓单、交易模式创新、场外期权等多个领域，推动交易品种齐全、期现相互联动、建设具有国际影响力的油气交易中心。通过油气现货优化资源配置，以及油气期货、发布价格指数和开展衍生品交易扩大价格影响力，为提高我国在国际油气市场的话语权和定价权发挥重要作用。

四、聚焦一流营商环境

当前，世界处于百年未有之大变局，国际格局加速演变，国际形势中不稳定不确定因素持续上升，我国发展外部环境中的挑战因素明显增多。如何在应对中美贸易摩擦和国际局势纷繁复杂变幻中赢得机遇、赢得主动、赢得优势，一定意义上讲，靠的就是营商环境。只有好的营商环境，才能吸引更多人才、资金、技术，从而增强我国经济的稳定性与抵御外部风险和压力的能力。打造市场化、法治化、国际化的营商环境，加快形成公平、统一、高效的市场环境是自贸试验区诞生时就肩负的重任。浙江自贸试验区制度创新的最大亮点在于聚焦国际一流的营商环境，对标国际，创新突破，带动营商环境不断优化，激发出新的发展活力。把"最多跑一次"改革贯穿始终，对照世界银行营商环境关键评价指标，聚焦市场准入、投资审批、口岸通关、政务服务等重点领域，深化"证照分离"改革，推进审批制度改革试点，优化"单一窗口"建设，打造信息数据共享平台，着力提升一流营商环境。着力打造"审批环节最少、办事效率最高、群众获得感最强"的营商环境，形成一批营商环境领域"首创性"的特色制度创新成果。45 项营商环境制度创新成果中，21 项体现"最多跑一次"这一理念，涵盖商事登记、工程建设项目审批、贸易通关、资金融通、办税服务、事中事后监管等领域。浙江自贸试验区致力于通过制度创新，降低企业运营成本和制度性交易成本。在推进以油气全产业链为核心的大宗商品投资便利化和贸易自由化方面不断探索实践，呈现鲜明的浙江特色。根据评估，浙江自贸试验区营商环境便利度排名靠前，开办企业、办理建筑许可、登记财产、跨境贸易、解决商业纠纷等指标相对表现良好，船用燃料油加注效率、大宗散货通关效率等特色指标表现优异。浙江自贸试验区围绕特色产业提升"微环境"方面较为出彩。结合当地大宗散货进出口特点，自贸试验区制定相应跨境贸易通关便利化评测标准，口岸通关效率在全国处于领先水平，让用户获得良好体验。浙江自贸试验区已实现"开办企业"从受理申请到领取税务发票 3 个工作日办结；实施浙江省工程建设项目审批制度改革试点，审批时间压缩至 42 个工作日；成为全国首个船舶进出境无纸化通关口岸。2018 年 9 月，李克强总理视察浙江自贸试验区时，对其"最多跑一次"改革成效给予充分肯定，并要求为全国不断提供创新经验。

五、聚焦资源配置能力

当前，我国的发展环境正面临深刻复杂的变化，机遇和挑战并存并且都有新变化，党中央适时提出要构建国内大循环为主体、国内国际双循环相互促进的新发展格局。为了构建新发展格局，就要更好地统筹国内国际两个市场两种资源，增强全球资源配置能力。舟山片区始终坚持服务国家战略，确定了"服务国家能源安全，提高资源配置能力"这条主线，充分发挥舟山港口、岸线资源和产业特色优势，对准国家供给侧结构性改革方向，推进油气全产业链市场化探索，既符合国家战略需求，也契合舟山实际，取得了实实在在的改革成效。浙江自贸试验区以油品全产业链投资便利化、贸易自由化为核心试点任务，探索既符合国际惯例、又具有中国特色的大宗商品自由贸易制度，着力推动供给侧结构性改革，弥补我国在油品储备、中转、加工、贸易交易等方面存在的短板，保障我国能源经济安全，为提升我国资源配置全球竞争力探索新途径、积累新经验。打造以油气为核心的大宗商品全球资源配置基地，同频一体化，聚力共铸港口硬核力量、共建对外开放枢纽、共促共同富裕先行、共创海洋中心城市，共同推动甬舟一体化不断迈上新台阶，携手开创舟山片区更加美好的未来，努力成为长三角高质量一体化发展的标杆典范。坚持以"八八战略"为统领，发挥"一带一路"建设、长江经济带发展、长三角区域一体化发展等叠加优势，着力打造以油气为核心的大宗商品资源配置基地、新型国际贸易中心、国际航运和物流枢纽、数字经济发展示范区和先进制造业集聚区。

第二节　争创先行区：始终坚持制度创新引领

习近平总书记强调，"自由贸易试验区建设的核心任务是制度创新"[1]，"要大胆闯、大胆试、自主改，尽快形成一批可复制、可推广的新制度，加快在促进投资贸易便利、监管高效便捷、法制环境规范等方面先试出首批管用、有效的成果"[2]。舟山片区始终注重对标国际规则，坚持问题导向，以制度创新为核心，以可复制可推广为基本要求，从代表国家参与国际竞争的高度来谋划改革创新。通过逐项分解改革任务落地，聚焦重点制度创新突破，舟山片区累计探索形成了 215 项制度创新成果。一是"首创率"比例较高，103 项为全国首创，"首创率"为 47.9%，充分体现了首创性、差异化探索，30 项在全国复制推广，88 项在浙江省复制推广。二是"集成性"特点突出，超过一

---

[1] 习近平.自贸区建设核心是制度创新［EB/OL］.（2016–03–07）［2022–07–09］. http://district.ce.cn/newarea/roll/201603/07/t20160307_9321365.shtml.

[2] 习总书记"大胆闯大胆试自主改"续写春天的故事［EB/OL］.（2014–03–06）［2022–07–09］. http://cpc.people.com.cn/pinglun/n/2014/0306/c241220-24548989.html.

半的制度创新成果集中在油气相关领域。聚焦油气贸易、交易、储运、炼化、加注、结算等全产业链，加快建设油气领域系统化闭环改革体系。特别是在保税船用燃料油加注方面，全面对标新加坡，围绕保税船用燃料油加注主体、油源供油、贸易交易、通关监管等全领域，下发5批改革创新任务清单，形成行业准入、技术标准、通关监管等31项集成性创新成果。三是"实效性"作用显著。坚持问题导向、产业导向，注重从企业需求、市场反响等角度推进改革，为企业发展提供实效性的制度保证。

一、对标国际规则

习近平总书记强调，"要围绕实行高水平对外开放，充分运用国际国内两个市场、两种资源，对标高标准国际经贸规则，积极推动制度创新，以更大力度谋划和推进自由贸易试验区高质量发展"❶。主动对标高标准国际规则，最重要的就是进一步推进贸易自由化和投资便利化，打造高透明度、市场化、法治化营商环境，完善负面清单、跨境数据流动、金融资本流通、知识产权保护等工作，稳定外资的信心和预期。并且在对标的过程中，要积极争取话语权，参与和引领国际规则变革。舟山片区自我加压，抢抓国际经贸规则重塑、经济规则调整的历史机遇，特别是围绕国际海事组织海上环境保护委员会船用低硫燃料油新规的重大变革，强化顶层设计，对接国际最高标准推进更广领域、更深层次的投资便利化、贸易自由化改革探索。一方面，系统研究RCEP、CPTPP等国际规则，对标新加坡、迪拜、釜山等国际先进自由贸易港建设的经验，探究具有牵动性、创新性的突破口；另一方面，深入研究海南自贸港、上海临港新片区等国内先进自贸（港）区的改革创新举措，把含金量高、需求强烈的制度复制过来，切实提高改革获得感。通过5年的改革创新实践，舟山片区初步构建了对标国际通行规则的基本体系，形成了相对成熟的投资贸易便利化制度体系，营造了高效、透明和可预期的投资贸易环境，投资贸易便利化程度在国内居于一流水平。

二、注重问题导向

深入学习贯彻习近平总书记考察浙江重要讲话精神，全面落实中央和省、

---

❶ 自贸试验区对标高标准国际经贸规则，深入推进高水平制度型开放［EB/OL］．（2021–12–30）［2022–07–09］．http://www.gov.cn/xinwen/2021/12/30/content_5665320.htm.

市关于自贸试验区建设的系列部署要求，锚定"一中心三基地一示范区"的功能定位，坚持问题导向，积极守正创新，团结协作、争先进位，争取尽快取得重大标志性成果。在推动自贸试验区高标准建设、高质量发展、高水平开放中率先突破、走在前列。5年来，舟山片区根据国家赋予的定位目标和建设任务，坚持问题导向，注重实效性，将改革目标的实现和企业反映的现实问题的解决相结合，持续推出高质量的首创性、集成性制度创新成果。重点围绕油气产业发展面临的各类突出问题，特别是油气交易、贸易、船加油、储运、进出口等关键环节，深入开展产业政策研究，成功获批国务院支持油气全产业链开放发展若干措施，国家有关部委下放保税油经营审批权限，支持不同税号保税油品混兑、批发无仓储、低硫油出口退税、原油非国营贸易进口资质、成品油出口资质配额等，有力推动了油气领域市场化改革。这些制度创新成果对降低企业制度性成本效果尤为明显，例如，浙江自贸试验区一船多供，是指单艘供油船舶在一个作业航次内对多艘受油船舶供应保税油。满足船东一站式的服务需求，减少船东、国际航行船舶服务的成本，同时效率也大幅提高。更重要的是要从价格、服务体验等对标国际，要让国际船东感受国际海事服务基地标准化、规范化的程度。国际航行船舶进出境通关全流程无纸化、创新竣工图电子化管理模式等，通过应用集成化数字服务平台，协同政府各部门治理流程、整合政府各部门治理数据，不仅有效提高了政府治理效率，而且大大便利了企业，节约大量的时间和资金成本，企业的获得感大幅提高。

三、注重系统集成

习近平总书记指出，"要推进改革成果系统集成，做好成果梳理对接，从整体上推动各项制度更加成熟更加定型"❶。注重改革措施的系统集成，是为了增强改革的系统性、整体性、协同性，发挥各项改革措施的联动效应，更好推进改革。注重改革措施的系统集成，不断放大整体效应、集成效应，需要加强各项改革关联性、系统性、可行性研究。针对制度创新"碎片化"问题，围绕市场需求，统筹资源要素和政策举措，强化创新整合与纵向协同，探索形成重大改革系统创新成果。在制度设计上，完善统筹协调机制，建立事权

---

❶ 加强改革系统集成，习近平频频强调［EB/OL］.（2019-10-27）［2022-04-29］. https://www.court.gov.cn/xinshidai-xiangqing-194111.html.

部门协调联动、自贸试验区与社会力量共同参与的制度创新体系，注重制度创新的整体性和协同性。在制度整合上，梳理现有各领域分散的改革创新举措，填补空白点，加快形成基本制度体系，强化叠加放大效应。鼓励自贸试验区与联动创新区开展平台、产业、项目、人才等方面的深度合作，推动产业优势互补、协调联动、错位发展。通过5年的努力，在政府职能转变、投资与贸易管理、金融创新与开放、综合监管等重点领域，强化自贸试验区与联动创新区的联动试验和系统集成，形成一批系统性的重大改革创新成果。注重改革的系统集成、统筹推进，对照任务书、路线图、时间表，按照"小切口、大牵引"的应用场景，运用系统的理念和方法，整合系统形成标志目标，并在关键的环节上突破，协同放大试验效应，集成最好的整体成果，形成纵深推进、迭代升级、目标彰显之势。一是聚焦改革系统集成，打造形成保税船用燃料油全领域改革开放新高地，有效补强我国国际航运服务短板；二是聚焦推动贸易自由化改革，先行先试打造国际大宗商品贸易自由化先导区，有效推动我国油气流通领域市场化改革进程；三是聚焦提升投资便利化水平，形成国有、民营、外资充分竞争的多元市场格局，有效优化我国油气领域营商环境。强化自贸试验区目标的整体性，浙江自贸试验区注重可复制推广性，在复制推广内容方面，注重从单项试验举措、最佳实践案例的复制推广，向改革开放模式、国际规则等更高层面转变，以开放式协同创新打破地理空间、行业局限的生态网络，努力形成一批可复制可推广的经验，为全国提供示范。完善浙江自贸试验区制度创新的制度体系，做强油气自贸区，提升我国大宗商品在全球价值链的地位。

四、注重多跨融合

秉持"整体政府"治理理念，推出跨部门、跨区域、跨层级的制度创新成果，是舟山片区制度创新实践的最大亮点之一。随着油气行业改革发展不断进入深水区，越来越多的创新举措需要管理部门统筹资源要素，进行跨部门、跨领域、跨行业的创新整合。跨部门就是要多个部门联合服务、联合监管，织密市场运行的保障网络；跨区域就是要不同区域联动服务、联动监管，为市场主体更大区域范围内自主开展业务保驾护航；跨层级就是将事权下放、信息资源共享，为全面激发市场活力带来新动能、新力量。例如，在跨层级方面，坚持对标国际，结合舟山实际提出投资、贸易、通关监管、财税等各类政策诉求，积极向上对接，得到国家部委和省级有关单位大力支持，国家发改委、商务部、海关总署、工商总局等国家部委和省发改委、省商务厅、杭州海关、中国人民银行杭州中心支行等省级部门先后出台政策支持舟山片区建设，5年累计获得各类支持政策93项。再例如，在跨区域层面，推进宁波舟山港港口服务一体化试点，使拖轮企业得以在宁波、舟山港区范围开展跨港拖轮服务，提升港口服务联动带来的贸易便捷性。浙江自贸试验区为全面形成试验合力，继续加强推进自贸试验区建设的统一领导，发挥中国（浙江）自由贸易试验区建设领导小组、浙江省自贸办和各成员单位作用，在建设"一中心三基地一示范区"、打造高水平营商环境、探索特色制度创新、重大改革课题研究、建设重大产业项目、深化自由贸易港研究申报等方面加强浙江省力量整合，统筹协调具体问题，积极向上对接争取政策突破，合力推进自贸试验区试验和建设各项任务落实。进一步完善管委会运行机制，完善上下"一盘棋"协同推进机制，加快推进改革创新容错机制建设、高层次紧缺人才培养引进、干部综合能力素质提升等工作。同时按照"能放则放、放管结合、分类实施、权责一致"的原则，加快梳理自贸试验区权责清单，释放自贸试验区在自主决策、制度创新、探索实践等方面的空间和活力。

五、注重特色创新

国家主席习近平在首届中国国际进口博览会上发表主旨演讲时表示，"中国将支持自由贸易试验区深化改革创新，持续深化差别化探索，加大压力测试，发挥自由贸易试验区改革开放试验田作用"[1]。差别化成为全国各自贸试验区设立发展目标的重要准绳。聚焦特色、各有差异、靶向精准是我国自贸试验区战略有序发展、稳步推进的前提条件，也是各自贸试验区的生命和活力所在。舟山片区自成立以来，就主动与上海自贸试验区、广东自贸试验区、海南自贸港等先进自贸试验区相互配合、错位发展，坚持走差异化、特色化的改革创新之路。在充分发挥自身产业优势、区位优势、港航资源优势的基础上，围绕油气全产业链发展，坚持对标国际国内先进地区，以闭环式设计、全链条改革为重点，直击企业发展痛点、堵点，精准实施改革攻坚，进行"补短板，增长板"，打通保税油加注、原油进口、成品油出口、油品批发无

---

❶ 习近平.中国将继续探索自贸区、自贸港建设［EB/OL］.（2018-11-05）［2022-04-29］.https://politics.gmw.cn/2018-11/05/content_31905804.htm.

仓储、油品贸易人民币结算等关键环节，有力推动国家油气体制改革，得到了充分肯定。经过 5 年的发展，累计集聚国有、民营、外资等各类油气企业 9300 余家，成为全国油气企业最为集聚的地区之一。舟山片区率先探索的全产业链开放战略，不仅取得了良好的实践效果，成为国内最有特色的自贸试验区之一，而且为我国各类自贸试验区的发展提供了一个聚焦具体产业全产业链开放创新的路径垂范，为中国构建开放型经济新体制提供了丰富的实践经验。

第三节　做大油文章：始终坚持服务产业发展

舟山片区 5 年制度创新探索经验表明，围绕特色产业链推进制度创新具有较高的可操作性和实践价值。舟山片区主动对标对表国内外最高标准营商环境，围绕"产业链"部署"制度创新链"，积极打造服务型政府，形成贯穿具体产业全生命周期的制度保障，对复杂度高的油气领域改革小步快跑、快速迭代，切实降低企业制度性交易成本。为油气全产业链上的相关企业提供全生命周期、全产业链条、全工作体系的服务，服务的内容不仅包括满足企业在融资、用地、人才等方面的需求，还包括帮助协调解决拖欠账款、降低企业成本、涉法涉诉维权等问题，真正做到实实在在地为市场主体服务。以油气全产业链为核心进行特色探索并取得体制性突破，高度契合国家级深层次改革试验区的战略初衷。相比直接创出的全国首创制度成果，浙江自贸试验区更值得赞赏的是，围绕油气全产业链发展特色定位，部署制度创新链，反思并优化中国特色市场经济体制中仍为不合理的产业政策和监管设定，以制度突破促进产业的大发展。已经从保税燃料油加注、原油进口、油品储备与运输、成品油加工与流通等全链条进行了制度突破和探索，系统集成性解决制约产业发展的痛点、堵点，这种改革理念为其他自贸试验区"以产业促进为导向探索制度创新"提供了经验借鉴和路径依赖。

一、全产业链条服务

产业链是各个产业部门之间基于一定的技术经济关联，依据特定的逻辑关系和时空布局关系客观形成的链条式关联关系形态，是包含价值链、企业链、供需链和空间链四个维度的概念。打造全产业链服务，就是要打造优质的服务体系，推动全产业链高效协同，提高产业链上下游资源配置效率。舟山片区围绕产业链，部署创新链，聚焦油气全产业链现行政策限制，以保税船用燃料油供应为突破口，全面做好生产、运营、配套等全产业链环节的服务工作。持续推进海事服务等配套制度创新，拓展供应物料种类，健全外轮供应国际化管理服务制度，完善外轮供应管理服务体系。推动海事服务衍生产业延伸发展，通过制度创新，加快完善海事金融、保险、法律、船舶经纪、船级管理、信息咨询、海事培训等综合配套服务，打造综合配套服务体系。全力打造海事服务生态链，积极发展壮大海事服务产业，5年来引进美国船级社、力鸿仕宝等外轮供应、船舶管理、航运科技、油品检测、海事仲裁等海事服务产业链企业429家，累计集聚1184家。在全国率先创新锚地外轮物资供应，试点开展"一船多能"综合海事服务，业务效率达到国际一流水平。船员换班占全国30%，外轮维修占全国50%，船舶交易量占全国1/3，成为全国第三大补给港、第一大外轮维修基地和第一大船舶交易市场。以更高水平的开放推动外商投资量增质升，进一步抓招大引强，从存量的产业链中寻找强链、补链的着力点、突破口，不断优化产业结构。狠抓重点产业、重大项目的推进，加快形成一批标志性突破性系统性成果，尤其是要在跨境贸易投资高水平开放试点方面实现突破，为企业带去实实在在的便利，为浙江省跨境贸易投资高水平开放提供样板。

二、全生命周期服务

生命周期是一个经济学概念。对某个产品而言，生命周期就是从自然中来回到自然中去的全过程，既包括制造产品所需要的原材料的采集、加工等生产过程，也包括产品贮存、运输等流通过程，还包括产品的使用过程以及产品报废或处置等废弃回到自然的过程，这些共同构成了一个完整的产品生命周期。简单来说，企业和产品的生命周期会先后经历创新期、成长期、成熟期、标准化期和衰亡期五个不同的阶段。舟山片区不仅大力发展商务服务业，引进或培育的商务服务企业具备从咨询、设计、项目管理到生产运营服务的全生命周期服务能力，而且打造服务型政府，致力于为油气行业提供全流程服务，为工程项目提供全功能服务、全生命周期服务，支持早中期、初创期创新型企业全生命周期成长，帮助企业发展壮大。以绿色石化项目为例，坚持"民营、绿色、国际、万亿、旗舰"发展定位，在鱼山石化基地超常规建设浙石化炼化一体化项目，实现"十年任务四年完成"，不仅建成了全国最大、全球第二的石化基地，形成了 4000 万吨／年炼油能力，而且培育了舟山首个产值千亿元企业，在东海洋面上打造了一座璀璨绚丽的国际绿色石化城。以服务市场主体全生命周期为切入点，着力于市场主体的开办、运营、成长、注销的全生命周期闭环服务，立体化涵盖政务服务、公共服务、市场服务、专业服务、中介服务、行业服务、法治服务等所有涉企服务领域。聚焦市场主体需求，围绕企业反映强烈的市场准入门槛高、办证慢、融资难等重点领域集中问题，打造高效便民的政务服务体系；聚焦企业全生命周期，建立包容开放的监督管理模式，给市场主体带来用工便利、产权保护便利、通关便利、注销破产便利；聚焦提供透明、可预期的法治保障服务，从依法建立统一的市场管理容错机制、建立企业破产工作协作机制、加强公共法律服务体系建设等方面，加强政府诚信建设，给市场主体带来信用修复便利、信息意见交互便利、纠纷化解便利、获得公共法律服务便利。

立足新发展阶段，全面贯彻新发展理念，聚焦市场主体需求关切，"链条式"服务推动市场主体上规模、增实力、提效益。面对需求收缩、供给冲击、预期转弱三重压力，要实现经济发展稳字当头、稳中求进，关键是要稳住市场主体，围绕市场主体需求实施新的更大力度组合式减税降费，为市场主体渡过难关提供政策托举。同时也要看到，除减税降费之外，还需要以更大力度深化"放管服"改革，为市场主体营造更加市场化、法治化、国际化的营商环境。通过建立全面感知、快速传达、积极响应的社会服务管理响应链，政府、企业、社会组织、辖区居民均作为主体参与社会服务管理，实现社会服务管理全覆盖、全感知、全时空、全参与、全联动，传递了创新型服务型政府的理念，是整个智慧城市管理的集成，有效地将群众的需求同整个城市管理联结互动起来。浙江省发布地方标准《外贸综合服务企业服务规范》（DB33/T 2387—2021）也是其中一大成果。这填补了国家外贸综合服务工作领域的标准空白，为加快发展外贸新业态、新模式提供了"浙江经验"。进一步探索船东、油储企业和燃供代理企业等产业各主体全集聚、服务范围全覆盖的多元服务场景。抓牢重点、打通堵点、破除难点，力求全面深化改革有新突破。

三、全链条工作体系

舟山片区构建了"131+X"全链条工作体系，深度优化营商环境，全面推进产业发展和项目建设，营造一流营商环境。以数字化改革为龙头，深化数字自贸区建设，加快打造具有舟山特色的数字自贸应用平台，努力实现数据多跑路、企业少跑腿的营商环境。坚持以"最多跑一次"改革为牵引，深化"放管服"改革，发布全国首张系统性自贸试验区权责清单，全面实行外商投资准入前国民待遇加负面清单管理制度，在浙江省率先实现外资备案无差异跨区域就近就便办理。制度创新"舟山样板"为我国跨境贸易便利化赋能，率先试点船舶通关一体化改革，建成全国首个船舶进境通关无纸化口岸，舟山数字口岸综合服务和监管平台上线运行，国际贸易"单一窗口"船舶通关"一单多报"经验成为全国样板，船舶口岸通关效率连续多年保持全国领先，打造全国最优的船舶通关数字口岸营商环境。连续 5 年举办世界油商大会，邀请国际油气领域知名企业开展合作交流，丰富产业对接形式，拓宽产业合作领域，形成全球油气领域具有较大影响力的国际化、专业化、市场化合作平台。舟山片区在制度创新成果可复制可推广上也取得了一定成绩，"浙江经验"在全国范围复制推广，数量和质量都走在第三批自贸试验区前列。据商务部统计，目前浙江自贸试验区已经有 30 项创新经验被全国复制推广，其中国际航行船舶进出境通关全流程一单多报等 11 项列入国务院试点改革经验复制推广名单，海洋综合行政执法体制改革等 4 项列入商务部第三批"最佳实践案例"。

四、全流程服务体系

为深化国际一流营商环境建设，进一步建立健全浙江自贸试验区产业项目全流程服务机制，实现项目服务全领域、全流程、全覆盖，推进项目早拿地、早开工、早投产，助推舟山片区经济高质量发展。坚持为企业服务的理念，聚焦产业项目从准入到投产的全过程，立足改革创新，通过对人员、机制的优化调整，建立健全舟山片区"三化""四员""五机制"的特色跟踪服务体系，形成街镇、部门、企业紧密配合、共同发力的工作格局，加快推动项目落地，为舟山片区经济实现高质量发展提供强大助力。全面贯彻产业项目跟踪服务"三化"要求：全程化、信息化、专业化。配齐配强产业项目跟踪服务"四员"队伍：招商（服务）员、代办员、跟踪员、协调员。优化深化产业项目跟踪服务"五机制"举措：区域统筹机制、协同配合机制、提前介入机制、联合审批机制、效率评价机制。浙江自贸试验区主要建设任务是构建油品全产业链，打造与国际产业相融、市场相通、人民币结算为主的石油产业市场体系，不断提升我国石油领域国际话语权，保障国家能源安全。积极探索与国际通行规则相衔接的制度安排和政策体系，大胆试、大胆闯、自主改。在油品储运基地建设中，始终坚持公共基础设施共建共享，参与主体多元化、国际化，努力打造符合国际标准的国际化发展平台。面对事权在国家的各类改革难题，坚持做到上下联动、统筹协调，首创"课题＋清单"工作模式，主动开展课题研究，创新设计破解路径，推动一批重大问题通过课题研究，逐步转化为任务清单。适时增加一批重大试验任务。在自贸试验区内率先实行高水平的贸易和投资自由化政策，着力于要素自由化，在商品、资本、技术、人才、信息等要素自由流动和高效配置。加强事中事后监管制度建设，提高监管能力和水平。只有对标国际通行规则和最高标准，才能搭建对接全球的试验平台、开放平台和战略平台，打造市场化、法治化、国际化的营商环境，为形成全面开放新格局做出积极贡献。

五、数字全场景赋能

浙江自贸试验区数字贸易赋能全产业链创新走在全国前列。浙江自贸试验区是中国首个以油气全产业链建设为中心的高能级开放平台。江海联运实时在线、船油加注智能监管、舟山数字化助力自贸试验区建设。作为长江流域以及长三角对外开放的前沿，舟山片区以数字化改革为抓手，找准市场需求，构建数字自贸区江海联运一站式全场景服务。通过打通海关、海事、边检等部门及省属相关单位数据壁垒，与长江沿线的港口共享"海进江、江出海"数据，从船舶进出港、货物装卸仓储、江海物流跟踪、现代航运服务、数据监测分析等方面为涉港涉航企业提供"一站式"全场景服务。将原本分散的数据整合在一起，集港口资源、水文气象、口岸通关、引航调度等120余项核心功能，为企业提供港航、口岸、物流、海事、咨询、数据六大公共服务。通过该平台，船代、港口、航运等企业可以实时了解江海联运船货物流动态，及时掌握进出港船期及跟踪船舶动态，免费查询舟山船舶、航道、锚地、码头泊位、堆场、引航计划、港航气象等政府公共信息。航运企业、用户和代理企业可通过平台实现船、货的信息撮合。通过企业空间提供的政务服务功能，港航企业可以网上申请港口危险货物作业、经营许可、引航调度等业务，实时了解船、港、货状态，从而为制定生产计划提供切实有用的信息。江海联运公共信息平台推出的口岸港航通关服务，同样赢得企业点赞。据统计，目前年用户访问量已超过 130 万次，服务企业 3000 多家、船舶 3.7 万艘次，承载进出港货物 5.7 亿吨。舟山片区通过创新特色智慧海事供应链，压简单证、再造流程，减少企业海岛间往返奔波成本。仅保税油加注"一口受理"，就减少纸质单证 24 张，减少流程 6.5 小时；船舶供退物料通关从过去 4 小时缩短为 5 分钟。大型货轮每单加油业务比原来减少 20 小时，效率媲美新加坡。下一步，浙江自贸试验区舟山片区将继续深化数字化改革，推进舟山江海联运服务中心建设，提升大宗商品储运中转效率。一是提高江海联运数据集成度，继续推进与长江沿线港口的数据对接共享，推动组建江海联运数据服务联盟；二是提升大数据分析能力，以大宗商品储运中转为重点，健全数据交换、应用、分析等全链条服务体系；三是深化场景开发应用，提升行业领域资源价值和利用效率，以数字化赋能产业发展。

第四节　弹好协奏曲：始终坚持防范化解风险

习近平总书记强调，"在自由贸易试验区要做点压力测试，把各方面可能发生的风险控制好，切实防范系统性风险特别是金融风险"❶。舟山片区通过建立风险管控机制、改革评估机制、试点退出机制等制度，一方面，坚持底线思维和稳中求进，抓住主要矛盾，精准施策，采取针对性的办法集中力量优先处理可能威胁经济社会稳定和引发系统性风险的问题，着力打好防范化解金融风险攻坚战；另一方面，根据舟山片区油气产业的特点，强化对各类安全隐患的治理，筑牢安全底线。

一、建立风险管控机制

制定实施油气贸易企业监管、保税船用燃料油供应、外商投资、内资融资租赁、公共信用信息平台等 10 余项监管制度和 600 余项"证照分离"监管措施。全面实施油气贸易企业全生命周期精准监管新模式，不断探索创新对油气企业的监管机制，建立日常执法双随机检查、履约践诺信用监管等制度，

---

❶ 推进上海自由贸易试验区建设　加强和创新特大城市社会治理［EB/OL］.（2014-03-06）［2022-04-29］. http://cpc.people.com.cn/n/2014/0306/c87228-24542311.html.

进一步规范油气贸易企业经营行为，形成"综合＋专业"的监管体系。围绕油气产业各类安全隐患推进制度创新，形成到港油轮安全质量控制机制、加强自贸试验区油气全产业链安全生产指导等制度成果，出台首部自贸试验区油储行业地方反恐防范标准，始终坚持防范化解重大风险。落实风险为本的原则，探索建立跨境资金流动风险监管机制，强化开展反洗钱、反恐怖融资、反逃税工作，防止非法资金跨境、跨区流动，切实防范开放环境下的金融风险。完善事中事后监管体系，强化打好防范化解金融风险攻坚战的组织保障，在改革发展中解决问题，夯实安全底座，促进油气全产业链健康发展。

二、建立改革评估机制

2018 年 10 月 24 日，习近平总书记对自贸试验区建设做出重要指示，"面向未来，要在深入总结评估的基础上，继续解放思想、积极探索"❶。建立完善的改革评估机制，对于切实有效地推进改革具有重要意义。舟山片区充分发挥政策效益，建立清单化的任务推进机制，逐项分解《中国（浙江）自由贸易试验区总体方案》《关于支持中国（浙江）自由贸易试验区油气全产业链开放发展的若干措施》《中国（浙江）自由贸易试验区建设实施方案》《中国（浙江）自由贸易试验区深化改革开放实施方案》等国务院和浙江省委省政府重要政策，落实责任、细化任务、强化举措，全力推动政策落地实施。在此基础上，注重效果评估，厘清改革的价值与方向，建立多元化的评估指标体系，连续开展自贸试验区建设成效、政策落地成效评估，明确哪些改革落实了，哪些还没有落实，原因是什么，是否需要调整等，及时总结经验、查漏补缺，确保各项政策真正落地见效。巩固重大改革成果，紧扣《国务院办公厅关于加快发展外贸新业态新模式的意见》《国务院印发关于推进自由贸易试验区贸易投资便利化改革创新若干措施的通知》等文件，结合浙江自贸试验区实际，发展跨境电子商务、市场采购贸易、外贸综合服务、保税维修、新型离岸贸易、新型易货贸易等外贸新业态。明确了"三机制（信息发布、项目推进、评估推广）、一智库（智库联盟）"工作机制以及"数字自贸区""海外仓""易货贸易""海上跨境电商"等独具浙江特色的概念。

---

❶ 习近平 . 把自由贸易试验区建设成为新时代改革开放新高地［EB/OL］.（2018-10-24）［2022-04-29］. http://www.mofcom.gov.cn/article/ae/ai/201810/20181002799231.shtml？from=message&isappinstalled=0.

三、建立试点退出机制

打破制度创新试点工作的"终身制",建立制度改革动态调整和试点退出机制。对于未达到预期改革目标、存在较大风险隐患的制度,坚决予以撤销。逐步建立和完善公平、高效、有序的市场化退出机制,对于遭遇经营或财务困境的自贸试验区企业,在平衡投资者、债权人、债务人和劳动者各方面合法权益的基础上,确保市场主体有进有退,避免出现大量的"僵尸企业""休眠企业",树立自贸试验区企业的诚信形象,促进经济持续发展和繁荣。突出数字化改革,体现浙江特色,将数字自贸区发展作为引领主线加以贯彻实施。以数字化改革为引领,加强数字经济领域国际规则、标准制定,推动传统产业数字化转型,发展数字产业、数字贸易、数字物流、数字金融,按照整体智治理念创新数字化监管服务模式,建设数字自贸区。创新体制机制改革。同时,增加对自贸试验区各片区"坚持首创性和差别化发展"的要求,体现自贸试验区以制度创新为核心,肩负起为国家试制度、为地方谋发展的重任。探索在自贸试验区设立专业机构或者委托社会组织承接专业性、技术性以及社会参与性较强的公共管理和服务职能,理顺管理体系,解决了赋权扩区后空间布局上对于管理机构设置的难题。

四、筑牢生态安全防线

"管得住,才能放得开",安全是一切发展的底线。浙江自贸试验区舟山片区高度重视风险防控工作,在生产安全、环境安全、金融安全、军事安全涉及的每个领域,都进行审慎的风险评估,制定可追溯的事中事后监管体系,建立信息化综合监管平台,确保各项工作安全可控。统筹推进疫情防控和自贸试验区高质量发展,安全生产与疫情管控"两手抓"。弹好疫情防控与安全生产"协奏曲"。把握重点,严格落实主体责任。坚持将企业"复产复工"与"疫情防控"同谋划、同部署、同落实,坚决做到人人安全。强化法治措施,加大失信约束力度,强化激励措施,推动企业安全措施落实。完善监管体制机制,健全执法体系,提升监管效能,强化安全监管能力。为落实生态环境部等八部门发布的《关于加强自由贸易试验区生态环境保护推动高质量发展的指导意见》规定"支持自贸试验区建设低碳试点先行区";加强生态环境保护,执行生态环境准入清单和进出境环境安全准入管理制度;建立健全安全生产管理制度，制定安全生产区域规划。为严防外来入侵物种，不断加强打击力度，密切关注跟踪国际国内动植物疫情动态、濒危及其他野生动植物、种质资源非法贸易、境内外"异宠热"倾向趋势等信息。建立"风险＋情报＋现场"综合研判机制，提高布控精准度。编制外来物种图谱和典型案例，加强口岸海关现场查验人员及查验设备配备，强化入境货物、运输工具、寄递物等渠道的口岸检疫监管，严把外来物种入境关。建立全面的自贸试验区风险管理体系和机制。重点聚焦防范大宗商品贸易交易等对国家能源安全、生态安全、金融安全、数据安全等领域带来的风险，做好风险精准监测、控制和处置机制。实施企业信用分级分类管理。

五、加强事中事后监管

持续强化风险防控。浙江自贸试验区是在新形势下推进全面深化改革和扩大开放，在守住底线的基本前提下，加快开放创新。高度重视风险防控工作，充分借鉴先进发达国家经验，始终把加强事中事后监管摆在突出位置，结合改革推进实际，进一步梳理各领域风险防控范围，编制防控清单，明确监管风险点，制定针对性防控措施，坚决守住不发生系统性风险的底线。特别是在保税燃料油供应、与负面清单相适应的外商投资项目、商事登记、内资融资租赁试点企业、大宗商品交易场所监管五个方面，严格按照有关监管制度和办法，不折不扣抓好监管工作。同时，启动事中事后监管体系建设事项研究，在更多领域提升防范风险的能力和水平。进一步细化事中事后监管制度创新，完善社会信用体系，健全守信激励和失信惩戒机制，建立油品安全生产监管机制，改善出入境管理监管环境，实施安全和经营者集中反垄断审查，放大自贸试验区的探索效应，有利于进一步加快形成社会各界力量共同参与浙江自贸试验区建设的制度环境。全面开展社会信用体系建设，建立公共信用信息平台及数据交换共享平台，实施统一社会信用代码制度，全面推进"双随机""一公开"检查，实行全程电子化管理，加强对公示信息的日常监控。在全国率先开展海洋综合行政执法体制改革创新实践，整合海上执法力量，成立海洋行政执法局，承担海洋综合行政执法职能，形成统一高效的联合执法体制。对标国际最高水平，实施更高标准的"一线放开""二线安全高效管住"贸易监管制度。根据国家授权实行集约管理体制，在口岸风险有效防控的前提下，依托信息化监管手段，取消或最大程度简化入区货物的贸易管制措施，最大程度简化一线申报手续。实施"大数据模式"助力油气贸易企业精准监管。构建舟山片区危险化学品企业管理系统，证照信息汇聚共享，不断健全企业信息库，短信自动告知提醒企业限期履责，实施精准动态监管。坚持问题导向，全面开展企业主要负责人、安管人员证书取证承诺未履行问题等系列整治，高压态势整治清理。持续加大对油气贸易企业执法力度，有效提升了企业安全责任意识，促进了安全生产主体责任落实。

第五节　谋划自贸港：始终坚持一张蓝图到底

习近平总书记反复强调，"一张好的蓝图，只要是科学的、切合实际的、符合人民愿望的，大家就要一茬一茬接着干"❶。新时期舟山开放发展的系统性、复杂性、长期性的特点越来越突出，很多工作短时间内难有成效，必须保持历史耐心和战略定力，一张蓝图绘到底，一茬接着一茬干。2013 年 1 月 23 日，国务院正式批复《浙江舟山群岛新区发展规划》。该规划提出，加快建设舟山港综合保税区，条件成熟时探索建立自由贸易园区，推动贸易投资便利化。并在探索建设自由贸易园区的基础上，积极创造条件，在舟山群岛新区进行建立自由港区的改革探索。由此形成舟山新区开放发展的三步走战略：舟山港综合保税区—中国（浙江）自由贸易试验区—中国特色自由贸易港。

一、加快建设舟山港综保区

2012 年 9 月 29 日，国务院批复设立舟山港综合保税区。根据国务院批复精神，舟山港综合保税区建设要充分利用国家改革开放现行政策，充分吸纳国内其他地区综合保税区建设的做法与经验，将其整合与提高。围绕大宗商品储运中转加工交易中心建设，在大宗商品贸易、国际航运税收、离岸金融和租赁等方面进行探索，并充分利用综合保税区的特殊功能和政策优势，为现代海洋产业发展提供便利，形成完善的现代海洋产业体系，为海洋经济科学发展探索新路径。舟山港综合保税区获批，就是舟山群岛新区打造自由贸易港的起点。据舟山港综合保税区规划，舟山将在本岛钓梁地区重点发展保

❶ 钉钉子精神［EB/OL］.（2017-09-06）［2022-04-29］. http://theory.people.com.cn/n1/2017/0906/c413700-29519574.html.

税加工业和大宗商品的成品贸易，并将在自由贸易港区转型过程中为生产性服务业集聚预留空间，而衢山地区则要充分联动上海洋山港，探索逐步向自由贸易港区转型，逐步打造成长三角及长江沿线的战略物资物流和资源配置中心。

二、全面建设舟山群岛新区

2013 年 1 月 23 日，国务院批复《浙江舟山群岛新区发展规划》时就提出"全方位提高对外开放水平和层次，加快建设舟山港综合保税区，条件成熟时探索建立自由贸易园区和自由港区，将舟山群岛新区建设成为我国重要的海上开放门户"。《浙江舟山群岛新区发展规划》是我国首个以海洋经济为主题的国家战略性区域规划。明确舟山群岛新区作为浙江海洋经济发展先导区、全国海洋综合开发试验区、长江三角洲地区经济发展重要增长极"三大战略定位"，以及中国大宗商品储运中转加工交易中心、东部地区重要的海上开放门户、重要的现代海洋产业基地、海洋海岛综合保护开发示范区和陆海统筹发展先行区"五大发展目标"。舟山市行政管辖区域全部被纳入群岛新区规划当中，包括 2085 个岛屿及邻近海域，陆域面积 1440 平方公里（略超过中国香港的 1104 平方公里，是新加坡 715.8 平方公里的 2 倍），海域面积 2.08 万平方公里。2015 年 5 月 25 日，中共中央总书记、国家主席、中央军委主席习近平视察舟山时强调，"建设舟山群岛新区势在必行"❶，为舟山发展指明了新的方向。舟山群岛新区正逐步将综合保税区升级为自由贸易区，最终目标直指自由贸易港。

2016 年 4 月 19 日，国务院发布《国务院关于同意设立舟山江海联运服务中心的批复》。2016 年 5 月 31 日，国家发展改革委印发《舟山江海联运服务中心总体方案》。功能定位是国际一流的江海联运综合枢纽港、国际一流的江海联运航运服务基地、国家重要的大宗商品储备加工交易基地和我国港口一体化改革发展示范区；主要任务是完善大宗商品及集装箱中转运输体系，打造大宗商品储运加工基地，提升现代航运服务功能，培育大宗商品交易市场体系，完善江海联运集疏运网络，创新体制机制。

---

❶ 周咏南，应建勇，毛传来．一步一履总关情：习近平总书记在浙江考察纪实 [N]．浙江日报，2015-05-30(1)．

三、再赋权自由贸易试验区

2017 年 3 月 15 日，国务院批复的《中国（浙江）自由贸易试验区总体方案》中提出，经过三年左右有特色的改革探索，基本实现投资贸易便利、高端产业集聚、法治环境规范、金融服务完善、监管高效便捷、辐射带动作用突出，以油品为核心的大宗商品全球配置能力显著提升，对接国际标准初步建成自由贸易港区先行区。2020 年 9 月 21 日，国务院发布《中国（浙江）自由贸易试验区扩展区域方案》，浙江自贸试验区宁波片区、杭州片区、金义片区正式挂牌，舟山片区打造以油气为核心的大宗商品全球资源配置基地。继续紧扣制度创新这一核心，进一步对接高标准国际经贸规则，在更广领域、更大范围形成各具特色、各有侧重的试点格局，推动全面深化改革和扩大开放。浙江自贸试验区不仅要借鉴和遵循国际惯例，还要兼顾国情和舟山群岛新区实际，形成与国际接轨、同时具有中国和新区特色的浙江自贸试验区制度设计，基本内容是实行贸易自由、投资自由、金融自由和运输自由，打造我国经济活动自由度最高、最活跃的地区。一是建立符合国际惯例的贸易管理制度。浙江自贸试验区的核心功能是贸易自由化，取消贸易保护政策和限制措施，放开各类经济主体的贸易经营限制，允许经济主体按照国际规则自由开展贸易活动。二是建立开放型的投资经营体制。允许投资者自由开展投资经营活动，建立较区外更加开放的投资经营体制。促进外商投资产业结构优化升级，引导外资更多地投向高新技术产业、高端装备制造等领域，由加工装配环节向上下游延伸。三是大力开展金融制度与产品创新。允许设立金融控股公司或全能性银行机构开展混业经营，形成多元化、立体式、综合性的金融服务体系。循序渐进推进离岸金融制度改革，逐步放开外汇管制。四是人员和运输自由。按照"一线放开，二线管住"的进出口管理创新制度，推进市民可以在自贸试验区内居住，本地居民和外来游客可以自由买卖区内的外来商品；对进出的船只和货物给予最大限度的自由，提供自由和便捷的管理措施。

2020 年 3 月 29 日至 4 月 1 日，习近平总书记在浙江考察，殷切希望浙江省"努力成为新时代全面展示中国特色社会主义制度优越性的重要窗口"❶，

---

❶ 中共浙江省委关于深入学习贯彻习近平总书记考察浙江重要讲话精神 努力建设新时代全面展示中国特色社会主义制度优越性重要窗口的决议 [J]. 今日浙江，2020（12）：20–26.

这是习近平总书记对浙江提出的新目标新定位，具有极为重要的战略前瞻性、方向引领性。牢记习近平总书记的嘱托，抢抓机遇，坚持开放这个发展要务，高水平推进浙江自贸试验区建设，做强油气全产业链，探索全球资源配置新路径，努力打造双向开放枢纽节点。全面融入长三角、接轨大上海、甬舟一体化，努力把宁波舟山港建设成为世界一流强港，积极打造"一带一路"的海上枢纽。坚持以开放倒逼改革，抓好重点领域和关键环节改革攻坚，推动治理理念、机制、手段、工具等全方位系统性变革，加快营造市场化、法治化、国际化的一流营商环境。站在新的历史起点上，舟山片区要把新使命、新目标、新挑战作为发展的最大动力，坚持"干在实处永无止境，走在前列要谋新篇，勇立潮头方显担当"，推动"八八战略"再深化、改革开放再出发，全力完成好国家赋予的职责和使命，为提升我国大宗商品国际竞争力和话语权做出更大贡献，在建设"重要窗口"中交出优异答卷。

四、探索建立自由贸易港区

在《浙江舟山群岛新区发展规划》《长江三角洲城市群发展规划》和《中国（浙江）自由贸易试验区总体方案》中都明确探索建立自由贸易港区。依托舟山港综合保税区和舟山江海联运服务中心建设，探索建立舟山自由贸易港区，率先建立与国际自由贸易港区接轨的通行制度。《中华人民共和国国民经济和社会发展第十三个五年规划纲要》明确提出探索建立舟山自由贸易港区。舟山具有探索建立自由贸易港区的区位、港口等自然优势条件。探索自由贸易港区就是要以《中国（浙江）自由贸易试验区总体方案》为基准，以舟山片区的创新实践为基础，学习借鉴新加坡、中国香港等自由港经验，进一步扩大开放范围，最终在舟山群岛新区全境实施自由港政策，从而实现贸易和投资自由化，成为我国长三角地区和长江经济带重要的海上开放门户。

浙江自贸试验区体现贸易自由、投资自由、金融自由、航运自由、法治保障等"舟山元素"的制度创新正在落地生根、开枝散叶，为我国贸易自由化和投资便利化赋能。自由贸易港区贸易监管制度创新的突破口就是对照国际标准，在"一线放开、二线高效管住、区内自由"方面实行高水平的投资贸易自由化便利化政策，率先实现海关特殊监管区监管模式向自由贸易港区监管模式转型。对接国际高标准推进制度型开放，全面提升浙江自贸试验区建设能级，谋划探索自由贸易港建设，推进高水平对外开放，努力为中国自贸试验区高质量发展探索新途径、积累新经验。

五、谋划自由贸易港新引擎

党的十九大报告提出，赋予自贸试验区更大改革自主权，探索建设自由贸易港。这表明我国将进一步推动对外开放进程，走向更大的舞台，成为世界经济引领者的决心和信心。自由贸易港通常被视为开放程度最高的自贸区。成熟的自由贸易港的核心是"一线放开"。所谓"一线放开"，即自由贸易港区与境外实现货物、资金和相关专业人员的自由流动。谋划建设自由贸易港是重大国家战略。深化自贸港建设必须立足新时代，适应新常态，抓住制度型改革，对标国际、服务国家、发展浙江，进一步拉高自贸港发展定位，朝着更高水平、更高质量方向迈进。舟山处于东部沿海与长江经济带 T 字形交汇处，是打造"21 世纪海上丝绸之路"的重要节点。近年来，又在加快推进舟山江海联运服务中心建设，与长江沿线的经济协同联动越来越紧密。舟山应把自贸港建设与江海联运服务中心建设有机结合起来，发挥独特优势，以长三角一体化为契机，深度参与"一带一路"枢纽建设，努力成为"一带一路"枢纽建设的排头兵。

抓紧谋划自贸港区域优化调整方案，形成"一区多片"、各有侧重、联动发展的格局。以一体化为突破，以网络化为基础，以智慧化为导向，以绿色化为规范，将舟山片区打造成重要的国际航运中心，成为第五代世界级自由贸易港。推动沪甬舟共建自由贸易港。上海、宁波、舟山建设自由贸易港基础条件扎实，具有连接国内外的区位、优良的口岸（海、空、陆）、强有力的腹地支撑、良好的营商环境、高素质的人力资源等优势。依托强大的港口优势和市场需求，重点发展大宗商品交易、国际航运、海事服务、转口贸易、数字贸易等产业，打造全球资源配置枢纽、全球航运核心枢纽和全球新型国际贸易中心。对照国际自由港标准，探索建立以"一线完全放开，二线高效管住"为核心的境内关外制度体系，实行一体化、封闭式管理，放开区内与境外之间的要素流动限制，对区内与国内市场之间的业务比对跨境业务实施安全高效管理。建立具有国际竞争力的境内关外财税体系，对自由贸易港内企业在个人所得税、企业所得税、增值税、关税等方面给予优惠待遇。探索建设衢山自由贸易港先行区。构筑起大宗商品交易平台、海陆联动集疏运网络、金融和信息支撑系统"三位一体"的港航物流服务体系，高起点建设我国大宗商品国际物流中心和"集散并重"的枢纽港。港口吞吐量（规模）、港口附加值（效益）、港口服务水平（效率）达到国际先进水平，成为未来第五代港口规则的制定者和引领者。积极推进高水平制度型开放，加快贸易领域规则、规制、管理和标准国际化，提升国际标准制定话语权。

回顾舟山港综合保税区建设十年、浙江自贸试验区建设五年，可以清晰厘定出一条全面改革、逐步开放的舟山片区发展新路子。从设立舟山港综合保税区到建设浙江自贸试验区，再到探索舟山自由贸易港区，从偏远海岛到海上开放门户，从资源匮乏地到"无中生油"，再到"建成全国最大、全球第二大的石化基地"，舟山片区开放发展朝着纵深发展。舟山片区开放发展告诉人们，必须坚持走中国特色社会主义道路，坚决贯彻中央的决策部署；只有坚持脚踏实地，真抓实干，保持一张蓝图绘到底的定力，才能在更高层次上谋求现代海洋经济新发展，在更高层次上实现地区科学发展。舟山片区秉持创新、协调、绿色、开放、共享发展理念，实施先行先试开放引领一大战略，突出开放制度创新，坚持量质并举、特色引领和内外融合三大原则，做强对外贸易，做优利用外资，做大外经合作，做专海事服务等服务贸易，做特园区平台，做活内外贸联动发展，基本形成定位更加清晰、布局更加合理、结构更加优化、投资更加活跃、机制更加创新、环境更加优良的开放型经济新高地和内外互通、区域协同的开放型经济新格局。

浙江自贸试验区制度创新永远在路上，进一步深入学习贯彻习近平新时代中国特色社会主义思想，完整、准确、全面贯彻新发展理念，加快构建新发展格局，着力推动高质量发展，坚持高水平对外开放，全面实施自由贸易试验区提升战略，以数字化改革为牵引，以服务国家战略为导向，以制度型开放为关键，深度参与全球产业分工和合作，加快建设高水平对外开放门户枢纽，努力打造新征程上高质量改革开放金名片。

参考文献

[1] 马克思恩格斯全集：第 4 卷 [M].中共中央马克思恩格斯列宁斯大林著作编译局，译.北京：人民出版社，1958：168-169.

[2] 马克思恩格斯选集：第 1 卷 [M].中共中央马克思恩格斯列宁斯大林著作编译局，编译.3 版.北京：人民出版社，2012：373.

[3] 马克思恩格斯全集：第 21 卷 [M].中共中央马克思恩格斯列宁斯大林著作编译局，译.北京：人民出版社，1965：431.

[4] 凡勃伦.有闲阶级论 [M].蔡受百，译.北京：商务印书馆，1964：139.

[5] 诺思.经济史中的结构与变迁 [M].上海：上海人民出版社，1994：185.

[6] 熊彼特.经济发展理论 [M].郭武军，吕阳，译.北京：华夏出版社，2015：62.

[7] 陆剑宝.全球典型自由贸易港建设经验研究 [M].广州：中山大学出版社，2018：198-208.

[8] 黄奇帆.加入 CPTPP 是应对新变局的战略选择 [J].中国改革，2020（6）：28-30.

[9] 中共浙江省委关于深入学习贯彻习近平总书记考察浙江重要讲话精神努力建设新时代全面展示中国特色社会主义制度优越性重要窗口的决议 [J].今日浙江，2020（12）：20-26.

[10] 俞树彪.浙江自由贸易试验区制度创新研究 [J].浙江海洋大学学报（人文科学版），2017（5）：22-26.

[11] 晁恒，马学广，李贵才.尺度重构视角下国家战略区域的空间生产策略：基于国家级新区的探讨 [J].经济地理，2015（5）：1-8.

[12] 黄奇帆.在长三角地区协同推进建设开放新高地 [J].中国经济周刊，

2019（4）：100-103.

[13] 刘志彪，孔令池．长三角区域一体化发展特征、问题及基本策略 [J]. 安徽大学学报（哲学社会科学版），2019（3）：137-147.

[14] 茅伯科．应重视长三角港口一体化的资源配置方式 [J]. 交通与港航，2019（1）：1.

[15] 潘文达．从组合港视角看我国区域港口一体化发展 [J]. 水运管理，2019（1）：1-5，12.

[16] 裴长洪．全球治理视野的新一轮开放尺度：自上海自贸区观察 [J]. 改革，2013（12）：30-40.

[17] 佟家栋．中国自由贸易试验区的改革深化与自由贸易港的建立 [J]. 国际商务研究，2018（1）：13-18，85.

[18] 中共浙江省委关于深入学习贯彻习近平总书记考察浙江重要讲话精神 努力建设新时代全面展示中国特色社会主义制度优越性重要窗口的决议 [J]. 今日浙江，2020（12）：20-26.

[19] 周咏南，应建勇，毛传来．一步一履总关情：习近平总书记在浙江考察纪实 [N]. 浙江日报，2015-05-30(1).

[20] 易晓松．中国自贸区投资便利化研究 [D]. 厦门：厦门大学，2019.

[21]"更大力度"，总书记对自贸试验区建设提出新要求 [EB/OL]. （2021-07-12）[2022-04-29]. http://www.xinhuanet.com//mrdx/2021-07/12/c_1310055874.htm.

[22] 习近平．自贸区建设核心是制度创新 [EB/OL]. （2016-03-07）[2022-07-09]. http://district.ce.cn/newarea/roll/201603/07/t20160307_9321365.shtml.

[23] 习总书记"大胆闯大胆试自主改"续写春天的故事 [EB/OL]. （2014-03-06）[2022-07-09].http://cpc.people.com.cn/pinglun/n/2014/0306/c241220-24548989.html.

[24] 自贸试验区对标高标准国际经贸规则，深入推进高水平制度型开放 [EB/OL]. （2021-12-30）[2022-07-09].http://www.gov.cn/xinwen/2021-12/30/content_5665320.htm.

[25] 加强改革系统集成，习近平频频强调 [EB/OL]. （2019-10-27）[2022-04-29]. https://www.court.gov.cn/xinshidai-xiangqing-194111.html.

[26] 习近平．中国将继续探索自贸区、自贸港建设 [EB/OL]. （2018-11-

05）[2022-04-29].https://politics.gmw.cn/2018-11/05/content_31905804.htm.

[27] 推进上海自由贸易试验区建设 加强和创新特大城市社会治理 [EB/OL].（2014-03-06）[2022-04-29].http://cpc.people.com.cn/n/2014/0306/c87228-24542311.html.

[28] 习近平.把自由贸易试验区建设成为新时代改革开放新高地 [EB/OL].（2018-10-24）[2022-04-29].http://www.mofcom.gov.cn/article/ae/ai/201810/20181002799231.shtml?from=message&isappinstalled=0.

[29] 钉钉子精神 [EB/OL].(2017-09-06) [2022-04-29].http://theory.people.com.cn/n1/2017/0906/c413700-29519574.html.

[30] 习近平.决胜全面建成小康社会 夺取新时代中国特色社会主义伟大胜利：在中国共产党第十九次全国代表大会上的报告 [EB/OL].（2017-10-27）[2022-04-09].https://www.12371.cn/2017/10/27/ARTI1509103656574313.shtml.

[31] 国务院关于印发中国（浙江）自由贸易试验区总体方案的通知 [EB/OL].（2017-03-31）[2017-04-09].http://www.gov.cn/zhengce/content/2017-03/31/content_5182288.htm.

[32] 国务院关于支持中国（浙江）自由贸易试验区油气全产业链开放发展若干措施的批复 [EB/OL].（2020-03-31）[2020-09-29].http://www.gov.cn/zhengce/content/2020-03/31/content_5497400.htm.

[33] 国务院关于印发北京、湖南、安徽自由贸易试验区总体方案及浙江自由贸易试验区扩展区域方案的通知 [EB/OL].（2020-09-21）[2022-04-29].http://www.gov.cn/zhengce/content/2020-09/21/content_5544926.htm.

[34] 商务部关于印发《"十四五"对外贸易高质量发展规划》的通知 [EB/OL].（2021-11-23）[2022-07-09].http://wms.mofcom.gov.cn/article/xxfb/202111/20211103220081.shtml.